本丛书系国家哲学社会科学基金项目“现代性的维度及其当代命运”（04BZX009）成果

微观政治哲学研究丛书

衣俊卿　主编

年鉴学派史学范式研究

张正明◇著

黑龙江大学出版社
中央编译出版社

图书在版编目(CIP)数据

年鉴学派史学范式研究 / 张正明著. --哈尔滨 : 黑龙江大学出版社;北京:中央编译出版社, 2011.5(2021.9重印)

(微观政治哲学研究丛书 / 衣俊卿主编)

ISBN 978-7-81129-398-2

Ⅰ. ①年… Ⅱ. ①张… Ⅲ. ①史学流派-研究 Ⅳ. ①D09

中国版本图书馆CIP数据核字(2011)第057765号

年鉴学派史学范式研究
NIANJIAN XUEPAI SHIXUE FANSHI YANJIU
张正明 著

责任编辑 李小娟 梁 秋
出版发行 黑龙江大学出版社 中央编译出版社
地 址 哈尔滨市南岗区学府三道街36号 北京市西单西斜街36号
印 刷 三河市春园印刷有限公司
开 本 720毫米×1000毫米 1/16
印 张 17
字 数 220千
版 次 2011年5月第1版
印 次 2022年1月第2次印刷
书 号 ISBN 978-7-81129-398-2
定 价 48.00元

目　录

>>> 总序

自觉地开启
社会历史理论的微观视域

衣俊卿

如何能够比较集中地、比较清楚地展示微观政治哲学的初步样态，自觉地开启社会历史理论研究的微观视域，是我近年来在从事国外马克思主义文化批判理论、文化哲学理论，特别是现代性语境中的日常生活批判等问题研究时，常常思考的问题。① 2006 年我在第六届马克思哲学论坛上作了题为“论微观政治哲学的研究范式”的大会发言，开始有意识地探讨这一问题，此后又陆续发表了几篇关于这一主题的论文②。然而，这些工作还是很初步的，自觉意义上的微观政治哲学尚未露出地平线，要建立相对成熟的微观政治哲学还面临着诸多困难，任重而道远。其中的困难和问题是多方面的。直接的或者表面的困难在于，这一问题尚未引起学术界足够的重视，很少有学者自觉地关注或者投身到这一问题的阐发上。

① 微观政治哲学是我主持的黑龙江大学文化哲学研究中心近年来的主要研究方向之一。这套丛书是研究中心在这一研究领域的第一批比较集中的学术成果。

② 衣俊卿：《日常生活批判与社会科学范式转换》，《光明日报》2006 年 2 月 14 日；衣俊卿：《论微观政治哲学的研究范式》，载《中国社会科学》2006 年第 6 期；YI Jun-Qing, On Micro-political Philosophy, In *Diogenes*, February 2009 vol. 56 no. 1, 41 –52；衣俊卿：《作为社会历史理论的文化哲学》，载《哲学研究》2010 年第 2 期；衣俊卿：《历史唯物主义与当代社会历史现实》，载《中国社会科学》2011 年第 3 期等。

而深层的原因则在于,微观政治哲学不是一个独立的哲学研究领域,更不是政治哲学的一个分支,而是一种蕴涵于当代哲学社会科学诸多研究领域之中,对当代社会历史理论的发展具有重要影响的研究范式或者理论方法论的东西。换言之,微观政治哲学作为社会历史理论研究范式重要的当代转换,与哲学社会科学诸多领域都处于交叉、交融、渗透、内在化等复杂的关系之中,而我们的研究工作不是去新建一个理论研究领域,而是促使当代社会历史理论中已经自觉或者不自觉地包含着的某种趋势性的东西走向自觉,走向整合。

这显然是一个十分困难、十分复杂的理论任务,我们在从当代社会历史理论文献中进行这种理论提炼和理论建构的时候,面临着许多需要回答和澄清的问题,例如,把哲学社会科学不同领域中的一些思想和趋势性变化提炼整合起来,表述为一种重要的社会历史理论的研究范式,是否具有合理性或合法性?会不会存在某种理论"强迫症"的问题?把哲学、历史学、政治学等领域的一些共同的或相近的理论趋势用"微观政治哲学"这一范畴来统摄,是否合适?会不会有以偏概全的问题?进而,这种研究是否符合马克思的思想传统?对于社会历史理论微观视域的强调和凸显会不会导致对社会历史理论宏观视域的忽视或削弱,从而导致否定社会历史规律的后果?如此等等。因此,我在丛书的序言中,除了对我们所理解的微观政治哲学的基本内容进行一般的介绍和基本限定外,还尽量对我们近年来在探讨中遇到的一些理论困惑和某些理论质疑作一点有针对性的讨论。[①] 当然,无论如何限定和解答,目前的研究肯定是初步的、不

① 需要说明的一点是,为了在丛书一开始比较清晰地介绍与微观政治哲学相关的一些基本问题,我这篇比较长的序言并非是一篇完全的"新作",而是把近几年我的相关论文中的基本观点重新梳理综合而成。为了保持对于微观政治哲学或者微观社会历史理论范式的基本问题前后一贯的阐述,我对自己相关论文中,包括收录到这套丛书中的《现代性的维度》对一些基本问题的概括和表述,没有作大的修改,基本上是直接在这里搬用。考虑到一种新的理论形态或者理论范式的建立,大多需要反复的描述、阐发和强调,才能给读者或者研究者留下印象,因此,对于序言中的类似重复,敬请读者理解。

成熟的，因为这一理论研究本身注定是开放性的。

一、关于“微观政治哲学”的称谓辨析

从该丛书所收录的三本专著和一套文集，我们不难看出，虽然我们把它们都冠以“微观政治哲学”，但是实际上，它们所涉及的领域不仅包括传统意义的政治学和政治哲学，而且还包括哲学、历史学等其他社会历史理论领域。这样概括或者命名的依据是什么，会不会导致以偏概全的理论误差？

我们必须承认的是，微观政治哲学的兴起，首先是当代政治学和政治哲学研究的重大进展之一。一般说来，20 世纪 70 年代以来，政治哲学研究在西方全面复兴并很快在中国学术界引起了政治哲学研究的热潮，这是一个不争的事实。罗尔斯的《正义论》发表后，诺奇克等人的自由至上主义、哈贝马斯的话语政治理论和社群主义等同罗尔斯的新自由主义正义理论展开了全方位的争论；福柯、德勒兹、加塔利等后现代理论家对于知识权力、欲望政治等问题开展了政治哲学分析；拉克劳、墨菲、雅索普等后马克思主义者通过领导权、社会主义策略、资本主义国家等问题的研究在西方马克思主义中实现了政治哲学转向。这些不同侧面、不同流派的共同努力，推动了当代政治哲学的复兴和发展。

问题不在于如何判定政治哲学当代复兴这一事实，而在于如何把握这一复兴的深层意蕴，如何在当代哲学研究中为政治哲学进行定位。应当说，这样的思考在我国目前的政治哲学研究中相对比较少。关于政治哲学的复兴所带来的转变和当代政治哲学的定位，国内外学者从不同的角度有一定的涉猎。例如，有的学者注意到在罗尔斯等人的新自由主义政治哲学中，西方政治哲学主题发生了从“自由”到“正义”的重大变换；有的学者关注到当代政治哲学与伦理学或价值哲学不可分割的联系。也有的学者通过对现代性批判理论和西方马克思主义的“后现代”转向的

分析，概括出从文化批判向政治批判回归的基本理论逻辑。

然而，我认为，上述分析还不足以揭示当代政治哲学的重要性，我们应当在研究范式的层面上把握当代政治哲学复兴的深刻意义。首先必须承认西方政治哲学在许多方面呈现出多样化的特征，我们不能强制地把各种政治哲学流派纳入一个统一的模式之中。然而，换一个角度看，我们又必须承认，无论这些政治哲学流派有多大差异，它们当中的确存在着某些不同于传统政治哲学的共同的特征和重要的发展趋势，这些特征和趋势在深层次上以特有的方式折射出我们时代理论和实践的一些重大变化。因此，捕捉这些特征和趋势应当是当代政治哲学研究的一个重要的任务。我认为，在当代西方政治哲学的许多流派中正在自觉不自觉地发生着研究范式的转变：从宏观政治哲学向微观政治哲学转变。我们不能断言这是西方政治哲学的唯一发展趋势和基本特征，但可以断定，这肯定是不容忽视的重要特征和发展趋势。对于这一趋势作认真的分析，可以为我们的政治哲学研究开启新的地平线。

对于微观政治哲学的具体内涵，我们需要逐步展开，在这里，可以围绕着权力的类型作一点基本的概括。一般说来，政治哲学是对人类社会的政治现象或政治事物的本质规定性和政治体制的合法性基础进行形而上的反思，对政治体制的建构和政治活动的开展进行价值判断，并提供理念基础的哲学反思活动。政治具有丰富的内涵，但它的主要功能是调节人与人之间的关系，通过不同形式的制度安排调控社会秩序，因此，政治的核心是权力和控制。所谓宏观政治是指国家制度的安排、国家权力的运作等宏观的、中心化的权力结构和控制机制；而所谓微观政治是指内在于所有社会活动和日常生活层面的弥散化的、微观化的权力结构和控制机制。在现代性的视域中，宏观政治主要表现为理性化的权力运作和制度安排，而微观政治既包括不同形式的知识权力，也包含自发的文化权力。

当我们把所讨论的问题集中于权力和控制,特别是集中于微观权力问题时,我们的研究就开始在新的层面上拓展和深化:一方面,它使政治哲学研究的理论范式意义更加突出;另一方面,它开始突破传统政治学和政治哲学的阈限,进入社会历史理论的更广阔的视野。我们对微观权力的类型稍加分析和分类,问题就会更加清晰。应当说,在不同文明时代、不同历史条件下,微观权力的形态和作用都有很大的差异。在以自然经济为基础的传统社会中,微观权力主要表现为日常生活世界中的各种控制机制,例如,氏族、家庭、家族、宗族、血缘网络、乡里制度、民间组织及与此相适应的家规家法、习俗习惯、礼俗乡约、道德纲常等自发的规范体系。这些控制机制既表现为政治权力,也表现为文化权力。随着人类社会的理性化进程的不断深化,在现代社会中,除了不同程度地保留着日常生活权力之外,又产生了其他各种类型的微观权力结构,其中最为重要的体现在两个基本方面:一是宏观的、中心化的理性权力机制向社会生活和个人生活所有层面的渗透所形成的微观控制机制;二是随着公共领域的扩大、非政府组织的增加、新社会运动的兴起而产生的各种边缘化的微观权力结构。

关于微观权力的这种分析和分类,不仅使我们对当代人类社会的权力和控制问题有了更为丰富的理解,看到当代社会运行的权力机制的新变化,而且使我们的研究从政治哲学进入了其他社会历史理论领域,在研究范式的层面上打通了政治学、历史学、哲学等多个学科领域。核心的问题在于,如上述展示的那样,在微观权力层面上,政治权力、文化权力,以及其他各种类型的权力开始“合流”,相应地,政治哲学、文化哲学、历史学、社会学等领域也呈现出交汇交融的态势。对于当代社会历史条件下权力特征或者政治特征的这种变化,其他一些研究者也已经有所认识。例如,佩里·安德森在《思想的谱系——西方思潮左与右》中就指出:“政治不是一种自我封闭的行为,不能够自行孕育出一个内部的概念体系。

与某一时期一系列被视为政治冲突有关的观念的东西，是因时因地而变化的。时至今日，它已经远远超出了政治科学的范围。哲学、经济学、历史学、社会学、心理学，更不要说地理学、生命科学和艺术，在经典定义中都与政治领域有着各自不同的相交点。正式的政治理论虽然远远谈不上消失，但它也只占据一部分领地。"[①]近年来，中国学者也在高度关注政治学和政治哲学的复兴问题。例如，赵汀阳在自己的新作《每个人的政治》中断言，"政治哲学在今天变得如此重要，几乎成为哲学中最突出同时也是最活跃的部分，以至于成为当下哲学体系中的'第一哲学'，这一变化可以称为哲学的政治学转向"[②]。

对于上述现象和上述观点，既可以说是对政治领域、政治学领域、政治哲学视域的进一步拓宽和延伸，也可以说是对传统政治学和政治哲学的限度的突破。对此如何评价并不重要，重要的是这种现象和态势让我们看到开启一种能够真正有效地面对今天的社会历史现实，并且贯通哲学社会科学不同学科领域的理论范式的可能性。因此，我们虽然使用或者"借用"了政治哲学的术语，把我们的研究称之为微观政治哲学，但是，实际上我们在探讨一种重要的社会历史理论的研究范式。

二、传统宏观社会历史理论研究范式的局限性

在探讨这一问题时，首先必须加以说明和限定的是，我们只是在相对的、有限的意义上区分宏观权力和微观权力，区分社会历史理论的宏观视域和微观视域。实际上，微观权力和宏观权力是相互交织的，同样，绝对排斥微观视域的宏观社会历史理论和绝对排斥宏观视域的微观社会历史理论也是不存在的。我们不能用绝对的、非此即彼的态度来把二者对立

---

① （英）佩里·安德森：《思想的谱系——西方思潮左与右》，袁银传、曹荣湘等译，社会科学文献出版社2010年版，"前言"第1~2页。

② 赵汀阳：《每个人的政治》，社会科学文献出版社2010年版，第9页。

起来。在上述限定的基础上,我们必须承认,在不同社会历史时期,社会的宏观权力和微观权力的发达程度、活动机制、相互关系是不同的,相应地,不同时期、不同类型的社会历史理论,并不能确保在任何时候都能够合理地、辩证地处理对社会历史现实的微观透视和宏观把握。特别需要指出的是,在人类历史的不同时代,不同的社会历史理论的确会出现由于无法提炼出社会历史运动的宏观发展趋势和规律而停留于对纷繁杂乱的微观现象进行描述的状态,或者由于把社会历史规律的普遍适用性强调到极端而完全忽略或者否定微观权力的作用机制的问题。因此,当我们今天批评宏观社会历史理论范式及其“宏大叙事”时,并非一般地拒斥或否认对于社会历史现实进行宏观解释的合理性,更不是完全不承认建构宏大叙事和把握历史规律的价值,而只是批判那种完全遮蔽了微观视域,完全忽视了微观权力的社会历史理论范式,我们习惯地称之为传统社会历史理论。①

我在这里作一个假定性的判断②:今天我们在这里重新关注的微观权力和重新开启的社会历史理论的微观视域并不是全新的东西,只是它们在历史演进中,经历了被遗忘、被遮蔽的过程。实际上,在漫长的传统农业社会和自然经济时代,人类生存和活动的主要寓所和平台是自在自发的衣食住行、饮食男女、婚丧嫁娶、生老病死、礼尚往来的日常生活世界,这个世界,以及那时尚未从日常生活世界中彻底分化出来的政治、经济以及精神生产等非日常生活世界,都主要是由异常丰富的、日常的、微观的文化权力和政治权力编织而成的。与这种社会历史现实的基本状况相适应,那个时代的相对不发达、不够自觉的社会历史理论,也充满了对

① 实际上,“传统社会历史理论”是一个很模糊的概念,并非代表着前此一切社会历史理论,而是特指受自然科学普遍化和抽象化范式支配的,极端排斥和否认微观权力的差异性和多样性的宏观社会历史理论。

② 之所以说这是“一个假定性的判断”,并非指这一判断属于没有任何史实和文献根据的臆想,而是说对这一判断的内涵我们在本文中不去展开具体的历史考证和论证。

于微观社会现象的描述和体悟。随着航海时代对地理空间的扩展，及其现代性所逐步开启的世界历史进程，加之近现代自然科学范式的深刻影响，明晰的历史感和自觉的宏大叙事在哲学社会科学领域中逐步占据主导地位，而微观权力要素和微观历史描述逐步退居次席或者退隐到背景世界之中。我们可以对这一理论转型的后果加以简要的分析。

西方马克思主义创始人卢卡奇在《审美特性》中曾把日常生活比做一条长河，他认为，科学、艺术等更高的对象化形式都是从这条生活长河中分化出来的。他的学生赫勒在《日常生活》中明确把日常生活界定为“那些使社会再生产成为可能的个体再生产要素的集合”。她认为，如果没有个体的再生产，任何社会都无法存在。然而，与每一个体的生存息息相关，而又无言地孕育和滋养着人类社会的衣食住行、饮食男女的日常生活世界，却长期处于哲学社会科学的视野之外，成为人们熟知的但又熟视无睹的背景世界，一种与物换星移、花开日落无异的自然氛围。把日常生活世界从背景世界中拉回到理性的地平线上，使理性自觉地向生活世界回归，是20世纪哲学的重大发现之一，胡塞尔、维特根斯坦、许茨、海德格尔、列菲伏尔、哈贝马斯、赫勒等许多理论家从不同层面推动了这一哲学转向。对我国哲学界而言，生活世界的概念已经不再陌生，但是，回归生活世界的真实含义以及这一转向对于哲学社会科学范式转换的重大意义，还远远没有开展出来。

生活世界之被遗忘是在两个层面上完成的：首先，在社会结构层面上，历史的进展呈现出从日常向非日常的演化趋势，即从原初的、未分化的衣食住行、饮食男女、婚丧嫁娶、礼尚往来的日常生活世界中逐步分化出哲学世界、艺术世界、科学世界、政治系统、经济体系等非日常世界。相应地，人类社会和历史发展的重心也由日常向非日常转移。其次，在理性反思的层面上，哲学和历史科学的关注点越来越被非日常世界所吸引。近现代，哲学社会科学经历了“自然科学化”的过程，习惯于把自然科学所揭示的因果现象、必然性、线性决定特征、还原性、可计算性、普遍性等，放大为统一的、一元的、无限的世界的普遍规律，由此建立起以理性逻辑、绝对真理、普遍规律为核心的形而上学、认识论和各种社会科学体系，人真实地生活于其中的日常生活世界则被完全从理性的视野中放逐。一种遗忘生活世界的社会科学理论范式生成了：围绕着在社会历史现实中越来越占据主导地位的宏观的政治权力、经济权力及其宏观的政治体系和经济体系，哲学成为描述普遍精神和绝对理性的纯粹意识哲学，历史学表现为环绕着政权更迭和国家兴亡的宏观史学，政治学表现为以政治权力和制度安排为核心的宏观政治学，经济学成为揭示基本经济运动规律的国民经济学，等等。

应当说，这种以追逐普遍性的宏大叙事为特征的哲学社会科学范式有其存在的合理性，因为，理性的反思性本身就具有抽象性和普遍性的本质特点。在人类历史由自发走向自觉的时代，对日常的微观的生活现象进行理论抽象，有助于在偶然的、差异的、个别的、多样化的社会现象中把握人类历史运行中的某些规则性和普遍性的机制。但是，当宏观的哲学社会科学把人具体地生存于其中的生活世界完全视做无足轻重的、平庸的日常琐屑而加以蔑视时，当以价值和意义为特征的人的生活世界完全被以必然性和普遍性为特征的自然世界所消解时，这种遗忘生活世界的社会科学理论范式之弊端就充分显现出来。

弊端之一：否定差异性和个体性。李凯尔特曾分析过，自然科学是一种排斥特殊性和个别性，强调同质性和规律性的“普遍化的方法”，而文化科学则是探讨文化的价值和意义内涵，强调个别性和差异性的“个别化的历史方法”。遗忘生活世界的社会科学理论范式的根本缺陷是用普遍化的方法来研究文化和社会现象，从而否认差异性、个别性、主体性和自由。黑格尔在《精神现象学》中甚至断言，在精神的普遍性已经大大地加强的时代，“个别性已理所当然地变得无关重要”，而绝对理念的普遍性要求统治一切。

弊端之二:忽略社会发展的文化内涵。遗忘生活世界的社会科学理论范式对差异性和个体性的否定,实际上是对生活世界的内在文化内涵和意义结构的排斥。结果,在这种宏大的哲学社会科学体系中,不仅生活世界和伦理道德世界的特殊性和个别性被抽象掉,变成数学化和理念化的无限自然世界图景中的一个案例,而且,从原初的生活世界中分化出来的经济领域、政治领域、科学世界等非日常世界,也变成没有内在文化规定性和价值约束的机械的、冷冰冰的自然领域,历史成为"无主体的"自在运动。

弊端之三:理论研究的抽象化顽症。马克思关于从抽象上升到具体的方法论强调思维中的具体,即思维中包含"许多规定的综合"和"多样性的统一"。恩格斯曾断言,任何一种社会哲学,它的研究结论如果没有包括"使它得以成为结论的发展过程"就毫无价值。我们发现,遗忘生活世界的社会科学理论范式的根本特征正是在普遍的知识和原理中抽象掉这些多样性和过程性,从而形成空泛的、大而化之的理论结论。目前,这种抽象化的毛病不仅在哲学研究中而且在社会科学各个领域中普遍存在,例如,在社会学和人类学研究中,人们开始习惯于不必亲自动手开展"田野工作",而从现成的原理和结论出发,使用现有的各种思想资料和实证材料,进行逻辑推演或范畴排列。甚至回归生活世界在许多理论研究中也与现实的日常生活的文化意义结构无关,变成一种理论标签和理论口号,变成关于生活世界的基本特征、功能、规律等的抽象概括。关于实践的研究,也往往热衷于争论实践的规定性、功能、要素、形式等理论思辨,而与具体的、历史的、现实的实践无关。结果,我们的哲学社会科学研究提供的许多原理和结论往往没有明确的"所指",呈现为"能指的狂欢"。

三、当代社会历史理论微观视域的逐步开启

在某种意义上可以说，这种忽略或者遮蔽微观权力要素和微观视域的，传统哲学社会科学的宏观的和抽象的理论范式，在黑格尔的泛理性化的和泛逻辑化的绝对精神的普遍运动中达到了登峰造极的地步。黑格尔的哲学范式显然受到自然科学的普遍化方法的支配，他对精神和理论的普遍化的强调和对体系的完整性或者完美性的追求已经走到了极端。他在《精神现象学》"序言"中强调作为科学的体系和科学的认识的真理。按照他对普遍性的重视，在真理的体系中，个人的认识以及个别性的东西，是微不足道的或者没有任何位置的。"在我们现在生活着的这一个时代里，精神的普遍性已经大大地加强，个别性已理所当然地变得无关重要，而且普遍性还在坚持着并要求占有它的整个范围和既成财富，因而精神的全部事业中属于个人活动范围的那一部分，只能是微不足道的。"①

也正是由于黑格尔哲学的这种鲜明的特征和独具的地位，他的哲学构成了哲学社会科学基本研究范式的一个重大的拐点。不难发现，黑格尔身后，许多重要的哲学流派和其他理论领域都从不同的侧面批判黑格尔，特别是拒斥他的泛理性化和泛逻辑化的理论体系的宏大叙事和极端思辨化、抽象化的宏观研究范式。从叔本华开始的人本主义哲学思潮和由孔德开启的科学主义或者实证主义哲学思潮，从不同侧面批判和超越黑格尔哲学的这种普遍化和抽象化特征，例如，艾耶尔《二十世纪哲学》讨论罗素和摩尔的逻辑实证主义的一章（即该书的第二章），就使用了"叛离黑格尔"的标题②。不过，必须指出的是，真正自觉地、深刻地批判传统哲学社会科学的抽象化和思辨性的是马克思和恩格斯。他们都深受

---

① （德）黑格尔：《精神现象学》（上卷），贺麟、王玖兴译，商务印书馆 1979 年第二版，第 50 页。

② （英）艾耶尔：《二十世纪哲学》，李步楼等译，上海译文出版社 1987 年版，第 25 页。

黑格尔哲学的影响，但是，他们真正从黑格尔那里继承的只是巨大的历史感、基于劳动和实践的辩证法和批判的革命的精神，他们对黑格尔哲学的思辨体系和过分抽象化特征，则持彻底批判的态度。正如恩格斯指出的那样："黑格尔本人，虽然在他的著作中相当频繁地爆发出革命的怒火，但是总的说来似乎更倾向于保守的方面；他在体系上所花费的'艰苦的思维劳动'倒比他在方法上所花费的要多得多。"①

因此，如果我们使用今天的学术术语，那么可以断言，虽然在马克思的学说中并没有形成自觉的微观政治哲学、微观史学或者微观社会历史理论范式，或者说没有使用微观理论范式之类的术语，但是，马克思的宏观社会历史理论及其所揭示的社会历史规律是建立在关于各种社会现象的丰富的微观分析的基础之上的，在马克思的社会历史理论中具有丰富的微观理论思想资源。在这方面，有两点特别能够说明马克思恩格斯对自己理论定位的清醒意识。一是反对理论思辨和抽象化。马克思从自己的哲学生涯伊始，就对思辨哲学范式的体系化特征深恶痛绝，反复强调哲学要以其内在的批判的自我意识冲破体系的束缚，在现实的社会历史中而不是在纯粹的理性王国中开展批判。人们常常引用马克思在《〈科隆日报〉第 179 号的社论》中的那句"哲学不是世界之外的遐想"的断言。马克思在批判德国哲学时多次直指它的思辨意识哲学范式的弊端。"哲学，尤其是德国哲学，爱好宁静孤寂，追求体系的完满……就像一个巫师，煞有介事地念着咒语，谁也不懂得他在念叨什么。"②二是反对脱离生活世界的思辨历史观。马克思和恩格斯在《德意志意识形态》中明确把"现实的生活生产"当做历史的基础，反对脱离日常生活的历史观。他们这样批判传统历史观："迄今为止的一切历史观不是完全忽视了历史的这一现实基础，就是把它仅仅看成与历史过程没有任何联系的附带因素。因此，

① 《马克思恩格斯选集》第 4 卷，人民出版社 1995 年版，第 220 页。
② 《马克思恩格斯全集》第 1 卷，人民出版社 1995 年版，第 219 页。

历史总是遵照在它之外的某种尺度来编写的;现实的生活生产被看成是某种非历史的东西,而历史的东西则被看成是某种脱离日常生活的东西,某种处于世界之外和超乎世界之上的东西。"①

因此,我们在马克思恩格斯的各种文献中,处处可见的都是这种关于现实的人和具体的社会历史现象和现实的具体的、微观的分析。例如,人的问题、人的自由和全面发展、人的解放一直占据马克思恩格斯思想的核心,但是,在他们的著作中,我们看不到那种对"抽象的"、"理想化的"、"大写的"人的一般呼唤或描绘,而是对各种具体的人及其境遇的描述,例如,马克思《1844 年经济学哲学手稿》中异化的、非人化的劳动者,恩格斯《英国工人阶级状况》中饱受压迫的女工、童工、工人家庭等,他们的《德意志意识形态》中作为"一切历史的第一个前提"的吃喝住穿等日常生活,以及作为"历史发展过程的第三种关系"的人自身的生产、繁衍、家庭关系等。② 因此,马克思恩格斯认为,他们所理解的历史的前提是现实的人及其物质生活条件,"这些前提可以用纯粹经验的方法来确认"③。再如,马克思特别重视具体化的方法论,他在揭示现代社会运动时,并非抽象地推演生产力和生产关系、经济基础和上层建筑的原理,而是深入劳动、价值、生产、交换、流通、工资、资本、地租、利润、价格、供给、需求、市场等社会经济运动和社会生活的许多方面。我们还可以列举许多类似的分析。这些思想资源,连同马克思学说的批判精神和实践精神,对 20 世纪的人类思想发展产生了重要的影响,对此福柯也充分意识到了,例如,他在《知识考古学》中探讨年鉴学派开启的微观历史视角时,明确指出,"今天,历史的这一认识论的变化仍未完成。然而这种变化并不是从昨天才

---

① 《马克思恩格斯选集》第 1 卷,人民出版社 1995 年版,第 93 页。
② 《马克思恩格斯选集》第 1 卷,人民出版社 1995 年版,第 78、80 页。
③ 《马克思恩格斯选集》第 1 卷,人民出版社 1995 年版,第 67 页。

开始，因为我们肯定会把它的最初阶段上溯到马克思”①。

当然，必须在这里明确的一点是，虽然马克思的社会历史理论包含着丰富的微观理论思想资源，但是，在马克思的学说中并没有强调或者使用微观政治哲学、微观史学或者微观社会历史理论范式，马克思当时所关注的作为历史发展基础的是宏观的社会领域（经济领域）和宏观的权力（政治权力）及其普遍的规律，例如，生产力和生产关系、经济基础和上层建筑的矛盾运动的规律，人类社会从原始社会到共产主义的宏观的发展模式等。这些也刚好构成人们通常所理解的经典历史唯物主义的宏大叙事和宏观理论范式的基本内涵。我想，造成这种状况的原因并不复杂，我们可以从两方面加以分析。首先，每一时代的社会历史现实对于理论研究提出的任务都是不同的，马克思处在人类历史主要由经济、政治等主导领域和宏观权力所左右的时代，他所面对的社会现实刚好是全球化的世界历史进程、世界性的市场、资本的逻辑、机械化的大生产构成的主宰一切的宏大的经济力量，以致马克思强调“我的观点是把经济的社会形态的发展理解为一种自然史的过程”②。其次，在马克思所处的时代和之前的相当长的历史时期，社会历史理论的总体倾向是不承认人类历史发展中存在着规律和必然性，因此，马克思在对繁杂的社会历史现象分析的基础上，有意识地突出人类社会历史的规律性。恩格斯在《在马克思墓前的讲话》中对此作了说明，他指出，正如达尔文发现了有机界的发展规律一样，马克思发现了“历来为繁芜丛杂的意识形态所掩盖着的”、“人类历史的发展规律”。③ 这里还需要指出的一点是，当我们断言马克思学说中没有形成自觉的微观社会历史理论范式时，是针对今天我们的社会历史理论研究忽视微观分析的问题而言的，实际上，在马克思恩格斯那里，根本就

---

① （法）米歇尔·福柯：《知识考古学》，谢强、马月译，三联书店2003年版，第12页。

② 《马克思恩格斯选集》第2卷，人民出版社1995年版，第101～102页。

③ 《马克思恩格斯选集》第3卷，人民出版社1995年版，第776页。

不会有类似的问题提出，因为微观分析和宏观分析不可分的有机统一是他们一直坚持的理论范式。这种理解，对于当今的哲学社会科学也一直产生着重大的影响。具体说到20世纪在哲学社会科学不同学科领域中逐步形成的自觉的微观理论视域，我们可以从两个方面加以简要的描述。

首先需要分析的是，在全球化和信息化时代，人类社会历史现实本身发生了重要的变化，为哲学社会科学的微观理论视域的开启奠定了现实的基础。我认为，对于社会历史理论具有实质性意义的社会历史现实变化至少有以下两个大的方面。一是从社会结构或构成上来看，由于信息化背景下的文化整合，伴随着工业文明而彼此分化的社会诸领域呈现"再一体化"和相互渗透融合的趋势，从而导致各领域之间界限的模糊，并使社会构成呈现内在差异化和多态化，消解或削弱了主导型领域的统治地位或控制作用。经济、政治和精神文化领域之间，在尊重各个领域的相对独立性自律性、尊重合理的社会分工原则的前提下，通过自觉的文化整合而形成社会各个领域的有机的一体化。其中，文化不再是与政治经济相分离的、外在的、相对独立的、被决定的精神文化，而是真正成为人类生存的自觉方式和社会各个领域内在的机理和图式。信息化、数字化、网络化是最能展示文化的整合力量的方式，它使文化的力量体现在社会的各个领域之中，极大地改变了人的生存方式和社会运行机制，在这种背景下，文化和经济、政治、社会生活的传统界限或外在性开始消失或模糊，呈现出一体化的特征。这样一来，原本彼此分离的、自律的宏观社会领域之间的界限变得模糊，彼此渗透和相互融合，形成了既相互区别又相互交织的多态化的、非中心化的社会领域的复杂星丛。二是从社会运行和控制机制来看，由于社会诸领域的"再一体化"和相互融合，社会的主导型、中心化的宏观权力逐步分化为非中心化的、弥散的微观权力（例如，微观政治权力、文化权力等），从而使社会的控制机制由几种宏观权力的彼此冲突或相互博弈逐步让位给多态化的微观权力的相互制约和差异化共生。在传统社会中，特别是在工业文明的普遍的理性化进程中，构成社会运行、控制和治理机制的核心要素是宏观力量或宏观权力，其中既包括宏观的生产、交换体系所形成的经济规律和经济力量，也包括由国家机构和社会管理机制形成的宏观政治权力，由此形成的宏观政治一般指国家制度的安排、国家权力的运作等宏观的、中心化的权力结构和控制机制。在这种社会运行机制中，社会的控制和治理主要依靠国家权力和政治管理体制等宏观的公共权力来实施，而在社会转型和社会变革时，一般要通过宏观的革命（多半是暴力性质的变革）和政治运动来实现。而在信息化时代或者在后现代的背景中，构成社会运行、控制和治理机制的要素除了宏观的政治权力或者宏观的经济力量外，越来越多地大量涌现出非中心化的、分散的、弥散化的、多元差异的微观权力，例如各种相对自律的公共领域、非政府组织、边缘群体、社会微观结构和层面上的微观权力，以及以符号、形象、符码、仿真等形式表现出来的非经济的经济权力和渗透到所有社会领域和层面的、无所不在的文化权力。这种内在于社会生活和日常生活所有层面的弥散化的、微观化的权力结构和控制机制形成了所谓的微观政治，而社会的运行和控制机制开始表现为这种中心化的宏观权力和多态化的微观权力相互交织相互制约的网络。一般说来，这种政治、经济、文化相互融合，真实与符号（符码）彼此渗透的多态化的微观权力结构或者微观政治结构，既可能为个体的自由和个性发展提供空间，也可能使理性对人的统治渗透到生活的每一个角落。而对这种控制机制的抗拒和改造往往同样需要各种多态化的、边缘化的微观权力的多维反抗，而无法沿用传统的宏观政治变革模式。

其次，通过分析20世纪哲学社会科学的主要领域中的一些深层次变化，我们发现，与社会结构和运行机制从自律的宏观领域和宏观权力向多态化的微观领域和微观权力的这一深层次转变相适应，当代哲学社会科学的思想模式也经历了从宏大叙事向微观叙事，从宏观理论范式向微观理论范式的自觉转变。例如,在政治学和政治哲学领域,传统的理论主要以国家权力的运作、政治制度的安排、政权的更迭、重大历史事件的发生为对象,而很少关注社会生活其他层面的边缘化的权力结构和日常生活领域中的微观控制机制。而20世纪出现的多种形式的微观政治学,则或者是主张从日常生活的机制去思考制度安排问题,探讨微观权力秩序的重建问题,或者像福柯那样,从监狱、医院、军队、学校等被传统政治学忽略的边缘领域,开展了关于理性权力结构的微观政治学的批判,揭示分散的、不确定的、形态多样的、无主体的、弥散于日常生活和不同社会层面的微观权力,也即知识性的权力或文化权力。微观政治学或政治哲学还确立了微观权力的反抗模式,即各种多元的抵抗,多元的自主斗争。后马克思主义代表人物拉克劳、墨菲、雅索普等人更是基于微观权力样态提出社会主义的新策略,他们关注新兴的女权主义,少数种族、少数民族和性少数的抗议运动,人口边缘阶层发动的反制度化生态斗争等,围绕着领导权而展开微观的政治斗争。①

这里要特别提到20世纪史学领域的重大范式转变。众所周知,传统史学与传统宏观政治学往往有着共同的主题和共同的爱好,都以宏观政治,即宏观权力为核心。在传统史学的宏观理论范式中,大人物、大事件、大政权、大结构之外的日常生活和细微的社会结构或领域,基本上没有任何地位和史学价值。对20世纪史学理论作出最大贡献的是法国的年鉴学派,它最先自觉地开始了对传统史学的宏观理论范式和宏大叙事的解构和颠覆。在它的影响下,陆续出现了意大利的微观史学派、德国和奥地利的日常生活史学派、英国的"个案史"学派,以及新文化史、系列史、心态史等,这些流派都反对只写重大历史事件和只关注政治、经济、军事、外交等宏大叙事的历史学,而主张把关注中心转向具体的和微观的日常生

① Laclau, E. and Mouffe, Ch., *Hegemony and Socialist Strategy: Towards a Radical Democratic Politics*, Verso, 1985, p. 1.

活世界的各个领域。年鉴学派代表人物布罗代尔的《15—18世纪的物质文明与资本主义》共分三卷，其中第一卷就是《日常生活的结构》，主要讨论15—18世纪人们的日常生活，包括这一时期人们衣食住行的各个方面和细节，把日常生活作为解读这一时段历史的重点。20世纪70年代之后，更是出现了以“历史的碎片化”为特征的后现代历史叙事。

此外，与传统政治学和历史学相比，理性化进程中深受自然科学普遍化范式影响的意识哲学最集中、最典型地展示了这种宏观理论范式的特征和本性。理性的普遍化要求、自然科学所揭示的因果必然性、线性决定特征、还原性、可计算性、普遍性等范畴对思维模式的深刻影响，使得纯粹意识哲学和思辨理论哲学无论面对自然的对象还是社会的存在，都以普遍的、绝对的、放之四海而皆准的规律和必然性为核心，而生活世界、个体的活动、日常的琐碎存在所体现出的个体性、差异性、特殊性等统统都被抹平。而20世纪各种文化批判理论的兴起，从不同侧面反对以宏大叙事为表现形态的意识哲学，自觉或不自觉地开始形成文化哲学的微观理论范式。例如，20世纪哲学的重大创新之一是把日常生活世界从背景世界中拉回到理性的地平线上，使理性自觉地向生活世界回归，日常生活批判范式的要点在于，它不再孤立地探讨和强调政治、经济等宏观社会历史因素的决定作用，而是把所有的社会历史因素都放到生活世界的文化意义结构中加以审视和评价。再如，西方马克思主义的文化批判理论把批判的触角延伸到现代社会的各个层面和现代人的生活的各个角落，一直深入到性格结构和心理机制批判、消费社会文化心理分析，等等。后现代理论思潮更是把解构宏大叙事、彰显微观权力的导向发展到了极端。

在这里需要指出的是，历史学、政治学、哲学等不同领域中关于微观理论研究范式的探讨和建立，并非彼此孤立的现象，而是相互影响、相互交织的思想进程，因此，我们把分散在哲学社会科学不同领域中的微观思想理论资源加以整合，并使之自觉地建构成为一种社会历史理论的微观范式，是有合法性依据的。我们可以举一个典型的例子，这就是福柯本人就承认他的微观政治学受到了年鉴学派史学范式的影响。他在《知识考古学》的引言中特别分析了法国年鉴学派①的“长时段”史学方法的重要理论意义。他指出，年鉴学派的新史学家强调从政治事件的变幻不定的背后揭示一些在较长历史时段中相对稳定的、深层次的现象，“一些因传统叙述的混乱而被掩盖在无数事件之下的静止和沉默的巨大基底”②。当然，福柯在这里并不是要寻找一种不变的、决定性的和连续性的结构和力量，相反，他在史学家关于深层长时段历史现象的深层挖掘中，发现了内在复杂的结构，发现了复杂结构的各种断裂。这里有一段非常精彩的表述：“这些方法使历史学家们能够在历史范畴中辨别各种不同的沉积层。过去一向作为研究对象的线性连续已被一种在深层上脱离连续的手法所取代。从政治的多变性到‘物质文明’特有的缓慢性，分析的层次变得多种多样：每一个层次都有自己独特的断裂，每一个层次都蕴含着自己特有的分割；人们越是接近最深的层次，断裂也就随之越来越大。”③

当然，必须承认，当代哲学社会科学思想模式、研究视角和理论范式的转变毫无疑问存在着许多问题，有的学科或领域存在着走向极端和片面化的问题，对此，我们必须加以分析、鉴别和批判。但是，必须看到，这种从宏观理论范式向微观理论范式的自觉转型不是随心所欲或者心血来潮，而是适应当代社会历史现实深刻变化所作出的积极的调整和理论创新。在这种意义上，我们不得不遗憾地承认，目前我们的历史唯物主义研究无论是对当代社会历史现实的深层变化还是对当代哲学社会科学的范式转换，都没有给予足够的重视，更没有积极的应答。这是我们的哲学研

① 关于年鉴学派比较详细的介绍，我们将在《现代性的维度》的第一章确立现代性研究的理论假设和方法论预设时具体展开。

② (法)米歇尔·福柯：《知识考古学》，谢强、马月译，三联书店2003年版，第1页。

③ (法)米歇尔·福柯：《知识考古学》，谢强、马月译，三联书店2003年版，第1页。

究鲜有创新的根本原因之一。我们在讨论微观理论范式时曾遇到一些质疑,一些研究者认为这种微观理论研究不符合马克思的思想传统和哲学立场。这实际上是一种误解,如上所述,在马克思恩格斯那里,根本就不会提出宏观分析和微观分析哪种范式更为重要的问题,他们一直坚持微观分析和宏观分析不可分的有机统一。问题出在20世纪受哲学教科书影响的当代一些马克思主义的理解,在这里存在着严重的纯粹意识哲学或者思辨理论哲学的问题,他们抛弃了马克思恩格斯理论中丰富的微观分析的思想资源,导致了严重的理论抽象病。萨特就注意到了这一点,他认为,马克思的整体化(总体化)方法具有很大的优势,并且马克思思想的优越性在于他没有因为强调总体化而否定微观的和差异化的分析。他指出:“马克思主义的力量和宝贵之处,在于它曾是整体性阐述历史过程的最激进的尝试。”①马克思本人是富有创造性地运用总体化方法进行历史分析的典范,其成功的主要之点在于,在马克思那里,总体化不是脱离具体的“实体”,不是抑制或否定个性和个体的整体性,而是包含着具体的丰富多样性的总体化,因此,能够形成关于人类社会历史运动的合理的把握。而在当代马克思主义那里,马克思所坚持的这种具体的总体性,这种活的总体化不存在了,剩下的是强调抽象的普遍性,强调整体对个体和特殊性的压抑的绝对的总体化。“对于当今大部分马克思主义者来说,他们认为思考就是在整体化,并以此为借口而用普遍性来代替特殊性;也就是说把我们重新引向具体,在基本的但有抽象的规定性这个标题下来显现我们。黑格尔至少让作为被超越的特殊性的个体存在下去;而一个马克思主义者认为,试图理解一种资产阶级思想的特殊性,就将是浪费时

---

① (法)让-保罗·萨特:《辩证理性批判》(上卷),林骧华等译,安徽文艺出版社1998年版,第27页。

间。在他看来，重要的是表明这种资产阶级思想是唯心主义的一种形式。"[①]显而易见，当马克思的具体的总体化方法在当代马克思主义这里变成抽象的总体化方法时，个体自由和价值、历史的多元差异的丰富内涵都无法保留，当代马克思主义中的"人学空场"就是这样形成的。因此，萨特断言："这种方法不能使我们感到满意：它是先验的；它不是从经验史中得出自己的概念——或者至少不是从它力图了解的新经验中得出的——它已经形成了这些概念，它已经确信它们的实在性，它将把构成性模式的角色分配给它们：它唯一的目的是把被研究的事件、人或行为放入预先制造好的模子。"[②]萨特的这种批评或许有些过于尖刻和偏激，但是，对于揭示当代那些忽略或者否定微观分析的哲学社会科学的根本病症，可谓一针见血。在这里，还可以提及阿尔都塞关于宏观与微观相互依存的关系的论述，他指出："人们可以把微观联系'当作'非存在；这并不是说它不存在：而是它对认识说来不存在。但无论如何，宏观的必然性'归根到底'正是在这种无限的微观多样性中'向前发展'，即取得胜利。"[③]这些思想都从不同侧面要求人们关注社会历史的微观分析，确立微观视域和宏观视域相结合的理论范式。

四、微观理论范式对于社会历史理论的丰富和完善

如前所述，随着现代社会的开放程度的提升，随着政治权力多元化的进程，微观权力结构在人类社会中的地位越来越重要。微观权力是多维度的、多层面的、丰富多彩的、多元差异的、蕴涵不同价值内涵的复杂的星丛。对于微观权力所编织的复杂的社会之网的细致分析和把握，有助于

---

① (法)让-保罗·萨特：《辩证理性批判》(上卷)，林骧华等译，安徽文艺出版社1998年版，第44~45页。

② (法)让-保罗·萨特：《辩证理性批判》(上卷)，林骧华等译，安徽文艺出版社1998年版，第35页。

③ (法)路易·阿尔都塞：《保卫马克思》，商务印书馆2006年版，第108~109页。

我们真正恢复历史的多样性、文化的多样性和社会实在的丰富内涵，从而防止把社会历史发展规律变成排斥一切差异和特殊性的自然科学规律，防止社会历史发展的线性决定论，进而为历史发展道路的多样性提供坚实的学理基础。在这里，我们简要概括微观政治哲学研究范式的几个主要特征，几个主要的理论要点。

第一，在政治、经济、文化等社会诸领域重新整合和融合的基础上，建立起影响和制约当代社会运行的新的权力谱系。其中特别要梳理清楚那些在传统社会历史结构中被宏观的经济权力和政治权力所遮蔽，而在当今社会结构中越来越显示出重要影响的微观权力。例如，要充分认识以下几种类型的微观权力及其活动机制。一是与宏观权力同构的微观权力。在很多历史情形中，宏观政治体制和国家政权的稳定同深层次的微观政治权力或文化权力的支撑密切相关。一个典型的例子是中国传统社会以家庭为本位、"家国同构"的宗法专制的政治制度。在这种情形中，整个社会从体制到具体运行都表现为围绕着家庭而形成的血缘关系、亲属关系、宗法体系等日常控制机制的扩大，由此形成一个超稳定的国家政权和行政管理体系。另一个典型例子是福柯、德勒兹等人所批判的现代理性社会的微观权力机制。中心化的、理性的宏观政治权力机构是凭借着渗透到学校、医院、军队等社会的每一层面、每一个角落的微观权力而编织一个全方位的"宰制社会"或"全景监狱"。二是阻碍宏观权力机制更新的微观权力。转型期的中国社会，以及其他发展中国家在建立民主、法治、理性的政治体制过程中经常受到来自日常生活世界的经验式、人情化的微观权力机制的严重阻滞。这充分说明，任何一种政治体制或社会控制模式，例如民主体制、法治模式的建立，都不可能凭借一般的理论号召就得以确立，如果不考虑社会各个层面，包括日常生活中各种微观的、多元差异的权力结构的特点和价值取向，是无法真正扎根的。三是反抗宏观政治霸权的微观权力。后现代政治理论、话语政治理论、后马克思主义政治理论等从不同视角不约而同地强调公共领域、市民社会、文化领导权、新社会运动、非政府组织等微观政治现象，其根本原因在于，要保护自由、公正、平等、民主的社会秩序和自主的生活世界体系不受某种总体化的政治权力或经济权力的“殖民化”，其有效途径并非简单地用一种新的中心化的宏观权力来取代另一种宏观权力，而是激活社会各个层面和生活世界的各种微观权力的话语和力量，形成多元的反抗力量和多元差异的社会调控体系。显而易见，对于当代社会丰富多彩的微观权力的类型和性质的深入研究，对于建立宏观视域和微观视域相结合的理论范式至关重要。

第二，以丰富的微观权力的网络体系或者复杂“星丛”为中介或者活动平台，建立起经济基础与上层建筑的宏观结构与个体的微观活动结构之间的有机联系和互动交融关系，走出关于二者关系的外在对立和决定论的宏观理解模式。我们知道，唯物史观的确立对于人类的历史认识的确具有重大的意义，它一方面把历史奠定在人所特有的实践活动的基础上，另一方面强调人类历史服从于内在的规律，这两方面的思想构成历史唯物主义的核心。然而，在抽象的宏观理论范式中，二者之间的关系常常呈现为外在的二元对立的状态，人们或者强调经济基础和上层建筑的宏观社会结构决定个体的活动，或者强调个体的自由自觉的和对象化的实践活动决定社会结构的变化和发展。显而易见，关于历史唯物主义的许多根本争论都与此有关。我认为，只有用自觉的微观理论范式去完善和补充传统唯物史观的宏观理论范式，并以自觉地建构起来的微观权力网络体系为中介和活动平台，才能真正建立起自由自觉的实践活动和宏观的社会结构及其规律之间的内在统一。在这方面，萨特在建构存在主义马克思主义时所作的方法论探讨，对于我们建构微观理论范式具有一定的启示意义。如上所述，萨特认为，马克思主义的总体化(整体化)方法具有重要的历史感，但是，当代马克思主义研究中的过分普遍化容易导致对个体和特殊性的压抑，即“人学的空场”，因此，萨特提出要用中介方法和前进－回溯方法来补充和完善马克思主义的总体化方法。具体说来，中介方法的主要特征是，在对人的行为的分析中，不是简单断言社会构成因素对人的直接决定，而是充分重视精神分析学、微观社会学等辅助学科的作用，寻找人和历史条件之间相互作用的中间环节和因素，如与人的活动直接相关的家庭、童年的经历、周围的直接环境、个体心理、情感因素、两性关系等，从而使人成为历史运动中的丰富的个体。他进而强调，要运用前进－回溯方法具体分析社会整体和个人实践之间的复杂关系，无论是社会整体通过各种中介因素对个体行为的影响和决定，还是个体实践在各种中介因素的制约下对社会环境的自主选择，都不是单向的和一次性完成的运动，而是双向往复的运动。①

第三，充分把握政治、经济、文化等社会诸领域通过信息化背景下的文化整合而重新一体化的趋势，对社会结构和运行机制进行宏观的、微观的、多维的、多层面的、多视角的透视，解构单纯宏观权力霸权的宏大叙事，破除外在的决定论历史模式。具体说来，一方面，鉴于在当代社会结构中，不再存在界限分明的政治领域或经济领域，因此对于经济、政治等社会领域不再作单纯的经济学或政治学的封闭的分析，而是开展经济学、政治学、历史学、文化学、哲学等多学科的综合把握；另一方面，无论对于经济、政治，还是别的领域的分析，都不能停留于一般的抽象的宏观把握，而是要深入文化哲学的微观分析层面，例如，对于政治治理的分析，要综合国家权力、宏观政治治理、行政管理、公共领域、社会自治领域等多层面以及政治文化理念、宏观经济调控、微观市场运行、个体政治参与等多视角的微观分析，从而真正深入社会历史现实的丰富内涵，回到人类实践活动的历史丰富性和文化丰富性，形成宏观视域与微观视域结合、社会诸领

① 参见(法)让－保罗·萨特:《辩证理性批判》(上卷)，林骧华等译，安徽文艺出版社1998年版，第34～50页。

域内在融合的社会历史分析。在这样的理论视域中，不再有经济决定论、政治决定论或者文化决定论的空间，无论是宏观的历史规律还是具体的实践活动都不再是一种受制于人的活动之外的铁的必然性的自然进化论和线性决定论进程，而是充满文化创造力的人的历史进程。在这种意义上，我们所理解的作为历史解释模式的文化哲学正是这样一种新的社会历史理解范式。文化哲学反对意识哲学用自然科学的普遍化的方法去剪裁人的实践活动的丰富的文化内涵的做法，反对把历史的内涵简单化地归结为生产方式、经济、技术等几个决定性的因素，更反对运用几个决定性因素把历史描绘成一种类似自然的线性决定过程。它坚信，任何一种因素，无论如何重要，都不可能独自决定历史的全部内涵和命运，它肯定人类历史发展的多样化、个别性、差异性及其价值内涵，强调历史是人的实践活动的各个维度的全面展开的过程，它所揭示的社会历史规律是包含着多样性和差异性的基本发展趋势。

五、微观理论范式与社会历史规律

近年来，我们在微观政治学、微观政治哲学、微观史学、日常生活批判、文化哲学等领域的研究中，经常遇到的一种质疑就是，这种微观视域的研究或社会历史理论的微观理论范式不符合马克思主义的传统，并且容易导致否定社会历史发展规律，从而存在着背离历史唯物主义的危险。因为按照一种比较常见的理解，历史唯物主义从本质上讲必然是宏大叙事，它的创立对社会历史理论的革命性贡献，就是超越繁杂琐碎的社会历史现象，揭示出关于人类历史运动的普遍的、“放之四海而皆准”的一般规律。

对此，我的看法是这样的：是否承认社会历史发展的规律，与对社会历史发展进行宏观分析还是进行微观分析，没有必然的因果关联；但是，宏观分析是否拥有扎实的和丰富的微观分析做基础，所揭示的规律的性质和所表述的宏大叙事的性质是有质的差别的。进而,并非任何关于规律的认识都适合于我们对人类社会历史运动的真实把握。

前面已经说过,对宏观权力和微观权力、宏观政治和微观政治、宏观政治哲学和微观政治哲学的区分只是相对的,实际上并不存在着截然不同、彼此分离的微观政治和宏观政治,即使德勒兹和加塔利等力主微观政治学的后现代思想家,也强调微观政治和宏观政治之间不存在着固定不变的区分,强调政治既是宏观政治,也是微观政治。[①] 列菲伏尔在《日常生活批判》中曾指出:"'宏观'和'微观'层面之间虽然存在着间距和鸿沟,但这并不意味着容许我们把其中的一个层面与另一个层面二分开来,更不允许我们'忽视'其中的某一个层面。不可还原性并不等同于截然分立。在'宏观'层面和'微观'层面之间,存在着多种多样的关系、对应性以及同源性。"[②]因此,不存在绝对的宏观解释模式或者微观解释模式,一种健全的和富有解释力的社会历史理论,一定是兼顾宏观分析和微观分析,一方面善于根据特定的社会历史现实而突出其中的某一个维度,另一方面又善于保持二者间的有机结合,不会用其中的一个维度来否定或取消另一个维度。分析一下当今人类的思想发展状况,特别是社会历史理论发展状况,就会发现,能否将宏观解释和微观解释有机结合直接影响到特定理论的解释力和说服力。在这方面,如上所述,马克思思想的确是一种我们应当学习的楷模,赵福生在分析这一问题时,认为马克思研究范式的优势在于:"他走入实证科学,又走出实证科学;他走入微观分析,又走向宏观分析;他走入具体人群,又走向全人类;他走入微观史学,又走向总体史学",而相比之下,"传统意识哲学和后现代哲学共同的弊病就在

---

① 参见(美)道格拉斯·凯尔纳、(美)斯蒂文·贝斯特:《后现代理论:批判性的质疑》,张志斌译,中央编译出版社 2006 年版,第 123 页。

② Henri Lefebvre, *Critique of Everyday Life_Foundations for a Sociology of the Everyday*, Verso, 2008, p. 140.

于只有走入，传统意识哲学走入宏观视域，而没有走出宏观视域，所以陷入抽象化、体系化；后现代哲学走入微观视域，却没有走出微观视域，所以陷入断裂化、破碎化”①。这种分析有其合理性。

对于社会历史理论研究范式同社会历史规律的把握之间的特殊关联问题，需要作具体的分析。可以说，那种笼统地、不加分析地断言微观视域必然会导致否定社会历史规律的说法，是没有根据的。但是，构建什么样的理论研究范式，对于能否真正把握社会历史规律，却是关系紧密的。具体说来，在今天的理论研究中，人们一般都承认，不能把社会历史规律等同于严格意义上的自然规律，否则，就会取消历史发展道路的多样性、差异性和人的历史创造的可能性。但是，人们较少考虑另一个重要的问题：社会历史规律和自然规律虽然有着本质的联系，但是存在着根本性的差别，因此，必须运用不同的研究方法和理论范式才能真正有效地加以把握。假如运用自然科学的研究方法去揭示和概括社会历史规律，就会把历史必然性变成与自然科学规律无异的“经济决定论”。李凯尔特在《文化科学和自然科学》中就专门探讨了两种科学在方法论上的不同。他认为，自然科学的方法是一种普遍化的方法，它排斥特殊性和个别性，而强调自然之物中的普遍性和同质性，寻找规律性，它强调“事物和现象的本质就在于它们与同一概念中所包摄的对象具有相同之处，而一切纯粹个别的东西都是‘非本质的’”②。而与自然现象的给定性和客观性不同，文化作为人为的现象的突出特征是其价值内涵，因此，文化科学的方法不能是普遍化的方法，“只有个别化的历史研究方法才是适用于文化事件的方法。如果把文化事件看作自然，亦即把它纳入普遍概念或规律之下，那么文化事件就会变成一个对什么都适用的类的事例（Gattungsexemplar），它

---

① 赵福生：《论马克思的微观哲学视域》，载《求是学刊》2008年第1期，第40~41页。

② （德）李凯尔特：《文化科学和自然科学》，涂纪亮译，商务印书馆1986年版，第37页。

可以被同一个类的其他事例所代替”①。

这正是我们担忧的地方和问题：我们今天的哲学研究、社会历史研究，甚至包括社会学、文化人类学等实证性很强的学科，常常由于忽略、懒于、不屑于或者拒斥微观分析，不仅没有对今天的社会历史现实作出具体的、微观的深刻分析，而且对马克思恩格斯当年在得出各种理论结论时所作的具体的和微观的历史分析也不甚了解。结果人们常常轻车熟路地、得心应手地从现成的原理和结论出发，对今天的现实作一些蜻蜓点水式、外在观望式、标签套用式的笼而统之的远眺。这常常容易导致双重消极后果：一是由于把历史规律变成了自然规律式的“铁的必然性”，变成了盲目的经济逻辑，结果人们以一种貌似坚定不移地“坚守”历史规律的方式取消了历史规律；二是使我们的理论研究无法切中和穿透今天的社会历史现实，成为缺乏创造力和解释力的抽象教条和思辨的理论推演。因此，我们提出加强社会历史理论的微观视域的建构，以宏观研究和微观研究相结合的方式面对今天的社会历史现实，绝不会导致否定历史发展规律的结果，相反，这应当是在今天的条件下丰富进一步丰富历史唯物主义的重要途径。只有这样，我们才可能获得真正切中今天的社会历史现实的，包含着丰富的多样性和差异性，包含着丰富的创造性空间的社会历史规律性的认识。而这正是马克思所强调的，摆脱了思辨抽象性的具体：“具体之所以具体，因为它是许多规定的综合，因而是多样性的统一。”②

在这里，我们应当重温恩格斯晚年在给康拉德·施密特的信中所表达的对德国青年理论家的担忧。恩格斯发现，一些青年人把历史唯物主义的原理当做标签“贴到各种事物上去，再不做进一步的研究”；并且只是用历史唯物主义的套语“来把自己的相当贫乏的历史知识”尽速“构成体系，于是就自以为非常了不起了”。因此，恩格斯告诫：“必须重新研究

① （德）李凯尔特：《文化科学和自然科学》，涂纪亮译，商务印书馆 1986 年版，第 72 页。

② 《马克思恩格斯选集》第 2 卷，人民出版社 1995 年版，第 18 页。

全部历史,必须详细研究各种社会形态的存在条件,然后设法从这些条件中找出相应的政治、私法、美学、哲学、宗教等等的观点。"[①]恩格斯120年前的这些语重心长的话语,真的好像是在说我们今天的事儿。在那封信中,恩格斯还特别说道:"一切都可能被变成套语。"[②]这正是我们对今天的理论研究的担忧所在。因此,我们积极探索,用一种微观分析的视域认真思考今天丰富的现实,从而形成关于社会历史规律的更加丰富的认识,防止把我们的社会历史理论变成各种"标签"和"套语"。

这套丛书只是关于微观政治哲学或者社会历史理论的微观研究范式的初步探讨。在这里,我想指出的一点是,丛书的几位作者并非一般意义上具有某种理论共识或者理论诉求的学术同路人,而是一个非常紧密的小型学术团队。《福柯微观政治哲学研究》的作者赵福生和《年鉴学派史学范式研究》的作者张正明都曾是我指导过的博士研究生,前者2003年入学,2008年通过博士论文答辩;后者2005年入学,2010年通过博士论文答辩[③],我们在一起共同研究已经有七八年的时间了。从研究丛书的结构来看,我的《现代性的维度》属于哲学,特别是文化哲学领域的研究;赵福生的《福柯微观政治哲学研究》侧重于政治哲学领域的研究;张正明的《年鉴学派史学范式研究》侧重于历史哲学领域的研究;论文集《社会历史理论的微观视域》也主要是从以上三个学术领域精选的国内外自觉地开启社会历史理论的微观研究的代表性文献。因此,丛书的规模虽然不大,但是,无论其内在的思想,还是外在的构成,都是具有内在的、有机的联系的。当然,理论探索总是艰辛的,开辟一个新的研究领地,所遇到的困难和问题就会更多。虽然我们已经尽了最大的努力,但是由于学术

① 《马克思恩格斯选集》第4卷,人民出版社1995年版,第692页。

② 《马克思恩格斯选集》第4卷,人民出版社1995年版,第692页。

③ 两篇博士论文在答辩时都获得了"优秀",赵福生的博士论文2010年获得了全国百篇优秀博士论文提名奖。

水平、知识背景和思想穿透力等方面的局限,这套丛书的不成熟之处、不合理之处在所难免。恳请学界各位同人和读者批评指正,我们尤其期待着那种真诚的、具体的而不是那种简单地判定“立场”的笼统的批评。

2011年2月1日(农历大年二十九)于哈尔滨

导 论

“认识你自己。”

——古希腊阿波罗德尔斐神庙箴言

一、现代性的危机与理论的转型

20世纪是现代性以前所未有的深度和广度在全球迅速推进和不断充分展开的世纪，同时也是其合法性出现危机的世纪，人类社会历史发生了深刻变化。同时，世界的历史也出现了空前复杂的状况。

从历史的表层——政治史的视角看，首先，20世纪战争与革命、和平与发展共存。前期和中期遭遇两次世界大战，随后是长期的和平冷战，直至苏东解体冷战结束。仿佛资本主义制度和资本主义意识形态已经取得了全球性的胜利，仿佛历史已经终结，一些浅薄的西方学者匆忙抛出了一个意识形态终结论。确实，一方面，资本主义进入到帝国主义阶段，至今保持着强劲发展势头，还是当今世界的主宰者。尤其进入20世纪末期随着网络化、经济全球化向“地球村”迈进，20 世纪的历史仿佛正在向马克思所说的“世界历史”转变，历史表现为高度全球化。这只是历史的一面，另一方面，第三世界崛起，欧洲中心不复存在，世界呈多极化趋势。随着民族意识的觉醒，民族主义、国家意识增强，伴随全球化进程的是民族矛盾凸显、地区冲突加剧。西方中心主义的立场遭到了前所未有的质疑和否定。每一个民族都在为争取自己的生存和发展权利，与西方话语霸权进行着不懈的斗争。可以说 20 世纪是全球史、世界史与区域历史、“碎片化”历史并存的时代。其次，社会主义有成功有失败。在资本主义进入帝国主义时代，苏联十月革命开辟了社会主义新纪元，亚洲中朝越蒙人民革命胜利，突破帝国主义的东方阵线，连同东欧社会主义，形成社会主义阵营。一方面，社会主义建设的成就显示了社会主义制度的优越性，并且打破了资本主义国家一统天下的局面。另一方面，苏联斯大林模式出现严重负面作用；东欧各国出现严重社会危机，如波匈事件、柏林事件、布拉格之春、波兰三次罢工，最严重的是，20 世纪 80 年代末至 90 年代初苏东剧变……社会主义阵营不复存在。20 世纪末，伴随僵化社会主义模式的垮台，中国又取得了社会主义改革开放模式的极大成功。总之，20 世纪历史局面空前复杂，既有资本主义的高歌猛进，又有民族国家的兴起；既有苏联的解体，又有中国的崛起；既有世界的历史又有区域的历史。因而，单凭一种历史解释模式已经无法应对今天复杂的历史现实。

20 世纪历史的深层复杂性还表现在以现代性为标志的现代化进程伴随“后现代”的挑战同时并存。一方面，理性精神的高扬、科技的巨大进步，促进了生产力的迅猛发展。西方发达国家依然是现代化国家，其政治制度、经济运行机制乃至文化制度依然遵循着启蒙时代的现代性设计。经过三次技术革命带来了生产方式的革命，并且带来人们生活方式和观念的改变，以工业和城市文明为标志的现代社会形成。另一方面，科技革命给人类带来福祉的同时，也造成了环境的空前破坏，甚至造成了人的生存条件危机。从人的发展角度看,科技理性时代,通过启蒙,一方面使人摆脱了蒙昧、迈向现代文明;另一方面科技理性又成为控制人、压抑人、统治人的新的工具(启蒙的辩证法),微观权利的扩散造成了“人的消亡”。社会对自由的破坏和对人的压抑不直接表现为政治压迫,而是表现为更深层次的、“文明”的“规训”。也就是说,人的解放绝不仅仅是政治的解放,20 世纪风起云涌的政治运动也绝不仅仅是人们“为在食槽边争得一席位而斗争”,更深层次上表现为文化的反叛。实际上,历史危机的实质是人的危机,一切问题的实质表现为文化问题,而弥散化的微观权利和无所不在的、作为历史地凝结成的生存方式的文化是宏观史学和思辨哲学所无法把握的。

总之,20 世纪的历史现实表明,历史既不是一场高歌猛进的进步,也不是灾难末日的轮回;似乎既不合规律性,也不合目的性。复杂的历史现实对传统的宏观史学及其解释模式提出了严重挑战,单靠传统的宏观史学和政治学无法面对和解释历史,也无法应对人类社会历史的复杂性。

从学术思想上说,自启蒙运动以来,对启蒙与现代性的批判性反思就一直存在着。从 19 世纪中期以来叔本华和尼采的意志论哲学和超人哲学把非理性带入人文社会科学,到 20 世纪初期弗洛伊德、柏格森等人的非理性哲学与心理学理论,逐渐演化成了 20 世纪一股强大的批判潮流,矛头指向的是启蒙和现代性的宏大叙事。

胡塞尔认为自文艺复兴,尤其是启蒙运动以来,科学理性独步世界。而科学理性将整个世界条分缕析,拆散分解,人生存于其中的完整统一的世界不复存在了,因而人们惊呼欧洲科学出现危机,进而遗忘了人的存在,于是胡塞尔提出要回归生活世界。在胡塞尔对欧洲科学危机的诊治和救疗的分析之中,他提出要弥合意识哲学心物二元、主客二分的二元论带来的哲学思想的混乱,提倡一种现象学还原。

海德格尔从存在问题入手,通过区分存在和存在者,将学术视野引向了对个体的存在状况的关注上。在对现代人具体存在状况的精到分析的基础上,晚年又将语言的问题引入到他的存在哲学中,认为人存在于这个世界中,在某种意义上就意味着他存在于语言之中。于是从海德格尔开始,语言成为了人的一种存在状态,人用语言去构建现实,用语言去构建他的生活世界。海德格尔的名言"语言是人存在的家,人存在于语言深处"得到了广泛传播和普遍认可,为后来语言哲学和结构主义、后结构主义哲学开了先河。

法兰克福学派的思想家们,从霍克海默、阿多诺到马尔库塞、弗洛姆等都是直接针对资本主义制度,向资本主义大一统的意识形态开战。从《启蒙辩证法》和《否定的辩证法》到《单面人》、《爱欲与文明》、《逃避自由》、《健全的社会》等,都对现代性的理念基础、资本主义制度中的种种弊端、资本主义文化的异常发展进行了激烈的批判。在他们的批判中,贯穿始终的主线是对个体主体在现代社会中的异化现象的考察。

当代学界泰斗哈贝马斯,继承了法兰克福学派的批判精神,并在新的历史条件下,结合西方当代学术研究的新理论和新方法,通过具体考察西方社会现代化实践,提出了"合法化危机"问题。按照他的观点,资本主义的政治、经济、文化发展,已经偏离了启蒙理性的那种合理性设计而走上了歧途,所以才产生了现在这样的结果。他认为应该重扬启蒙的现代性设计,通过日常行为的交往理性,努力展开不同观点、不同学派,甚至不同民族、不同地域、不同阶级之间的对话,寻求一种新的共识,来解决当前的危机。

20 世纪六七十年代以来,诸如后现代殖民主义、后民族、后国家、后工业、后结构,还有新历史主义、女性主义、解构主义等学术派别开始纷纷涌现,这些新学说都以颠覆和解构传统理论的宏大叙事为中心,以语言分析、结构分析、文化分析为方法,对现代性进行了新一轮的批判性反思。其中如德里达的解构主义理论、福柯的微观权力理论、波德里亚的仿真与幻象理论等,都产生了重大的影响。

20 世纪理论发展的历史,既是对启蒙与现代性的批判性反思不断深化的历史,同时又是学术范式不断转型的历史。人们一般认为 20 世纪西方学术思想经历了三次转型。第一次是非理性转型。从弗洛伊德的无意识到柏格森的生命绵延之流,不再是理性,而是种种非理性的本能、欲望、身体、存在成为人文社会科学的中心概念。第二次是语言学转向。从索绪尔的结构语言学理论,到结构主义和符号学哲学,理论问题既是一个现实问题,也是一个语言的问题。第三次被称之为文化转向。文化以其无所不包的综合性和巨大的整合能力,被置于理论研究的中心。几次转型,虽然问题各异、理念不同,但总体趋向上都有一些共同的特征,即从概念转向问题、从宏观转向微观、从单一线性模式转向结构多元模式以及从框架转向功能,等等。年鉴学派正是在这个整体理论转型的过程中所出现的一种史学理论,它既是这种理论转型的产物,同时也是这个转型的组成部分。

从西方史学自身的发展来看,虽然历史学出现的时间很早,但真正作为科学的史学研究是近代的事情。作为科学的史学研究是指从启蒙运动以来,直到 19 世纪成熟起来的以兰克的史学研究范式为中心的宏观史学,即大写的历史,包括政治史、事件史、帝王将相英雄人物的历史和断代史、国别史、民族史,等等。

宏观史学的突出特征是从社会历史宏观领域着眼,把社会视为一个宏观的社会结构、经典社会统一体;注重历史的“大过程、大结构”,从人类活动的宏观领域去把握和再现历史。它所遵循的模式是围绕历史的性质、有无规律、决定因素 - 动力系统、进步路线图等领域展开,力图通过构成社会系统各要素之间的联系揭示社会历史的本质,从“总体”上寻找或发现历史发展的“规律”,预测历史发展的进程,构建起社会历史的宏观框架和发展模型,即社会历史的“宏大叙事”。这是一种以思辨哲学为理论基础的宏观史学范式,我们称这种史学范式为宏观历史解释模式。这种传统历史解释模式在不同历史时期有不同形式:神学的,“科学的”,思辨历史哲学的以及各种“正统马克思主义”对历史的解释和设计。后两者较为典型并且有深远影响。这种宏观历史解释模式相信:社会历史是由一种决定性的力量(动力系统——或上帝,或理性,或生产力)所推动,是按照预定轨迹(所不同的是,有的是上帝的设计,有的是绝对理念的展开,有的是铁的“历史规律”的实现)不断从低级到高级,从不完善到完善,向理想目标不断迈进的过程。这种历史解释模式的哲学基础是思辨哲学(意识哲学)传统,历史基础是欧洲历史。宏观历史解释模式有它的优势:面对“繁茂芜杂”的历史,我们能够理出头绪,使历史变成不是杂乱无章、无规律可循的东西。但是,无论哪种宏观模式,一旦走向极端就会变成线性决定论,变成本质主义的、僵死的教条 。

人们对以思辨哲学为基础的宏观历史解释模式早就开始反思:斯宾格勒和汤因比的文明史观打破了线性进步史观;批判的(和分析的)历史哲学对思辨历史哲学进行了深刻批判。在马克思主义阵营内,对各个历史时期的所谓“正统马克思主义”进行批判性检讨,卢卡奇、葛兰西等开创的西方马克思主义丰富了马克思的社会历史理论:在社会主义阵营内部,20 世纪五六十年代以后也越来越对前苏联以《联共(布)党史四章二节》为纲领的列宁主义(实质是斯大林主义——“正统马克思主义”的第三个时期[①])提出质疑……总之,人们越来越发现这种宏观历史解释模式所构筑的世界历史图景的局限性。首先,它把丰富多彩的人类历史简单化、抽象化,然后再找出几组前后决定、前因后果、按照铁的规律走向既定目标的过程(按斯大林的设计:历史就是经济基础—上层建筑、生产力—生产关系两对矛盾运动的结果)。这种历史解释模式显然无法应对人类

---

① 参见《衣俊卿集》,黑龙江教育出版社 1995 年版,第 160 ~ 167 页。

社会历史的复杂性。

在这个背景之下，史学革命已经呼之欲出，于是年鉴学派应运而生，成为取代传统史学范式和史学理论的最具活力和影响力的新的史学理论。

二、年鉴学派史学理论与文化哲学

20 世纪法国史学界乃至于世界史学界的最重大事件，就是吕西安·费弗尔和马克·布洛赫创立了“年鉴学派”，这是一场史学革命。按照彼得·伯克的说法，年鉴学派的历史应该是从 1929 年到 1989 年，但实际要远远超过这 60 年的时间。在年鉴学派发展的两个大的阶段中，产生了三代（也有学者认为是四代）历史学家。其中，尤其以布罗代尔为代表的第二代和第三代的“新史学”影响最大。不同时代的学者们虽然观点并不完全统一，无论是史学素材、对象还是研究路数都各不相同，但我们对他们的历史研究实践进行分析，仍然可以看出他们在观念上、方法上有许多比较明显的共同之处，我们可以将其称为年鉴学派的史学范式。彼得·伯克说，假如我们要从全球视野考察年鉴派，那么，更为恰当的是将之当做一个范式（或者也许是一组范式），而不只是当做历史写作的某一特定范式来加以评价。这个史学范式的主要特点是：以问题史取代了事件叙述史，以总体史取代了政治史，注重“长时段”历史因素，扫除“事件”尘埃，为达上述目的，主张跨学科研究，其中尤以布罗代尔最为典型。他认为地理环境、日常生活、文化传统等“长时段”的“结构”，对人类社会发展具有长期影响，起着或支撑或阻碍历史发展的作用。他由此把视野从政治、军事、外交等宏观领域扩展到其背后具体微观的日常生活，对线性因果决定论的、用编年顺序把偶然个别事件连起来的编年史式的传统史学，进行了彻底的颠覆与解构。

从历史观和方法论的角度看，年鉴派史学理论的范式意义在于，不是简单地围绕(政治)“事件”等宏观政治现象构筑历史解释模式,而是把事件背后深层的以日常生活为主的(还有地理环境、文化传统、经济等)结构纳入视野;把政治现象放到深层次、长时段的历史现实中加以把握。其着眼点和重心整体下移,把研究视野从重大历史事件和关于政治、经济、军事、外交的宏大叙事,转向具体的和微观的日常生活世界和社会运动的各个领域,并揭示文化、日常生活等因素的更为深远的历史意义和历史作用。彼得·伯克把这场“年鉴学派运动”叫做“史学革命”,他创作的关于法国年鉴学派的作品名称即是《法国史学革命》,这是非常恰当的。因为年鉴学派的史学范式彻底颠覆了以兰克为代表的传统史学理论,进而对几百年来统治史学界的以政治变革、生产力的发达程度的描述来代替对历史发展作深层次揭示和探讨的做法进行了清算,对历史规律、历史的意义、历史的真实性等一系列观念进行了重新建构,并把西方 20 世纪以来的几次理论转型和观念创新的成果引进了历史研究,所以它带来的是一次真正的史学革命,为历史研究开创了一条新路。

进入 20 世纪 80 年代后,年鉴学派的继承人们,即被誉为新史学家的弗雷、夏蒂埃、雷维尔等人又开展了一系列“超越年鉴派”的运动,并都作出了突出贡献。他们更注重历史的间断性,更重视孤立历史事件、历史人类学、政治史、心态史的复兴,在史学实践上呈现了多样化的状态,打破了布罗代尔时代一枝独秀的局面,历史研究呈现出碎片化、零碎化态势;区域史、系列史纷纷出现。但这一切其实都是在年鉴学派所开创的新的史学范式的基础上,又结合了社会科学中出现的新理论、新方法而进一步开拓的结果。

年鉴学派所倡导的范式不仅具有史学意义,带来了整个史学界的革命,而且它所倡导的历史观念,对 20 世纪人文社会科学的发展具有重要的意义,特别是对文化哲学和社会历史理论具有重要意义。一些重要的哲学家和思想家都曾对年鉴学派给予极大的关注和高度评价。

米歇尔·福柯在《知识考古学》引言开篇就提到年鉴学派:“迄今,几十年来,历史学家们对长时段予以了更多的关注,犹如他们从政治事件的变幻不定中和有关它们的插曲的背后揭示出一些稳固的难以打破的平衡状态、不可逆过程、不间断调节、一些持续了数百年后仍呈现起伏不定趋势的现象、积累的演变和缓慢的饱和以及一些因传统叙述的混乱而被掩盖在无数事件之下的静止和沉默的巨大基底。”[①]接下来福柯将传统的史学观念和年鉴学派的史学观念作了对比研究,在列举了传统史学的问题和现代史学的问题是根本不同的基础上指出:“今天,人们正力图在人类思想长期的连续性中,在某一精神或某一集体心理充分的和同质的体现中,在某一竭力使自己存在下来,并且在一开始即至善至美的科学的顽强应变中,在某种类型、某种形式、某项学科、某项理论活动的持久性中,探测中断的偶然性。”[②]并且还说:“历史的首要任务已不是解释文献、确定它的真伪及其表述的价值,而是研究文献的内涵和制订文献:历史对文献进行组织、分割、分配、安排、划分层次、建立体系、从不合理的因素中提炼出合理的因素、测定各种成分、确定各种单位、描述各种关系。”[③]

福柯以上所说的话,既是对年鉴学派史学范式的一种解说,同时,也是对20世纪中期以来西方人文社会科学研究状况的一种解说,更是对自己的话语理论的一种解说。我们知道,《知识考古学》的问世,是因为福柯曾写了两本让人们大开眼界但也感到离经叛道的书:其一是《疯癫与文明》,其二是《词与物:人文科学考古学》。为此,他遭到了一些人的责难,于是福柯决定要写一本书来系统地阐述自己的研究观念和研究方法,这才有了这本书。所以《知识考古学》是福柯话语理论的集中阐述,而在这样一本书中,福柯在引言里就用了那么多的篇幅来介绍年鉴学派,足见福

① (法)米歇尔·福柯:《知识考古学》,谢强、马月译,三联书店1998年版,第1页。
② (法)米歇尔·福柯:《知识考古学》,谢强、马月译,三联书店1998年版,第2页。
③ (法)米歇尔·福柯:《知识考古学》,谢强、马月译,三联书店1998年版,第6页。

柯所受影响至深。福柯的话语理论,作为他研究社会历史的基本方法和基本观念,其中所关注的断裂性、偶然性及其话语理论对现实具有的建构性等观念,无疑是受到年鉴学派史学理论的影响。

众所周知,阿尔都塞的"意萨斯"理论深受葛兰西的意识形态领导权思想影响,填补了马克思主义理论研究的空白。阿尔都塞指出,国家机器分为两种,一是强制型国家机器(英文缩写 RSAs,读利萨斯),二是意识形态国家机器(简称 ISAs,音译意萨斯)。这两类机器功用不同,但又相互补充。任何阶级如只是关注了强制性国家机器,只知道掌握政权,掌握军队、法庭、监狱等,而不能很好地控制意识形态,那么,它就不能长久掌握国家机器。阿尔都塞认为,"意识形态是个人与其生存的真实条件的想象关系的再现"。他指出:首先,意识形态是一种想象机制,具有再现功能;其次,它同时又有一定的真实性及其物质存在形式。换句话来说就是,意识形态首先是关于个人生存处境的想象关系。所以宗教信仰、伦理观念或政治态度,都属意识形态,或称世界观。但他认为科学不是意识形态,并说马克思主义是科学,所以也不是意识形态。有人以批判眼光看意识形态,认为其不尽是真理,而是由幻想加暗示构成的思想系统。所谓幻想,是说它不等于现实;但它不全是空想,而确有揭示真相的暗指功能,需要进行解释,以发现隐藏在其后的世界真实性。解释意识形态的方式有两个:一是中世纪教会惯用的陈腐的机械解释:如说上帝是某个国王的化身;二是经费尔巴哈改造的深层阐释,上帝是人的投影,而人总要以一种想象形式再现自己的生存处境。

阿尔都塞虽然没有谈到年鉴学派史学理论对他的影响,也没有谈到年鉴学派的名字,但就他的理论形式来说,他否定传统的政治或者是经济决定论的观点,看到了社会变革不仅仅是一场暴力革命和政权更迭,而是一整套的系统工程,即在充分地掌握和控制意识形态的基础上夺取国家政权才是可行的。而阿尔都塞所说的意识形态,一方面和个体的日常生活紧密相关,而不仅仅是某种宣传理论;另一方面,从它的具体组成成分来看,宗教伦理、政治态度等等似乎已经涉及了广义的文化。由此可见,他已经注意到文化在社会历史中的重要作用了,这些都是和年鉴学派的史学理论相通的。

20 世纪出现了林林总总的哲学流派和社会理论派别,但它们的共同特征,一是理性自觉地向生活世界的回归,二是从宏观走向了微观。弗莱堡学派开创的文化哲学的研究范式与以往的思辨哲学有重大区别,它注重文化形式背后的"原生态"的日常生活。日常生活批判范式也同年鉴学派一样不再孤立地探讨政治、经济等宏观历史要素的决定作用,而是把所有社会历史要素都放回到生活世界的文化意义结构中加以审视。微观政治学对现代性分析批判的焦点从中心化的宏观权力转向了无所不在的、多态化的微观权力。微观政治赋予"领导权"不同于传统宏观政治的微观内涵,注重边缘、微观、多样态的政治权力的地位和作用,深入日常生活世界,分析微观权力机制。卢卡奇、葛兰西开辟的西方马克思主义,经赖希、萨特、列菲伏尔、法兰克福学派等哲学家和哲学流派的深入研究,逐渐从宏观的经济政治问题转向了微观的社会日常生活问题。这些思想家认为马克思主义不是包罗万象的知识体系、必然规律体系;革命不能只限于宏观领域(所有制、国家政权);现代西方社会的统治压迫已不仅仅表现在政治经济领域而且还表现在文化、心理等领域,即文化霸权。所以,无产阶级革命策略也要相应改变——首要的是要进行意识革命、文化革命,要把焦点落在微观社会体系、日常生活范型上(当然,宏观、微观的划分不是机械的,这种划分也只是相对的),要转向日常生活世界的微观分析批判,以经济政治制度为中心的宏观革命转向日常生活和文化领域的微观革命。

正如前文所述,当代理论范式转型是一股潮流,在这股潮流中,各个学科、各个流派之间相互影响,相互渗透,相互促进,相互提高。而在这个潮流之中，年鉴学派是其最深层的底蕴，它为哲学和政治学提供了历史的支撑。所以，研究“年鉴学派”史学理论的哲学意义具有重大价值。

三、对年鉴学派研究的状况

“年鉴派－新史学运动”一直受到史学界乃至哲学界的极大关注。从现有资料看，对年鉴学派的研究主要集中在国外。集中对“年鉴派－新史学运动”研究的主要文献有：法国保罗·利科的《法国史学对史学理论的贡献》（王建华译，上海社会科学院出版社1992年4月版）、美国斯多亚诺维奇的《法国史学方法：年鉴模式》（Stoianovitch，Traian. *French Historical Method*：*The Annales Paradigm*. Ithaca，NY：Cornell University Press，1976. 英文版无汉译）、英国彼得·伯克的《法国史学革命：年鉴学派，1929—1989》（刘永华译，北京大学出版社2006年版）。涉及年鉴学派的文献有：美国格奥尔格·伊格尔斯的《二十世纪的历史学：从科学的客观性到后现代的挑战》（何兆武译，山东大学出版社2006年版）和《欧洲史学新方向》、美国海登·怀特的《元史学：十九世纪欧洲的历史想像》（陈新译，译林出版社2004年版）、法国弗朗索瓦·多斯的《碎片化的历史学》以及海外华人学者王晴佳的《西方历史的观念——从古希腊到现代》（华东师范大学出版社2002年版）和他与古伟瀛合著的《后现代与历史学——中西比较》（山东大学出版社2003年版）。

国内的研究相对是较为晚近的事情，并且以译介为主。张芝联、陈启能、何兆武、张广勇、章士嵘等历史学家的著述对年鉴学派给予高度重视并取得了许多重要成果。国内还有一批年鉴学派主要代表人物的硕士、博士论文。可以说，无论是在国内还是在国外对年鉴学派的研究正方兴未艾。

目前，国内外对年鉴学派的研究取得了如下进展：

第一，较系统地阐述了年鉴学派产生发展的历程，后一代对前一代的继承、发展、修正、更迭的历史。但对年鉴学派的划分有分歧,有的主张有三代代表人物,有的主张有四代代表人物;有的认为年鉴学派存在60年,有的认为其存在80年或更长。

第二,总结了年鉴学派对史学理论所作的贡献。虽然年鉴学派不注重史学理论建树,也少有史学理论著作,但通过其史学实践还可以挖掘出其基本史学理论思想。即问题史思想、总体史思想、跨学科研究和著名的“长时段”理论。

第三,揭示了年鉴学派的深远影响和给史学带来的革命意义,并给予年鉴学派高度评价。彼得·伯克说:“20世纪最富创建、最难忘怀、最有意义的历史论著中有相当数量是在法国完成的。经过这场革命,历史学这门学科从此全面改观。”①但对布罗代尔时代和以后“新史学”、微观史学时期的评价不一。比如,多斯对年鉴学派第一代代表人物费弗尔和马克·布洛赫给予高度的评价和肯定,而对第二代代表人物布罗代尔既充分尊重也提出了批评,对第三代和微观史学则持批判和否定的态度。

第四,看到了年鉴学派与“后现代史学”的相关性。这集中体现在美国历史学家格奥尔格·伊格尔斯的《二十世纪的历史学:从科学的客观性到后现代的挑战》和弗朗索瓦·多斯的《碎片化的历史学》两部著作中。前者用两章篇幅,即“法国:年鉴派”,“从客观史学到微观史学:日常生活史”阐述了微观史学与后现代史学的渊源关系。后者对“新史学”的“碎片化历史学”和福柯提出了批评。多斯嘲讽说:“米歇尔·福柯像是在一个没有人类和尚未成形的星球上解构历史。”②

但以往研究大都仅局限于史学视角,阐述其范式转变给历史带来的

① (英)彼得·伯克:《法国史学革命:年鉴学派,1929—1989》,刘永华译,北京大学出版社2006年版,第1页。

② (法)弗朗索瓦·多斯:《碎片化的历史学:从〈年鉴〉到“新史学”》,马胜利译,北京大学出版社2008年版,第170页。

革命意义,而没有从哲学视角研究它对社会历史理论所带来的革命意义。没有看到年鉴学派史学范式与20世纪文化哲学范式、微观政治学等"微观思潮"的内在关联及其所带来的社会历史观和方法论的重大变革。本书研究"年鉴派－新史学运动"的目的就是要阐明这一运动对20世纪哲学社会科学产生的深刻影响,从中揭示出年鉴学派史学理论范式的哲学意义,以求对深化和发展马克思的社会历史理论提供借鉴意义。

鉴于此,本书重点研究年鉴学派新史学理论的范式意义,拟主要探讨以下四个问题:1. 年鉴学派史学范式对社会历史理论的贡献;2. 年鉴学派史学范式与哲学的日常生活批判理论以及微观政治学的内在契合关系;3. 年鉴学派史学范式对深化和发展马克思社会历史理论的启示意义;4. 提出"文化哲学历史解释模式"的尝试。

四、本书的结构和主要思想

本书的主要内容分为以下几个部分:第一部分阐述了年鉴学派的产生、发展及其影响。年鉴学派的产生以1929年费弗尔和布洛赫创办的《经济与社会史年鉴》为标志。法国的地理环境决定论和早期总体史思想萌芽为年鉴学派提供了思想资源,马克思主义和列维－斯特劳斯的结构主义对年鉴学派产生了重要影响,尽管他们有很大不同。历史学家贝尔的思想不仅成为年鉴学派直接的思想来源,他还直接培养了年鉴学派早期的历史学家。跳出法国站在全球视野看年鉴学派,笔者认为不仅要研究布罗代尔以前的经典年鉴学派和勒高夫等开创的"新史学",还应该考虑欧洲的各种"微观史学"。

这一部分主要叙述年鉴学派各时期主要代表人物对史学实践的贡献,因为年鉴学派史学家的共同特点是不以创建史学理论为目的,所以发掘其理论必从其实践入手。创始人费弗尔注重"心态"的研究,为后来的"心态史学"开了先河。布洛赫的建树是中世纪农村史和封建社会,并撰写了年鉴学派少有的史学理论著作——《为历史学辩护》(又译《历史学家的技艺》)(虽未完成)。年鉴学派的重要思想:问题史、总体史、跨学科,抛开政治事件转向注重经济史等在这部著作中都有所体现。第二次世界大战后,费弗尔的继承人——布罗代尔由于其显赫的成就而成为年鉴学派的领袖,年鉴学派史学的成就和影响在布罗代尔时代达到顶峰。其代表性著作有《菲利普二世时代的地中海和地中海世界》(1947 年)、3 卷本的《15 至 18 世纪的物质文明、经济和资本主义》(1979 年)和长篇论文《历史与社会科学:长时段》(1958 年)成为年鉴学派的经典文献。20 世纪 50 至 70 年代的计量史学和系列史促使年鉴学派进入"新史学"阶段。雅克·勒高夫和埃马钮埃尔·勒·华·拉杜里是这一时期公认的领袖。这时期的著作更注重研究历史的间断性和孤立的事件,第一代创始人所开辟的"心态史"被重新发现,并采用人类学家的研究路数来考察历史现象,向历史人类学转向。"新史学"的心态史与美国的"新文化史"实际上是一回事,只不过法国人不愿意用文化的概念而对"心态"情有独钟而已。此时,历史学的主题已从历史的"结构"、"历程"转移到日常生活和文化方面来。文化史学从根本上说就是微观史学。与此同时,在欧洲其他国家纷纷出现"微观史学"(意大利)、"日常生活史"(德、奥)。年鉴学派后期的新史学、欧洲的微观史学连同美国的新文化史学共同汇成了史学革命的洪流。

第二部分挖掘年鉴学派史学理论的主要贡献。年鉴学派开辟了与以兰克为代表的传统史学和以黑格尔为代表的史学理论完全不同的路径。年鉴学派第一代学者的历史研究有几个特点:一是提倡总体历史学,把研究的触角伸入到人类历史的每一个细节;二是提倡对历史学进行跨学科综合研究,广泛应用历史学方法以外的社会学方法、心理学方法、计量方法和比较方法,并注重开拓史料的来源;三是对经济史、社会史和心态史给予足够的重视;四是用问题史学代替传统的叙述史学,强调历史学与现实的联系。这部分的研究重点是布罗代尔的影响深远的“长时段”理论。长时段理论有三方面不同于传统史学理论的内容:一是历史的时间不是单一线性的时间,而是多元的、划分为不同层次的。二是历史本身也分不同的层次和时段,如同“用多种声部唱出的、听得见的歌曲”,虽然“它的各个声部常常互相遮掩覆盖”;又如同“我们所说屋顶上的瓦片排列一样,在这同一领域中,就存在着一些部分重叠在一起的不同时段”。布罗代尔把历史分为三个时段,即长时段、中时段、短时段,而只有长时段——历史深层的“结构”才真正对历史起着支撑与阻碍的作用。三是“接受长时段意味着改变作风、立场和思想方法,用新观点去认识社会”,也就意味着史学范式的转换。心态史学的复兴和微观史学的兴起实现了历史主题的转换,即一方面由大历史转向“小历史”,由宏观结构转向小群体或民众;另一方面由经济社会转向文化。

第三部分从哲学认识论、历史观的高度探讨年鉴学派史学理论的一般意义,即它对传统历史解释模式的突破。传统宏观历史解释模式有它的优势,但它把历史极端化、片面化,把宏观历史解释模式视为唯一科学的解释模式就会走向其反面。诸如把复杂的历史简单化,把政治史作为历史研究的中心,而忽视了经济、文化等方面的历史发展。线性时间观历史观、因果决定论、过于依赖自然科学(实证科学)的方法等就常常遭人诟病。而年鉴学派(包括经典年鉴学派、新史学、微观史学)倡导总体史观、新的时间观,抛弃线性时间观,质疑进步论目的论史观,重视文化的作用,采取不同于自然科学的方法研究历史……所有这一切表明年鉴学派的史学范式,不仅具有史学意义,更具有哲学意义,形成了不同以往的、新的历史解释模式——微观历史解释模式。这种解释模式的哲学基础不是宏观历史解释模式所依据的思辨哲学,而是文化哲学范式。这种微观历史解释模式同20世纪的生活世界理论、微观政治学等,都有深刻的内在联系。

第四部分主要阐述年鉴学派微观史学范式与马克思社会历史理论的关系。首先，从文本中梳理和提炼马克思社会历史理论基本思想，如关于人类社会历史的基本前提和现实基础思想，关于人类社会的基本结构和历史发展的一般规律思想，关于研究和把握社会历史的方法论等。由于马克思这一思想的丰富性，本书也只是择其相关要点。其次，归纳后人对马克思社会历史理论的理解和发展。由于马克思社会历史理论的丰富性和重要性以及来自不同时期、不同流派对它有各式各样的理解，因此，这其中不免有挑战，有补充，有正确，有偏颇。马克思的社会历史理论完成了那个时代赋予他的宏观建构使命，同时提出了打开社会历史微观视域的历史任务。马克思的社会历史理论本来就是宏观微观兼具的社会历史理论，但由于当时的历史条件和任务，微观视域没有展开。年鉴学派的微观史学范式对丰富和发展马克思社会历史理论具有重要的启示和借鉴意义，其中最重要的是敞开了微观文化视域，而作为整合了微观视域和宏观视域的文化哲学历史解释模式是马克思社会历史理论在当代的最新丰富和发展。

第一章 “年鉴派－新史学运动”概述

英国历史学家彼得·伯克认为,“20世纪最富创见、最难以忘怀、最有意义的历史论著中,有相当数量是在法国完成的”①。掀起新史学运动、实现现代西方史学变革,是以法国年鉴学派的产生为标志的。所谓“年鉴学派”,是指法国自1929年以来主持、编纂《经济与社会史年鉴》的几代历史学家组成的学术流派。“年鉴学派”的核心人物有:吕西安·费弗尔、马克·布洛赫、费尔南·布罗代尔、乔治·杜比、雅克·勒高夫和埃马钮埃尔·勒·华·拉杜里等。比较靠近边缘位置的是恩斯特·拉布鲁斯、皮埃尔·维拉、莫里斯·阿居隆和米歇尔·伏维尔等。这些历史学家反对以兰克为代表的旧的史学传统——政治史(年鉴学派自产生之日起就旗帜鲜明地向政治史和历史哲学开战),主张把新的观念和新的方法引入历史研究领域。在年鉴学派产生以前,史学领域主要是围绕重大政治经济事件的叙述史,社会历史领域的“宏大叙事”占统治地位。年鉴学派

---

① (英)彼得·伯克:《法国史学革命:年鉴学派,1929—1989》,刘永华译,北京大学出版社2006年版,第1页。

的这些历史学家拥有共同的史学范式，主要表现在：从问题史出发，坚持总体史观；在方法上采用计量方法，进行跨学科研究；注重历史的长时段，向政治史开战等。可以说，他们具备一个学派所具有的一切特征，并且持续80年（彼得·伯克认为60年，伊格尔斯认为80年）之久，史称“年鉴学派”。

“年鉴学派”无论是在研究对象、方法、手段还是在史学范式上，都引起了一场“史学革命”。雅克·勒高夫称之为“新史学”。但是我们不能忽视这一群体成员之间的区别和各个时期的不同特点。在史学界，一般把年鉴学派划分为三代，也有的划分为四代，但不管如何划分，几代年鉴学派思想家有继承、有发展、有连续、有断裂。鉴于年鉴学派前后的重大转变，伯克说：“也许不应该称之为‘学派’，而是称之为年鉴运动。”①这不无道理。所以，我们把这场由法国年鉴学派开创的史学革命统称为“年鉴派－新史学运动”。这一运动不仅震撼了法国的史学界，而且对整个现代西方史学的发展产生了深远影响。

第一节 法国年鉴学派的产生

一、20世纪初期法国的社会历史背景

年鉴学派的产生首先是时代的产物。20世纪初，世界历史发生两个重要事件：1914年至1918年的第一次世界大战和1929年的资本主义世界危机。危机造成资本主义经济在全球崩溃并迅速席卷欧美，一时间通货紧缩、经济衰退、大量人员失业，经济社会问题严重。法国也深陷其中，战争和危机给法国带来了巨大的创伤和衰退，社会动荡不安、各种矛盾尖

① （英）彼得·伯克：《法国史学革命：年鉴学派，1929—1989》，刘永华译，北京大学出版社2006年版，第2页。

锐激化……经济成为社会关注的重点，时代的主题从政治转向经济。于是人们的视线转向了经济和社会问题。正如多斯所说："法国社会在第一次世界大战后有了明显改变，经济开始成为权力机器的主要部件。在19、20世纪，一向重要的经济因素成为主导性制约条件，它涉及社会生活的各个方面，并支撑着整个社会。为适应这种演变，史学论说也要与时俱进，这就是20世纪30年代的年鉴学派革命，也是认识论方面名副其实的断裂。在这场革命中，历史学家把目光从政治转向了经济，这是他们为顺应现代性所迈出的第一步。第二次世界大战后，经济主义史学通过费尔南·布罗代尔得以充分发展：《年鉴》杂志响应了世界的变化。"[①]《经济与社会历史年鉴》的创刊恰逢其时。

费弗尔在1946年就说过："研究历史，是的，因为在这动荡不定的当今世界中，唯有历史才能使我们带着思考而不是带着恐惧而活着。"年鉴学派的产生也与战争造成的精神创伤及其后果有关。第一次世界大战造成几百万人的牺牲和物质财富的巨大破坏，而以政治和战争为题材的传统史学并未防止野蛮的发生，这意味着战争史研究的破产。战后，痛定思痛，人们都希望人类要和平友好相处，史学应成为促进和平的工具，而不是战争的武器。走出战争的欧洲认识到自己并不是中心，史学视野也开始超越欧洲中心主义向关注多文明方向发展。这种总危机不仅影响到史学界也颠覆了整个知识界，还造成了法国20世纪30年代精神的两个重要特征：反叛、拒绝政治。年鉴学派的基点就在于全面反对和拒绝占统治地位的实证主义史学，他们以经济社会为中心，并采用全新的方法完全抛弃被他们视为"多余、附属、死角"的政治领域。

对于时代的变迁及所赋予历史学家的使命，布罗代尔最清楚。1950年12月1日，他在法兰西学院的就职演讲中说："我们的时代太富于灾难

---

① （法）弗朗索瓦·多斯：《碎片化的历史学：从〈年鉴〉到"新史学"》，马胜利译，北京大学出版社2008年版，第238页。

和革命、戏剧场面和意外事变了。社会现实，人类的基本现实已经以全新的模样揭示给我们。无论我们愿意与否，我们历史学家的古老职业正在我们手中无休止地吐绿绽蕾。的确，多大的变化啊！所有的社会象征，或者说所有的象征，包括某些昨天我们会毫不犹豫地为之献身的东西，已经丧失意义。现在问题已不是我们能否生存，而是我们没有这些路标和指路灯能否平静地生存和思索。所有的理性概念都被扭曲，甚至被摧毁。我们这些门外汉无需通晓就可依赖的，迄19世纪曾经成为人的避难所和新的理性的科学，无情地日新月异地改变着，以至于呈现出截然不同的面目：它奇异美妙，却不太稳定；它变动不居，却令人难以接近。我们似乎不再有时间和机会与它重新建立行之有效的对话。所有的社会科学，包括历史学，虽然没有那样引人注目，但同样发生了根本性变化。这是一个新世界，为什么不会有一个新历史学呢？”①

面对新的历史课题，勒高夫也对新史学充满信心，他说：“为了过去和未来而建立信息库；惊慌失措的人们试图把握看来正从他们手中逃遁的历史；在这里，新史学比任何其他的史学都能给人们带来信息和回答。新史学在时间上贯通古今，无所不包，既说明恒定性又说明变动性，既重视物质因素又重视精神因素，既讲经济又讲精神，既提供选择，又不强加于人。从广义上说，历史学总是承担着重大的社会义务，在我们这个史学肩负着比以往更为必要的职责的时代，新史学如在教学、科研和传播方面能得到所需要的手段，定能不负众望。”②布罗代尔也“不再相信用这种或那种决定因素对历史的解释。不存在片面的历史。没有一件事物具有绝对的统治地位：无论是种族之间的冲突——他们的冲突和和解曾被视为塑造了整个人类的过去；或是导致进步或毁灭的强有力的经济节奏；或是经

① （法）费尔南·布罗代尔：《论历史》，刘北成、周立红译，北京大学出版社2008年版，第7~8页。

② （法）J. 勒高夫等主编：《新史学》，姚蒙编译，上海译文出版社1989年版，第34页。

常的社会紧张关系；或是弥漫人世的唯灵论——兰克等人视之为个人的以及全部浩繁历史的升华；或是技术统治；或是人口膨胀——这种平静的膨胀最终给集体生活带来各种后果。但人类要比这复杂得多”①。

二、年鉴学派的理论来源

没有任何一种理论学说、学派是凭空产生的，年鉴学派也一样。

20 世纪之交，与衰退的经济动荡的社会相反，世界科技迅猛发展，学科分化日益精细。在法国，化学、物理、数学等自然科学的研究已经进入世界前列，同时，人文主义思潮和各种社会科学也蓬勃发展，为后来年鉴学派的总体史观和跨学科研究方法提供了科学基础。20 世纪，虽然科学理性遭到一些人的怀疑，但其影响力却并不见减弱。总的说来，历史学家仍然为科学方法所强烈吸引。他们把 19 世纪西方史学的缺陷归咎于历史学中科学方法贯彻得不彻底。从消极的视角看，年鉴学派的成功也是应对社会科学挑战的结果，“它成功地顺应了我们社会在 20 世纪里发生的种种变动，并有力地抵御了相邻学科的冲击和竞争”②；从积极的视角看，“年鉴学派拒绝任何史学教条、哲学和理论，这使它具有极大的伸缩性和流动性，以及融入最广泛研究领域的能力”③。他们希望在更大规模上与社会科学结盟，以求历史学的更新。这种意图，在第二次世界大战前后的西方历史学界仍然占据主导地位。

法国年鉴学派正是在这样的背景下产生的。有所不同的是，年鉴学派的发展，让人逐渐认识到科学理性的缺陷，从而改变了人们的历史观与

---

① （法）费尔南·布罗代尔：《论历史》，刘北成、周立红译，北京大学出版社 2008 年版，第 10 页。

② （法）弗朗索瓦·多斯：《碎片化的历史学：从〈年鉴〉到“新史学”》，马胜利译，北京大学出版社 2008 年版，第 233 页。

③ （法）弗朗索瓦·多斯：《碎片化的历史学：从〈年鉴〉到“新史学”》，马胜利译，北京大学出版社 2008 年版，第 3 页 。

时间观。年鉴学派代表了法国科学史学的深化。

(一)法国早期地理环境理论和“总体史”思想萌芽

雅克·勒高夫认为,年鉴学派的产生是受一系列理论影响的结果。起码深受地理环境理论、总体史思想、马克思主义、经济学的周期理论、列维－斯特劳斯的结构主义的影响,尤其直接来源于贝尔的思想,他在《新史学》一书中,作了系统总结。

1. 地理环境理论的影响

史学与地理学结盟在法国是个传统,并且地理学家和史学家都非常重视地理环境对社会发展的作用。早期对地理环境理论研究作出突出贡献的属丁·博丹和孟德斯鸠。人不归结为自然,但毕竟来源于自然。

博丹认为,气候条件、地理环境等自然因素对人类的生产生活方式、社会组织运行会产生巨大的作用。其实,越是在生产力不发达的时代,这种作用就越明显。社会学地理学派的创始人之一——孟德斯鸠后来又把博丹的这一理论演变为“地理环境决定论”。他认为,地理环境,特别是气候、土壤和居住地域的大小对一个民族的性格、风俗、道德、精神风貌,甚至法律和政治制度都有深刻的影响。地理环境理论对年鉴派产生了重要影响,费弗尔也承认这一点。18 世纪的伏尔泰主张,历史不应当是君主和伟人的历史,而应当是所有人的历史。他的《路易十四时代》是近代西方第一部文化史著作。伏尔泰指出:“历史不仅是政治史、军事史和外交史,而且还是经济史、人口史、技术史和习俗史;不仅是君王和大人物的历史,而且还是所有人的历史;这是结构的历史,而不仅仅是事件的历史;这是有演进的、变革的运动着的历史,不是停滞的、描述性的历史;是有分析的、有说明的历史,而不再是纯叙述性的历史。”①

① (法)J. 勒高夫等主编:《新史学》,姚蒙编译,上海译文出版社 1989 年版,第 19 页。

2. “总体史”思想萌芽

夏多布里昂为《历史研究》所写的序是新史学的一篇真正宣言，他在其中写道：“随着旧社会的灭亡，新社会从废墟中诞生了：法律、习俗、惯例、舆论、原则全都发生了变化。一场大革命完成了，另一场大革命又在开始酝酿：法国的编年史必须重写，以便把它同知识的进步联系起来。……古代的历史分析者并不全面介绍各行政系统的状况，而且把科学、艺术和公共教育排斥在史学领域之外。”①勒高夫认为，近代的历史是一部百科全书，无所不包：从天文到化学，从金融到实业，从绘画、雕塑、建筑到经济，从宗教法、民法、刑法到政治法。他说：“这是一种将经济、艺术、人类学放在首要地位的新的总体历史。这也是价格和政治经济史（不是政治史），是旨在研究和说明问题的‘哲学化’的历史，是一种为严格尊重科学而不惜牺牲写作文采和构思艺术的历史……夏多布里昂将新史学称做‘近代’史学。如果16世纪的人文主义关于古代、中世纪和近代的分期不因概念的混乱而被停止使用的话，夏多布里昂的用语也许会走好运，他1831年所说的‘近代’史学已是我们的新史学。”②19世纪上半期的历史学家基佐对年鉴学派也产生了一定的影响。他认为，历史研究的对象应当是人类过去的文明，这文明包括政治、经济、文化乃至社会生活的各个方面。基佐曾把文明当做历史的中心对象，“他在‘文明’一词中首先看到的是进步的含义（他曾说：‘在我看来，进步的概念、发展的观念是文明一词所包含的基本观念。’）。但是人们定会联想到，吕西安·费弗尔于1930年向国际综合讨论班第一次会议提交了著名论文《文明：一个词和一组观念的演变》；他在1946年又论证了《年鉴》杂志新加的副标题：《经济、社会、文明》；马克·布洛赫在《为历史学辩护》中则强调文明

① （法）J. 勒高夫等主编：《新史学》，姚蒙编译，上海译文出版社1989年版，第19页。
② （法）J. 勒高夫等主编：《新史学》，姚蒙编译，上海译文出版社1989年版，第20页。

一词应用复数”①。

19世纪中期的法国史学家米什莱在《法国史》序言中批评传统史学，认为传统的由杰出人物组成的历史有两大主题：第一，在物质方面，它只看到人的出身和地位，看不到地理、气候、食物和人的影响；第二，在精神方面，它只谈君主和政治行为，而忽视了观念、习俗以及民族灵魂的内在作用。他说：“法国只有编年史而没有一部历史。学者们主要从政治角度去研究这些编年史。没有任何人深入到法国的各项活动（宗教、经济、艺术）各种发展的无穷细节中去。没有任何人能宏观地看到构成法国的地理和自然因素的生动整体。我是最早把法国看作为一个生灵、一个人的人……我将历史看作是整个生命的复活，这一复活不是只在表面，而是在内部的深层的机体之中，这是一个更加复杂和更加令人震惊的问题……总之，我所看到的由那些杰出人物（其中有些是令人敬仰的）所代表的历史，在我看来有两个方法上的弱点：在物质方面，它只注重门阀世族而忽视了乡土、气候、食物以及很多生理和体质方面的状况；在精神方面，它只谈到法律、政策条文，而不谈观念、习俗及民族精神的内在的伟大的进步运动。”②即对政治性的历史的摒弃和对一种总体的、深层的史学的追求。总之，他在为新史学的两个基本方向大声疾呼：要求有一种更物质化的历史——它预示着一种注重气候、食物、体质状况的文化史的出现；要求有一种更精神化的历史——这是一种有关习俗道德的历史。

在米什莱之后，还有一个提倡新史学的法国经济学家、社会学家弗朗索瓦·西米昂（1873—1935）。他在《历史方法与社会科学》一文中指出，历史学要发展，就必须摒弃传统“史学家部落的三个偶像”：

“（1）‘政治偶像’，即把研究重点或至少是始终坚持的研究前提置于政治史上，研究政治事件、战争等等，以致夸大了这些事件的重要性……

① （法）J. 勒高夫等主编：《新史学》，姚蒙编译，上海译文出版社 1989 年版，第 21 ~ 22 页。

② （法）J. 勒高夫等主编：《新史学》，姚蒙编译，上海译文出版社 1989 年版，第 22 页。

(2)'个人偶像'或曰一种不可救药的习惯。这种偶然和习惯使人们把历史看作是个别人的历史,而不是去对史实进行研究,从而使研究围绕某些历史人物,而不是围绕制度、社会现象或一种联系去进行……

(3)'编年史偶像',即一种不去首先研究和理解正常类型,并在这一类型所处的社会和时代中寻找、确定这一类型,而一味追根究底和寻查各种特殊情况的习惯。"[①]废除政治史在史学中的统治地位,这是《年鉴》杂志的首要目标,也是新史学的中心问题。西米昂这一反传统史学的呼声,在当时法国的学术界引起了不小的震动。摒弃传统史学家部落的这"三个偶像"一直是年鉴学派主流的信条。

(二)马克思主义的影响

马克思主义"既是年鉴学派范式的敌手,又是它的先驱"。虽然他们所选择的道路不同,"历史主义在右边,马克思主义在左边,处于中间的年鉴学派代表第三条道路"[②]。但是年鉴学派与马克思主义确实有很多共同之处,如都力图从总体上把握历史……关于这一点我们在最后一章探讨。无论是费弗尔、布罗代尔,还是勒高夫,都承认马克思主义史学理论对年鉴学派的积极影响,认为马克思主义理论是他们新史学的理论和方法来源之一。勒高夫说:"马克思主义是一种长时段理论。在很多方面(如带着问题去研究历史、跨学科研究、长时段和整体观察等方面),马克思是新史学的大师之一。马克思和马克思主义的历史分期学说(奴隶社会、封建社会、资本主义社会)虽在形式上不为新史学所接受,但它仍是一种长时段的理论。即使关于经济基础和上层建筑的概念不能说明历史现实不同层次间的复杂关系,但这里毕竟揭示了代表新史学一个基本倾向的结构概念。把群众在历史上的作用放在首位,这与新史学重视研究生

① (法)J. 勒高夫等主编:《新史学》,姚蒙编译,上海译文出版社1989年版,第23页。

② (法)弗朗索瓦·多斯:《碎片化的历史学:从〈年鉴〉到"新史学"》,马胜利译,北京大学出版社2008年版,第55页。

活于一定社会中的普通人也不谋而合。但是马克思主义把经济因素当作解释历史的首要因素，把心态列入上层建筑的范畴，并将历史看作是按照一种单纯演进模式直线发展的；而新史学则认为，心态虽然不是历史因果关系中的一个主要因素，但在新史学中占有较重要的地位。新史学又强调历史经验的差异性和历史研究途径的多重性，所有这些问题都表明，新史学可能被正统马克思主义史学认为是对自己的一种挑战。无论是马克思主义的还是非马克思主义的新史学家，都有责任把这场讨论深入下去，这也是今天史学界的任务之一。”①

（三）列维－斯特劳斯的结构主义影响

对年鉴学派产生重大影响的除地理学还有社会学，年鉴学派产生的时代是结构主义时代，并且布罗代尔与列维－斯特劳斯保持着密切的联系和学术交流，史学的结构方法与结构主义平行发展、相互影响。列维－斯特劳斯结构主义的结构概念和整体观、历史时间理论、历史学与人类学进行跨学科研究等，都对布罗代尔的史学理论起到重要促进作用。列维－斯特劳斯认为，社会生活的各个方面——经济、技术、政治、法律、伦理、宗教构成了一个意义复杂的整体，其中某一方面除非与其他方面联系起来考虑，否则便不能得到理解，因为他倾向于从整体到部分。人类社会历史有着复杂的内在结构，结构的表层是可观察到的社会关系等，而“无意识的”深层结构只能通过模式来说明。其结构主义方法的实质是将整体研究放在首位，局部只能在整体中才有意义，研究内在结构的意义要重于罗列外部现象。在时间观上，列维－斯特劳斯从其彻底反历史主义倾向出发，否定历史的连续性。他认为历史是由诸历史领域组成的非连续体的集合，其中每一领域都是由一在前与在后的特殊的编码来确定的。以此为基础，提出自己的历史时间论：以不同的时间单位如千年、百年、

① （法）J. 勒高夫等主编：《新史学》，姚蒙编译，上海译文出版社 1989 年版，第 35 页。

年、月、日等时间单位来分割历史时间,依据这不同的分期单位和频率形成不同的历史领域和序列,从而消解了历史统一性。①

这是一方面。另一方面,"为了对付列维 - 斯特劳斯和一般社会科学,费尔南·布罗代尔不仅把长时段作为一种结构,还把时间概念多元化了。这种多元化早在 1949 年便出现在他的论文中,到 1958 年便成为一种理论模式。他把时间分为若干不同节奏,从而打破了时段的统一性。时间还被赋予了不同的性质,从而具备了新的和多层面的可理解性。布罗代尔的架构基于三种不同的时间性,即事件、周期性情势和长时段。我们看到,时间被分成了不同层次并显示出性质差异。这种方法的功绩在于推翻了事件史学的立场"②。

列维 - 斯特劳斯的挑战促使布罗代尔以近乎永恒的时间概念把历史结构化。深深扎入生态系统的结构史学造成的第一个后果是:人类的作用被贬低为一种集体力量。于是,人类被排斥到边缘地带,只能在落网中无力地挣扎。"和列维 - 斯特劳斯一样,布罗代尔也推翻了线性时间观念。这种观念认为时间是个不断完善的发展过程。他代之以一种固定时间的观念:过去、现在和将来不存在差别,并能不断再生。"③

当然,布罗代尔新史学的结构概念和方法与列维 - 斯特劳斯的结构主义是有区别的。因为后者是超时间的、共时态的,布罗代尔正是在与列维 - 斯特劳斯的论战中,确立了史学的结构概念和方法。

(四)亨利·贝尔的思想——年鉴学派的奠基

对年鉴学派影响最大的当推法国历史学家亨利·贝尔(1871—

---

① 王作成:《试论布罗代尔对列维 - 斯特劳斯结构主义理论的借鉴》,载《苏州大学学报》(哲学社会科学版)2009 年第 2 期。

② (法)弗朗索瓦·多斯:《碎片化的历史学:从〈年鉴〉到"新史学"》,马胜利译,北京大学出版社 2008 年版,第 104 页。

③ (法)弗朗索瓦·多斯:《碎片化的历史学:从〈年鉴〉到"新史学"》,马胜利译,北京大学出版社 2008 年版,第 107 页。

1954),"新史学"这一用语本身在1930年就已为它的创始人之一亨利·贝尔所使用。历史学的上述独特地位归因于这样两个基本特点:1.史学的全面革新;2.史学的全面革新扎根于古老而坚实的传统之中。

在20世纪30年代,"亨利·贝尔和费弗尔就提出了历史的因果关系可以分为三类相互作用的范畴:偶然、必然和逻辑。这些不同的因果关系又是与三种历史事实相适应的:第一,偶然的或'粗糙'的事实,是流动的因素,历史中的偶然;第二,必然的事实、社会的规律性,是静止的事实;第三,内在的逻辑事实,是'趋势和长期性'因素,它决定运动的方向和持续性"①。后来,布罗代尔把它们转变为历史时间的三个层次,创立了著名的长时段理论。在其长时段理论中,短时段(事件——个体时间),即贝尔的偶然"粗糙"的原始事实;中时段的社会时间(局势和周期),即贝尔和费弗尔所说的"必然";布罗代尔格外重视的"长时段"(结构和地理时间)在历史上长期起着经常、深刻的作用,即贝尔的"逻辑"。无疑,贝尔和费弗尔的这三个范畴是布罗代尔长时段理论的思想来源。

地理历史学对早期年鉴学派历史学家的影响最大,"这些地理学家对新史学的领袖人物——吕西安·费弗尔、马克·布洛赫和费尔南·布罗代尔(1947年,他在高等研究实验学院第六部所领导的研究课题,名为《地理历史学》)有过很大影响。吕西安·费弗尔不止一次指出了人文地理学与历史学之间的这种结合"。费弗尔说:"如同我们中的许多人——有的是他的同辈,有的是他的长辈——一样,马克·布洛赫深受这一地理学的重大影响,这一地理学在才智横溢的领域维达尔·德·拉布拉什的推动下成为硕果累累的学科之一。"②

亨利·贝尔于1900年创办了《历史综合评论》杂志,并在这个杂志上

① 孙晶:《布罗代尔的长时段理论及其评价》,载《广西大学学报》(哲学社会科学版)2002年第6期。

② (法)J.勒高夫等主编:《新史学》,姚蒙编译,上海译文出版社1989年版,第3~4页。

表明了如下一些史学观点：主张拓宽历史研究的领域，历史学家不仅要注意政治史、军事史，也要注意社会其他方面的历史。他提倡历史学家打破过分专门化所造成的历史研究的狭隘性，主动同其他学科的专家进行合作，运用历史学、历史哲学、社会学、心理学等多学科的方法解释历史。他还坚持史学研究必须依靠理论的指导。他认为理论指导是历史学获得科学性的前提。亨利·贝尔的史学观点后来得到了年鉴学派的高度评价。有人甚至把他看成是年鉴学派的真正奠基人。《历史综合评论》还直接培养了年鉴学派的历史学家，年鉴学派的第一代人物吕西安·费弗尔和马克·布洛赫就曾于1907年和1912年先后参加了《历史综合评论》的编辑工作。但亨利·贝尔还没把时代的主题——经济——纳入视野，这一遗留工作正是由费弗尔和布洛赫完成的。1929年，费弗尔和布洛赫退出了《历史综合评论》编辑部，向政治史开战，联合创办《经济社会史年鉴》①，从此开创了一个与传统史学截然不同的新史学流派——年鉴学派。

第二节　年鉴学派的发展历程

关于年鉴学派时段的划分，国内外史学界从不同视角有不同看法，一般划分为三代：第一代从1929年至1945年，以吕西安·费弗尔、马克·布洛赫为代表；第二代从1945年至1968年，以费尔南·布罗代尔为代表；第三代从1968年至1989年以至更远，以雅克·勒高夫和埃马钮埃尔·勒·华·拉杜里、乔治·杜比等为代表。也有的学者认为20世纪80年代后弗雷等人为第四代。对此，伊格尔斯也不十分肯定，他只是说："我

① 《经济社会史年鉴》曾几易其名，1929年创刊时为《经济社会史年鉴》，1939年更名为《社会史年鉴》，1942年更名为《社会历史综合评论》，1946年更名为《年鉴：经济、社会与文明》，1994年至今定名为《年鉴：历史学，社会学》。为了论述方便，本书大部分地方使用"《年鉴》杂志"这一名称。

们或许可以把年鉴派史学划分为四个不同的阶段，反映着自从费弗尔早期著作以来的四代历史学家。”①

笔者以为，年鉴学派的发展历程应放在历史的大背景、大视野中来考察。从年鉴学派产生到第二代布罗代尔的鼎盛时期，可以将它称为狭义的经典年鉴学派时期。此时，以布罗代尔的“长时段史学”为最高成就。对经典年鉴学派反思和超越后，法国进入“新史学”时期。随着年鉴学派的影响超出法国，在欧美其他国家形成一股强劲的“微观”思潮：意大利创立了“微观史学”，德国和奥地利的“日常生活史”、英国的“个案史”在20世纪七八十年代先后兴起，在美国还兴起了“新文化史”思潮。由此可见，研究年鉴学派不能抛开微观史学和新文化史学。

一、经典年鉴学派时期

年鉴学派历史学家并不注重建立一套史学理论或一种历史的解释模式，恰恰相反，他们反对历史哲学，注重史学实践。所以，发掘年鉴学派的史学理论，首先必须要考察其史学实践。

（一）第一代年鉴学派史学家的贡献

吕西安·费弗尔和马克·布洛赫是第一代年鉴学派的主要代表人物。他们在史学实践上，以中世纪为题材，“费弗尔和布洛赫分别是研究16世纪史和中世纪史的专家，但他们都对现时很感兴趣”。年鉴学派的创始人反对的有三个方面：一是沉溺于独特的不重复的事件，二是把历史定义为国家编年史，三是（也许特别是）在阐述何为历史“事实”时缺乏选择标准，因而也缺乏提出问题的手段。② 费弗尔“把论战文章汇编成《为

① （美）伊格尔斯：《二十世纪的历史学》，何兆武译，山东大学出版社2006年版，第57～58页。

② （法）保罗·利科：《法国史学对史学理论的贡献》，王建华译，上海社会科学院出版社1992年版，第56页。

历史学而战》(1953年)一书。布洛赫首先是一位实践家,他在《为历史学辩护》一书中,提纲挈领地归纳了他们的理论。不幸的是,这部著作只写了三分之二,他就被纳粹杀害了"①。

吕西安·费弗尔(1878—1956),生于法国洛林地区南锡市一个知识分子家庭,1902年毕业于巴黎高等师范学校,1911年获巴黎大学博士学位。费弗尔的主要著作有:《菲利普二世与孔德省:政治、宗教和社会史研究》、《地理历史学导论》、《马丁·路德:一种命运》、《16世纪的不信教问题:拉伯雷的宗教》。除此之外,费弗尔还出版了一本论文集,名为《为历史学而战》,其中汇集了他1929年后在《年鉴》杂志上发表的大量关于史学理论的文章,全面系统地表达了年鉴学派的观点。

马克·布洛赫(1886—1944),生于法国里昂的一个犹太人家庭,1908年毕业于巴黎高等师范学校,1920年在巴黎大学获博士学位,曾长期在斯特拉斯堡大学担任中世纪史教授。布洛赫是个知识分子,同时也是个反法西斯战士。他拒绝像许多知识分子那样应美国高等院校邀请而离开法国以逃避纳粹统治。他于1943年投入里昂地区的抵抗运动,1944年被捕遇害。他在遗嘱中说:"我不认同信仰方面的形式主义和种族主义的团结。在整个一生中,我感到自己首先和主要是个法国人……我要像个优秀的法国人那样活着和死去。"②他践行了自己的诺言。布洛赫在史学实践上的主要贡献是对封建社会的研究。布洛赫的主要历史著作有:《创造奇迹的国王们》(1924年)、《欧洲社会历史的比较研究》(1928年)、《法国农村史》(1931年)、《封建社会》(上、下)(1940年)。布洛赫还有一本史学理论方面的著作《为历史学辩护》。

---

① (法)保罗·利科:《法国史学对史学理论的贡献》,王建华译,上海社会科学院出版社1992年版,第36页。

② (法)弗朗索瓦·多斯:《碎片化的历史学:从〈年鉴〉到"新史学"》,马胜利译,北京大学出版社2008年版,第51~52页。

1. 中世纪农村史和封建社会研究

布洛赫的主要精力花在两本重要的著作上。第一本书是他对法国乡村史的研究，即《法国农村史》。它是研究中世纪法兰西岛的乡村人口的论文在时空上的延伸。它关注从13至17、18世纪长时段的发展，并对法国与英国进行了清晰的对比。布洛赫将“乡村史”(histoire agraire)的概念定义为“对乡村技术与乡村习俗的综合研究”，这在当时是非同寻常的宽泛定义。布洛赫对诸如地产、地图等非文字资料的系统使用，还有他对宽泛的“乡村文化”(civilisation agraire)的概念的使用都旨在强调，存在着不同的农业体系，而且这种体系无法仅从自然环境的角度进行解释。“第二本书《封建社会》(*Feudal Society*，1939—1940)是让布洛赫今天更广为人知的一本书。这是本雄心勃勃的综合性论著，处理了从900年至1300年长达四个世纪的欧洲史，讨论了他在其他场合讨论过的一系列论题：奴役与自由，神圣王权，通货的重要性，等等。从这一意义上说，该书总结了其毕生的研究。与早期对封建制研究不同的是，它并不局限于研究土地租佃制度、社会等级、战争和国家之间的关系。它将封建制当作一个整体来处理：处理我们今日兴许可说是‘封建制文化’的东西。”①“它还再次处理了历史学、处理了作者所谓的‘感觉与思维之模式’(facons de sentir et de penser)。这是该书最有原创性的部分，其中的讨论涉及中世纪的时间感，或者倒不如说中世纪‘对时间之漠视’，或者至少是对时间的精确度量不感兴趣。”②布洛赫还用一章讨论了“集体记忆”。像他的朋友涂尔干派社会学家莫里斯·哈布瓦赫一样，长期以来他就对这一论题举动感兴趣。《封建社会》囊括了经济、社会和心态的整体现实。他首先主要从研

---

① (英)彼得·伯克:《法国史学革命:年鉴学派,1929—1989》,刘永华译,北京大学出版社2006年版,第18～19页。

② (英)彼得·伯克:《法国史学革命:年鉴学派,1929—1989》,刘永华译,北京大学出版社2006年版,第19页。

究封建心态入手,力图再现一种特殊的心态结构。“感觉和思维方式”卷,展示了缺乏时间概念的社会,并非由于技术欠发达,而是受感觉和思考方式的影响。书中勾画了农民、教士和贵族的心态。“在社会科学的发展史中,马克·布洛赫的设想是个重要的里程碑,他也成为后来众多学派的开山鼻祖。”①

布洛赫史学实践的建树主要是中世纪农村史和封建社会,但最鼓舞后人的是他在法西斯监狱中撰写的年鉴学派少有的史学理论著作——《为历史学辩护》,尽管这部著作最终未完成,但却清晰地阐述了年鉴学派的重要思想,即问题史、总体史、跨学科,抛开政治事件转向注重经济史等在这部著作中都有所体现。

2. 心态研究——心态史萌芽

吕西安·费弗尔的史学视野和研究节点在于历史心理学,这为后来的“心态史学”开了先河。他注重以个人为研究对象,倡导一种研究情感、爱情、死亡、怜悯、残暴、欢乐、恐惧等内容的史学,并把其融入文明的整体研究。《马丁·路德:一种命运》(又译《一个人的命运:马丁·路德》)和《16世纪的不信教问题:拉伯雷的宗教》都是心态史的著作。② 其中《创造奇迹的国王们》(又译《国王的神迹》)是讲述战争期间的一个“天大的假新闻”:国王能治淋巴结核病的奇迹。吕西安·费弗尔这一研究旨在摸清假消息的传播机制及其产生的环境。为此他需要探讨集体心理和见证人含糊心理的发展过程,不同社会群体的非意识心态表象。在研究心态史时,他把研究对象纳入一个总体范围。这个总体范围具有广阔的空间和漫长的时间,并包括社会的各个方面,这为第三代的“心态史

---

① (法)弗朗索瓦·多斯:《碎片化的历史学:从〈年鉴〉到“新史学”》,马胜利译,北京大学出版社2008年版,第81页。

② (法)弗朗索瓦·多斯:《碎片化的历史学:从〈年鉴〉到“新史学”》,马胜利译,北京大学出版社2008年版,第73~74页。

学”开了先河。

（二）承上启下的布罗代尔——第二代年鉴学派史学家的贡献

第二次世界大战结束以后，世界各地民族独立解放运动风起云涌，欧洲进一步失去其文明中心地位，一个新的世界在废墟上崛起。战后的另一个新变化体现为惊人的科技革命和经济全球化。全球化最显著的变化是经济超越了国界，突破了民族和文明的分野，迫使所有人都承认其合理性。新的形势使历史学家们感到，应当用新的分析方法来把握目前的演变。全球化不仅体现在经济方面，也体现在各大洲人类之间的信息沟通方面。因此，史学论说必须重新确定方向，以便适应有关历史时代的新意识。上述变化还导致了如下现象：单纯的民族国家史不再受青睐；历史学与其他社会科学更加靠近。从1946年起，《年鉴》杂志改了名称，由《社会历史综合评论》更名为《年鉴：经济、社会与文明》，在标题中取消了“历史”参照。“历史”一词的消失表明它想进一步接近其他社会科学，力图促进社会科学各学科的相互贯通，其中把经济置于优先地位，突出了经济主题的压倒优势，但同时也放弃了文化史、心态研究和历史心理学等其他方面。

第二次世界大战以后，年鉴学派进入其发展的第二阶段。史学方法的一个明显特点是从社会研究扩展到文明研究。这一阶段史学实践的突出贡献是对资本主义和文明的研究，主要代表人物是费尔南·布罗代尔。他试图把社会的全部内容纳入一种运动，唯有这种史学能进入他所称的“总体史”。

布罗代尔（1902—1985），生于法国东部的农村，是一位巴黎教员的儿子，直到7岁一直在洛林的一个小村子和祖母生活。巴黎大学毕业后，1923年被派往北非阿尔及利亚一所中学教书，在阿尔及尔待了10年，之后到西班牙、意大利。1935年又到巴西圣保罗大学任教。1937年11月返回巴黎时，正巧与吕西安·费弗尔同乘一条船，在长达3周的横渡途中，二人结下了亲密的友谊，很快成为《年鉴》杂志的撰稿人。在第二次世界大战中，法国战败致使布罗代尔于1940年至1945年在德国的战俘集中营里度过5年。在那里他几乎全凭记忆撰写了《地中海》。战俘生活对其历史观也产生了决定性影响，布罗代尔的夫人说："与此同时，他也逐渐形成了自己的历史观，用他自己的话说，是深受被俘期间被动的长期思考影响的历史观，通过这种思考他认为那些最悲惨的事件（他在战争中所经历的）不过是历史长河中之一粟：要努力看得更远，了解正在迫近的命运的意义，可能的话，还要保持希望。"1947年，布罗代尔接替费弗尔任《年鉴》杂志主编。

布罗代尔代表性的著作有：《菲利普二世时代的地中海和地中海世界》（两卷）（1947年）、《15至18世纪的物质文明、经济和资本主义》（3卷本）（1979年）、《法兰西的特性》、《历史与社会科学：长时段》（论文，1958年），总体看来，其主要贡献如下：

1. 长时段理论

1958年，布罗代尔在《年鉴》杂志的"论战"专栏发表了一篇重要论文，题为《历史与社会科学：长时段》，全面系统地阐述了他的长时段历史观。在这篇论文中，他探讨了历史时间的各种不同形态，及其在历史学和社会科学研究中的重大意义，正式建构起长时段——结构、中时段——局势、短时段——事件这样一种历史时间模式，这标志着布罗代尔历史时段理论的最后完成。他认为，历史学所以不同于其他社会科学，主要体现在时间概念上。历史时间就像电波一样，有短波、中波和长波之分，布罗代尔分别称为短时段、中时段和长时段。所谓短时段，也叫事件或个人时间、政治时间，主要是历史上突发的现象，如革命、战争、地震，等等。所谓中时段，也叫局势或社会时间，是在一定时期内发生变化形成一定周期和结构的现象，如人口的消长、物价的升降、生产的增减。所谓长时段，也叫结构或地理时间，主要指历史上在几个世纪中长期不变和变化极慢的现象,如地理气候、生态环境、文化传统,等等。他认为短时段现象只构成了历史的表面层次,它转瞬即逝,对整个历史进程只起微小的作用。中时段现象对历史进程起着直接和重要的作用。只有长时段现象才构成历史的深层结构,构成整个历史发展的基础,对历史进程起着决定性和根本性的作用。因此,历史学家只有借助长时段的观点,研究长时段的历史现象,才能从根本上把握历史的总体。这一观点成为布罗代尔全部历史思想的出发点。长时段理论在他后来的经典巨著《15 至 18 世纪的物质文明、经济和资本主义》和《法兰西的特性》中都得到了较好的贯彻和体现。

2. 地中海史和物质文明

布罗代尔的《菲利普二世时代的地中海和地中海世界》(以下简称《地中海》,布罗代尔的博士论文,完成于 1947 年,1949 年问世,中译本据巴黎阿而芒・柯兰出版社 1990 年第 9 版译出)具有与传统史学不同的鲜明特色,他从总体历史的思想出发,努力把 16 世纪后半期即西班牙国王菲利普在位时期(1556—1598 年)的地中海世界作为一个密切相连的总体来加以考察。《地中海》的三分结构与《15 至 18 世纪的物质文明、经济和资本主义》(中译本据巴黎阿而芒・柯兰出版社 1979 年版译出)的三分结构明显是对称的。他力图把人类社会的历史作为一个总体来研究,作为一个完整的体系来把握,并依据该体系及其各组成部分密切相关、相互作用所形成的结构和功能关系方面再现处于动态过程中的历史总体。这两部书是总体史思想的杰出代表作。

布罗代尔晚年的另一部重要的著作是《法国史》,该书原计划写 3 卷,但到布罗代尔逝世时只完成了第 1 卷,题目叫做《法兰西的特性》。第 1 卷又分两部分,第一部分叫做《空间与历史》,第二部分叫做《人与物》。在这部著作中,布罗代尔主要表达了两个观点:第一,他认为法国的民族特性只能从长时段的深层历史中去寻找,如农业、村落、人口、种族、语言、习俗等长时段现象在新石器时代就已存在,因此,布罗代尔非常重视法国新石器时代的历史。第二，布罗代尔不认为法国人应当对法国在历史上的命运负责，法国在二战中的迅速败北和二战以后的迅速繁荣，都不是人的行为所能决定的，而是法国长时段的深层结构和中时段的局势演变的结果。在这里，首先是历史创造了人，然后人才能创造历史。

多斯虽然对布罗代尔提出批评，但也给予了他足够的尊重和肯定，多斯说："布罗代尔最终成了年鉴学派这一帝国的君主、关键环节和承上启下的人物：他前面是20世纪30年代创建学派的马克·布洛赫和吕西安·费弗尔；后面是学派现在的继承人。因此布罗代尔既是继往者，又是开来者：是他把史学领域逐步引向分崩离析；是他推崇历史的标本化和长时段，并由此开辟了通向不变历史的道路；是他在消化了各种社会科学后，便宣称历史学应位于学科榜首；是他分解了时态的统一性，从而为异质性事物的研究、时间的断裂和破碎的历史开了方便之门。"①

（三）计量史学和系列史学

从1950年前后至1970年甚至更迟，史学研究领域最为重要的趋势是计量史学的兴起。这一所谓的"计量革命"首先出现于经济领域，尤其是价格史领域。它从经济领域扩散到社会史，特别是人口史，最后是精神领域——文化－"心态"，即实现彼得·伯克所谓"计量史学的三次伟大征服"——价格史——（60年代）人口史——文化、心态（"顶楼"）。

马克思主义历史学家拉布鲁斯的《18世纪法国物价和收入变动概论（论稿）》（1933年）和《旧制度末期和大革命初期的法国经济危机》（1944年）奠定了价格史的理论基础。1964年新的计量史学易名为"系列史学"，标志着系列史与计量史分道扬镳。人口史是计量史继价格史之后进行的"第二次伟大的征服"。文化－心态史：诸如宗教实践史、书籍史、识

---

① （法）弗朗索瓦·多斯：《碎片化的历史学：从〈年鉴〉到"新史学"》，马胜利译，北京大学出版社2008年版，第143页。

字率史、文化史、系列史、死亡史等构成了系列史的“第三层面”，实现了“从地窖到顶楼”的转变——“第三次伟大征服”。计量史和系列史虽然还“绑在传统史学的树干上”（利科语），但无论关注的领域和方法都有了新的特点。从此，史学开始向新史学过渡。心态（文化）构成新史学的主题。

二、新史学的产生和“微观史学”的兴起——“历史的碎片化”

（一）新史学的产生

1968年以后，年鉴学派第三代的崛起变得日益明显：1969年，安德烈·比埃尔吉尔与雅克·雷维尔等年轻人参与《年鉴》杂志的经营；1972年，布罗代尔从第六部主任的职位退休，这一职位传给了雅克·勒高夫；1975年，老的第六部解散，勒高夫出任重新组建的社会科学高等研究院的院长，1977年弗兰索瓦·费雷接替了他的位置。这标志着年鉴学派进入了第三个阶段。1970年，高等实验研究院和社会科学部分别独立，高等实验研究院于1975年取名“社会科学高等研究院”。年鉴学派第三代史学家以此为基地，继续出版《年鉴》杂志，并打出了“新史学”的旗帜，从此他们被称为“年鉴－新史学派”（利科语）。

雅克·勒高夫（1924— ）被公认为年鉴学派第三代的领袖，他生于法国南部的土伦，毕业于巴黎高等师范学院，曾到捷克斯洛伐克、意大利和英国留学，1962年开始担任高等实验研究院第六部的教授，主要研究欧洲中世纪史，主要著作有：《中世纪的商人和银行家》、《中世纪的知识分子》、《中世纪的西方文明》。这些著作大都注重长时段和社会经济史的研究，着力描写人的日常生活。勒高夫反对人们对中世纪的传统认识，认为中世纪既不是一个毫无成就的黑暗时代，也不是神话史诗般的光辉时代，而是欧洲各民族觉醒和形成的时期。这一认识和上述著作奠定了他在法国史学界的地位。

埃马钮埃尔·勒·华·拉杜里,是法国著名的历史学家,也是年鉴学派第三代历史学家的重要代表。1929 年 7 月 19 日生于法国西北部的诺曼底地区,1951 年毕业于巴黎高等师范学院,1963 年获巴黎大学博士学位。20 世纪 70 年代以后在巴黎大学文学院任教,并参与了第六部的研究工作。曾先后在蒙特佩利尔公立中学、索邦大学、巴黎第七大学、法兰西学院担任历史学教授,并在长期担任法兰西学院现代文明史教授期间兼任其他重要学术职务,包括《年鉴》杂志的主编之一,法国伦理和政治科学院院士等。1987 年至 1994 年,他任法国国家图书馆馆长。1996 年,拉杜里因在历史学中作出的重大贡献而获得法国荣誉军团的勋位。

拉杜里是当代法国最杰出的史学家之一,他的成就不仅得到了法国史学界的承认,而且得到了国际史学界的高度评价。其主要著作有:《朗格多克的农民》(1966 年)、《蒙塔尤》(1975 年)、《罗马人的狂欢节》(1979 年)。拉杜里还有两本关于史学理论和史学方法的论文集,分别是《历史学家的领域》和《在历史学家中间》。其博士毕业论文《朗格多克的农民》是一部出色的地理、经济和社会史著作,是一种周期性的农民史,主要通过税收档案研究法国朗格多克地区的农村社会,这一时期拉杜里的史学研究主要集中在长时段的结构研究。但当拉杜里认识到这种对社会经济的宏观结构研究的不足时,他立即转变了其研究的角度和方法,从长时段的历史转入了对有限时空环境中的历史考察;从宏观转向了微观研究。为此,在 1975 年到 1987 年,拉杜里先后出版了《蒙塔尤》、《罗马人的狂欢节》、《说奥克语地区的钱币、爱情和死亡》以及《茉莉花的女巫》这几部与以往风格截然不同的著作。《蒙塔尤》主要研究 14 世纪初法国蒙塔尤地区加达尔教教徒的个人生活和社会生活,并大量应用当时对异教徒的审判记录,成为法国几十年来最畅销的历史著作之一。《罗马人的狂欢节》主要描写 1580 年法国境内罗马人的起义,并通过这一事件剖析当时整个法国的政治、经济、宗教和文化状况。

年鉴学派发展到第三阶段，出现了一些引人注目的变化，即力图修正“长时段”理论的“缺陷”。经典年鉴学派提倡总体史学，把社会看成是一个有机联系的整体。而年鉴学派第三代学者却认为历史的间断性是决定一切的因素，否认各种历史事件之间的联系。因此，他们研究的也都是一些历史上孤立的现象。彼得·伯克认为，年鉴学派第三代思想家没有人像当年费弗尔与布罗代尔那样占据群体主导地位，而是多中心论占了主流。该群体的某些成员将费弗尔的计划进一步深化，将史学的边界拓展到儿童、梦、身体甚至是味道，心态史学被重新发现，历史主题由经济基础转向文化的上层建筑——“从地窖到顶楼”；另一些人则转向政治史与事件史研究；一些成员继续从事计量史研究，而另一些人则反对对计量史进行研究。

彼得·伯克把年鉴学派第三代的“修正”总结为三个方面：“人类学转向”、“回归政治”、“叙事复兴”。① 鉴于此，许多人反对把第三代学者的思想划入年鉴学派范围而笼统地称之为“新史学”。年鉴学派第三代学者在前辈取得非凡成就的基础上取得了更加惊人的成绩。除了高等社会科学院这个年鉴学派大本营外，新史学思潮已经遍布法国的各个大学，形成了一股比布罗代尔时代更加强劲的新史学潮流。年鉴学派第三代学者还把他们的触角伸进了出版界和新闻界，成为一股不可忽视的社会力量。年鉴学派的活动不仅提高了自己的地位，而且提高了整个史学的社会地位，一时间，在法国人文社会科学中出现了史学一家独大的局面。

所谓历史人类学，就是把历史学和人类学结合起来，在历史学领域内回答人类学所提出的问题。由于历史人类学着眼于人们的日常生活，而且历史学家的写作往往又通俗易懂，所以在一定程度上受到读者欢迎。

---

① （英）彼得·伯克：《法国史学革命：年鉴学派，1929—1989》，刘永华译，北京大学出版社2006年版，第73～74页。

精神形态史(心态史)也有了进一步发展。20 世纪 70 年代以后,更多的学者开始转向精神形态史研究,涉及的问题有集团心理、生死观、对性和宗教的看法等。跨学科的研究倾向得到进一步加强。年鉴学派第三代史学家的抱负是在历史学的基础上统一整个人文科学,所以,历史学在法国的社会科学中一直居于领导地位。陈启能教授认为,历史人类学"是历史学家采用人类学研究的方法、视角、路数来考察历史现象,或者用新史学家的说法,即像人类学家那样与历史上的人们进行提问和对话"[①]。保罗·利科认为,"历史学如何朝着历史人类学的方向发展。这意味着三件事。第一,正如地理距离使人类学家获得了疏远感(estrangement),历史间隔也使历史学家怀有这种疏远感。第二,我们要明白,历史学意味着回过头去研究人的饮食起居、姿态服饰、风俗习惯、技艺和文化等等,而不是人的观念和想象领域。最后,我们还要知道,发掘没有记载的历史,即由没有发言权,因而不能成为官方史学模特儿的人创造的历史,这项工作需要坚持不懈地对修史者,对这种历史的受益人捍卫历史的举动持怀疑态度"[②]。人类学转向的重要意义是使历史"从文化的社会史到社会的文化史"的转换。

至于回归政治,其实"以一种史学完全取代另一种史学,将政治史尤其是政治事件史贬得一文不值"[③],这并非费弗尔或布洛赫的本意。费弗尔与布罗代尔可能并未忽视政治史,"但他们并没有将之视为首选对象。第三代对政治的回归不只是对布罗代尔的反动,也是对其他形式的决定论(尤其是他们理解的'马克思主义'的经济决定论)的反动。与此密切相关的,是对能动性之作为结构对立面的重要性的重新发现,还有人们意

---

① 陈启能:《〈蒙塔尤〉小议》,载《史学理论研究》1999 年第 1 期。

② (法)保罗·利科:《法国史学对史学理论的贡献》,王建华译,上海社会科学院出版社 1992 年版,第 86 ~ 87 页。

③ (英)彼得·伯克:《法国史学革命:年鉴学派,1929—1989》,刘永华译,北京大学出版社 2006 年版,第 100 页。

识到美国人所谓的'政治文化'(political culture)及观念与心态的重要性"①。

"叙事复兴",这是英国史学家劳伦斯·斯通的字眼,他将这一趋势归因于对马克思主义与年鉴学派史学家等的"经济决定论的史学解释模型"的做法,尤其是对它将文化降格为上层建筑或是"第三层面"的做法的"幻想的广泛破灭"。毋庸置疑,斯通察觉到了一个有意义的趋势。至于布罗代尔,他既指责这种历史又写了这种历史。更准确地说,正如我们看到的,他声称事件史是历史的表层,但他并没有说这一表层是索然无味的,相反,他将之描述为是"最令人兴奋的"。但是,他对它的兴趣在于,它兴许会显示出"深层的现实",表层之下的潮流。

新史学与经典年鉴学派的关系,虽然伯克用了"断裂"、"反动"等字眼,但其实它还"绑在传统史学的树干上"。新史学阶段实质上也没有离开经典年鉴学派的基本立场,只不过历史的视野进一步扩大,甚至在完成第一代创始人所开辟的领域。

"年鉴派－新史学运动"产生了广泛而深远的影响。20世纪50年代以后,年鉴学派的理论和方法开始渗透到欧美各国,在一定程度上导致了整个西方史学的变革。在波兰,尽管占支配地位的是马克思主义(或者说,恰恰因为这一点),史学家对《年鉴》长期以来就表现出了相当的热忱。二战前,波兰大学已有对经济社会史感兴趣的传统。加姆·卢特考斯基在20世纪30年代曾给《年鉴》写稿,并自己创办了一份类似的刊物。在德国,一批战后成长起来的年轻史学家接受了年鉴学派的主张,创办《历史与社会》杂志,宣传年鉴学派的观点,倡导作为整体的社会史研究。在英国,社会史学派和年鉴学学派保持着密切联系,利用计量方法研究历史人类学和社会结构史。在美国,年鉴学派的观点得到了历史学界的高

① (英)彼得·伯克:《法国史学革命:年鉴学派,1929—1989》,刘永华译,北京大学出版社2006年版,第83页。

度评价，著名的研究年鉴派的著作有伊格尔斯的《欧洲史学新方向》、斯多亚诺维奇的《法国史学方法：年鉴模式》、鲁滨逊的《新史学》等，这些著作都是在20世纪70年代出版的。在纽约州立大学当时还成立了布罗代尔研究中心。斯多亚诺维奇认为，年鉴学派对史学研究和历史方法作出的重大贡献，在20世纪任何一个国家，没有任何一个团体能企及。在日本、拉美地区以及在东欧的波兰，年鉴学派都扩大了自己的影响。总之，年鉴学派所开创的新史学潮流——“年鉴派－新史学运动”已经遍及整个西方，乃至世界。

同时，意大利开始了“微观史学”研究，德国和奥地利的“日常生活史”研究以汉斯·麦迪克（Hans Medick）和阿尔夫·吕特克（Alf Ludtke）等人为代表，英国的“个案史”研究，以及美国的新文化史（new cultural history）研究共同汇成了史学革命的洪流。虽然这些学派各具特色，但史学范式的微观转向这一点却是共同的。

（二）微观史学的兴起

年鉴派－新史学在布罗代尔时代，以总体史为目标，在追求史学科学化的过程中取得了巨大成就。为迎接社会科学的挑战，采取跨学科研究，开放性的史学收编社会科学各个学科，建立起了在所有社会科学中占统治地位的史学王国。但这样做的同时，也使史学失去了自我，即从史学科学性出发走向其反面——“非科学化”；从“总体史”出发却走向“史学碎片化”。

自20世纪70年代后期起，年鉴学派受到越来越多来自内外的批评与质疑，以“长时段”、“深层结构”社会史为研究对象，单纯强调计量方法、片面夸大“长时段”结构，热衷于所谓“静止的历史”（immobile history）的倾向受到严峻的挑战，甚至出现了“史学危机”之说。新一代的历史学家号召抛弃“传统的包袱”、跳出“长时段的樊笼”，于是开始出现了新的研究取向，历史的主题从经济社会转向“日常生活的文化”。伊格尔斯说:“历史学必须转而面向种种日常生活的情况,正如它们是被普通人民所经历的那样子。但是费尔南德·布罗代尔在20世纪60年代和70年代的《日常生活的结构》一书中向他们所提供的那种日常生活史,却由于只关注物质条件但未能考察这些情况都是怎样被人经历的而未能触及要点。”①

从20世纪七八十年代以来,一时间,原来那种追求史学社会科学化的风气也逐渐削弱,历史研究变得更加分散、零碎和多样了,近代历史学那种对“大写历史”的追求已经是“明日黄花”,不再有什么吸引力了。在西方,无论是年鉴学派的历史学家还是马克思主义的史学家们都从传统史学的这一局限中走了出来,他们要求把长期以来被忽视了的各种要素都包罗到历史研究中来,开始倡导一种自下而上的历史学。“历史学的主题已经从社会的结构和历程转移到广义的日常生活的文化上面来。随着新的注意力被给予了个人,历史学便再度采取了一种人情味的面貌,但这一次不是给予上层的权势者而是给予了普通的百姓。有一派历史学家已经力图以他们所说的微观历史学来取代对宏观历史和宏观社会过程的研究,把注意力集中在由具体的个人所组成的小小的社会单元上。对日常生活文化的这种新强调,就把历史学和克利福德·吉尔兹的人类学紧密地联系在了一起。”②对微观史学来说,“宏观历史观念以及伴随着它们的社会科学历史研究法之所以衰颓的关键原因,应该恰好是对技术进步的有益的社会政治后果这种乐观主义的见解丧失了信心。反对宏观历史的社会科学研究法(包括马克思主义在内)”③。

西方史学转向的一个重要标志是:1979年,劳伦斯·斯通发表的《叙

---

① (美)伊格尔斯:《二十世纪的历史学》,何兆武译,山东大学出版社2006年版,第105~106页。

② (美)伊格尔斯:《二十世纪的历史学》,何兆武译,山东大学出版社2006年版,第10~11页。

③ (美)伊格尔斯:《二十世纪的历史学》,何兆武译,山东大学出版社2006年版,第105页。

述史的复兴:对新的旧历史的反思》(*The Revival of Narrative*:*Reflections on a New Old History*,载英国的《过去与现在》杂志上)一文,文章提出要对社会史的研究和以社会科学方法为指导的历史学进行反思,并称那种社会科学化的历史为"新的旧历史"。从此史学开始了由宏观史学到微观史学的范式转换。

陈启能教授为微观史学下了这样的定义:"一般说来,微观史学是指这样一种历史研究,从事这种研究的史学家,不把注意力集中在涵盖辽阔地域、长时段和大量民众的宏观过程,而是注意个别的、具体的事实,一个或几个事实,或地方性事件。这种研究取得的结果往往是局部的,不可能推广到围绕某个被研究的事实的各种历史现象的所有层面。但它却有可能对整个背景提供某种补充的说明。也就是说,微观史学家的结论记录的或确定的虽只是一个局部现象,但这个看似孤立的现象却可以为深入研究整体结构提供帮助。总之微观史学的特点并不在于它的研究对象的微小和分析规模的狭窄或带有地方性。"①

表面看来,微观史学是对年鉴学派的反动,碎片化的历史是对总体史的否定。但这恰恰是总体史自身的辩证法,只有通过历史的碎片化、微观化,才能达到总体的历史。布罗代尔的《日常生活的结构》一书中虽然"未能触及要点",但却提供了"那种日常生活史"。实质上,微观史学不是对年鉴学派的否定,只是视角和视点的不同,在深层次上,属同一史学范式。微观史学的产生就深受年鉴派-新史学运动的影响。其实早在年鉴学派第一代史学家,尤其是在费弗尔那里就提倡对心态、社会文化进行研究。只是在20世纪五六十年代,随着布罗代尔的时段理论的提出,历史成为了三个层次运动的交叉结合,其中长时段等深层历史结构被看做是解释历史发展机制的主要因素,而以"新史学"为标志的第三代史学家

---

① 何兆武、陈启能主编:《当代西方史学理论》,上海社会科学院出版社2003年版,第51~52页。

则开拓了心态、文化、表象、人类行为、语言、书籍等众多新的领域，并出现了以历史人类学代替时段理论的趋势。勒高夫就曾说：“或许是史学、人类学和社会学这三门最接近的社会科学合并成一个新学科。关于这一学科保罗·韦纳称其为‘社会学史学’，而我则更倾向于用‘历史人类学’这一名称。”[①]微观史学的产生还受到了当时对西方史学影响日渐增强的文化人类学的影响，尤其是克里福德·吉尔兹(Clifford Geertz)，研究者在占有大量调查材料的前提下，通过现代人的历史想象，为某一特定区域的文化构筑出一幅解释性的图景，并力图从细小但结构密集的事实中引出重大结论。《奶酪与蛆虫》一书的写作宗旨，便是要“重构16世纪意大利某偏远乡村的一个磨坊主的心智世界”。作者显然深受文化人类学的影响，因为他承认：“用文化来定义历史某一时期某一阶层的行为、信仰和心态，是近年来向文化人类学学习的结果。”

“微观史学”最早出现在意大利，以卡洛·金兹伯格(Carlo Ginzburg)、卡洛·波尼(Carlo Poni)、吉奥尼·列维(Giovanni Levi)等人为代表，其理论阵地为《历史季刊》(*Quaderni Storici*)。在法国，主要以勒·华·拉杜里为代表。金兹伯格等人认为，用社会科学理论研究、解释历史已经不再让人信服，应采用人类学家吉尔兹的观点，他们希望通过描述细微的事件和平常的人物来重构历史，看到一般人的历史活动。

卡洛·金兹伯格(Carlo Ginzburg)是当代“新文化史学”的代表人物之一，“微观史学”的创立者之一。金兹伯格主要从事巫术及民间宗教的研究。通过批判性地研究教会审判异端的材料，他试图揭示小人物的宗教活动和宗教态度。他倡导利用属于上层文化的教会档案来研究下层文化，较好地解决了大众研究中缺乏直接史料的问题。他认为，对日常生活、大众文化的关注不在于有形的物质文明，而是其背后无形的情感、观

---

① (法)J.勒高夫等主编：《新史学》，姚蒙编译，上海译文出版社1989年版，第40页。

念、规则和态度等。他的研究非常注重微观具体的细节过程，拒绝直线进步的单一历史。特别是他对16、17世纪意大利民间巫术和宗教的研究，改变了传统研究中的思想家、诸侯的宗教改革形象，再现了一个完整的宗教改革时代的信仰体系：贵族一般信奉正统宗教，即罗马天主教；市民则信奉与正统教会相异的新教；在乡村，上层信仰一些基督教异端，而更底层的农民要么是根本不信教，要么是信奉民间巫教。1991年，他被《星期日纽约时代周刊》杂志誉为“大众文化史学的先驱实践者”。金兹伯格用意大利语写作，作品被译成15种文字。他的主要作品有：《夜之战：十六和十七世纪的巫术和农民的崇拜》（1966年）、《奶酪与蛆虫》（1976年）、《皮埃罗·德拉·法兰西斯卡的不解之谜》（1981年）、《线索·神话和历史方法》（1984年）、《狂欢：破解巫师的安息日》（1989年）、*Occhiacci di legno*：*rifessionisulla distanza*（1997年）。其中前两部是他的成名作。

此外，金兹伯格的微观史学还受到艺术史家莫列利（Giovanni Morelli）、心理学家弗洛伊德、侦探小说家柯南道尔及指纹学创始者卡尔东（Caulton）等人的影响。在20世纪，越来越多的西方思想家开始关注日常生活，胡塞尔、维特根斯坦、海德格尔、卢卡奇、列菲伏尔、科西克和赫勒等人都曾对“日常生活世界”进行过批判探讨。

微观史学的主要代表作还有乔凡尼·列维的《继承权力：一个魔法师的故事》（1985年）、勒·华·拉杜里的《蒙塔尤》（1975年）。微观史学的“微观”不同于年鉴学派视角的下移，而是视点上的“微观”。这些著作都有微观历史学的一般特征，即专注于一个给定地点的某个个人，并且力图强调该地方背景与更大范围的不同之点，都精心重建了社会与政治的背景，焦点又都是放在地域性的而非更广阔的跨地区的层次上。

在这里，限于篇幅，我们仅以《蒙塔尤》和《奶酪与蛆虫》为个案探寻微观史学的形成发展和所研究的内容。

个案之一:《蒙塔尤》。

蒙塔尤是法国西南部的一个小山村。14 世纪初,纯洁派异端在这一带很有号召力。当地一位大主教雅克·富尼埃搜捕审问并处罚了这些异端分子,审问记录保存下来,并于 1965 年出版。勒·华·拉杜里出于对社会人类学的兴趣,看到这些资料不仅是对纯洁派的研究,而且是对法国乡村史研究的价值,于是,他于 1975 年写作了《蒙塔尤》一书。在此书中,勒·华·拉杜里运用历史人类学以及心理学的方法将 14 世纪初法国一个小山村居民的生活、思想、信仰以及习俗再现了出来。

在第一部分,勒·华·拉杜里从社会最基本的细胞——家入手,通过农民的家庭构成再现了蒙塔尤人的生态。传统的农业社会里,“家”的重要性可以说体现在人们生活的方方面面,“许多文件不加掩饰的表明:在埃荣地区一般居民的心目中,‘家’在情感、经济和门第方面是至关重要的”,“家庭同时控制着男女之间、父母与子女之间,还可能包括主仆之间的各种关系,同时还控制着这一小批人与农田牧场的关系,无论是在平原还是在山区”。家庭无疑是一个浓缩了的社会,包含了迄今为止的社会所需要解决的几大关系问题——性别关系、代际关系、阶级和阶层关系。在蒙塔尤,家庭表现为一座持久性的住所和在里面共同度日的一家人。当地语言称这种实体为“奥斯塔尔”。在山民心中,“家”在情感、经济、门第等方面是至关重要的,家族的兴旺代表最高价值,是“家”的观念把乡村的社会、家庭和文化生活统一起来。在有关家庭的具体问题上,作者选择典型的克莱格家族进行解剖,发现财富、家庭关系、异端、权势构成了克莱格家族在蒙塔尤产生影响的四大支柱。在蒙塔尤的权力运行机制中存在着两种体制:一种是政治和宗教权力的体制,其基础是封建领主及教会和伯爵的权力,这种分为等级和纵向的体制掌握着制裁措施和镇压手段;二是“横向”的体制,即涉及家族、亲属、兄弟、敌友、爱憎的体制。对蒙塔尤的转场牧民来说,山上的窝棚就相当于村里的人家,是真正的社交单位,分夏冬两种；在功能和劳动组织方式上，窝棚和牲口圈存在着差异；在山上，窝棚完全是男性的世界，这与村里男女共有的人家形成鲜明对照。作者认为14至19世纪，在牧民经历的过程中，窝棚没有发生变化，它始终是一种活生生的组织形成。关于牧羊人的心态，作者认为应当作超越经济和职业关系的描述，并以皮埃尔·莫里为例剖析了牧羊人的社会地位和心态：作为社会的底层，贫穷与他们相伴，甚而成为他们的理想和价值体系，他们嘲笑贪婪并乐善好施；由于没有家的观念，他们有着不同于农民的财产观念，对财产持超脱态度。对牧民来说，亲戚、门第、友谊、干亲制度和牧民间的合作都是不可缺少的社会关系；在婚姻与家庭上，牧民一般都是独身且没有后代；在待人接物上，牧民比定居的群体更为友善，对待命运采取了主动接受的态度，相信命运与日月和地狱之神密切相关，他们受到了地下宏观世界的左右并受到社会教育和童年食物的影响。总之，不图富有但求自由成为牧人社会的基本理念。

在考察了村子、土地和社会的全貌后，本书的第二部分，作者不再从家和窝棚等领域作表面上的考察，而是从深层探索，探讨了充斥日常生活的，颇有讲究的各种举止、爱情生活、性生活、夫妻生活、家庭生活及民众的文化与社交等具体问题。例如，在性行为上，山民认为乐趣本是无辜的，只要男女双方感到快活，不应使上帝感到不快，强奸与嫖娼在蒙塔尤不曾受到严厉的惩罚。书中还涉及乡下人的宗教、具有异端色彩的民俗、天主教、纯洁派、反教会思想、自然主义、农村中的唯物主义、个人和集体的伦理、价值体系等。在文化传播的方式和途径上，很少依靠书籍和文字，而是借助当地社会交往中的等级结构产生和传播。最佳的社会结构还是家，在家里，最佳的社交活动则是夜晚聊天。以家庭成员为中心的夜晚聊天，会对参加者产生深层的文化作用。此外，还有更为简便的途径，那就是几个人坐在厨房里或小屋里的火边闲扯。在时空观念方面，作者指出，在时间的表示上，山民通常使用一些不甚精确的词语，或世俗的，或宗教的,或物候的,甚而凭借视觉、听觉等。对蒙塔尤人来说,没有严格的工作时间概念,山民的时间是游移不定的,依然停留在墨洛温王朝时代。他们对于历史的了解一般不超过2代到4代人,蒙塔尤人生活在一个既与过去割裂又与将来没有联系的“时间的孤岛”上。最后,作者从家和彼岸世界这两个蒙塔尤生活与观念中最基本的方面对蒙塔尤人作出回顾,指出人间的家和彼岸世界的天堂就是蒙塔尤人的理想,在尊重以人为中心的自然主义的前提下,这种理想实际上是一种关心拯救灵魂的人道主义。总之,蒙塔尤就是皮埃尔和贝阿特里斯的爱情,就是皮埃尔·莫里的羊群,就是家散发的体温和农民心目中去而复回的彼岸世界。

作者在这部书中不再使用人口统计和价格运动等计量方法探析社会结构,而是通过对蒙塔尤这个小山村人们的行为举止、爱情婚姻、心态与风俗等方面的研究力图重现其历史的真实与生动。自心态史概念被提出以来,年鉴学派开始把注意力从自然的和经济的种种非人力结构与因素转向相对独立的人类意识,“《蒙塔尤》是一本雄心勃勃的社会文化史研究专著”①,也是日后所谓“微观历史学”(microhistory)的一个早期典范。《蒙塔尤》的问世标志着这一转变的完成及年鉴学派心态史研究的确立。作者在书中所使用的研究方法通常被称做“蒙塔尤方法”或“精神考古法”,这一方法为其他学者所借鉴或使用。随着心态史的兴起,以布罗代尔为代表的经典年鉴学派逐渐向新史学转变。

个案之二:《奶酪与蛆虫》。

《奶酪与蛆虫》描写的是一个16世纪磨坊主麦诺齐奥——社会底层小人物的精神世界和其遭到审判的过程。作者以教会审判为线索编织了一个完整的故事。最初麦诺齐奥只是因不承认教会等级的任何特权,坚持渎神不是罪恶,拥有禁书而被定罪。只是如果要被判决必须公开宣布

---

① (英)彼得·伯克:《法国史学革命:年鉴学派,1929—1989》,刘永华译,北京大学出版社2006年版,第76页。

放弃异教邪说,永远不脱下忏悔服,不得离开蒙特瑞阿勒。1599 年他再一次被捕受审。这一次案件惊动了罗马的红衣大主教,最终他没能逃脱死刑的命运。麦诺齐奥不是一个思想家,他的观点不是系统完整的理论,但他对世界的产生、天堂和人间、教士和教会圣仪的作用以及其他宗教,都有着不同于圣经和罗马教会的独特解释。他拒绝将世界的产生归于神圣,不承认世界是上帝创造的。坚持认为世界起源于腐朽,一切都是混乱,也就是说,泥土、空气和水是混合在一起的大团物质,从中形成了一个族群——正如从牛奶中制造出奶酪一样,然后奶酪腐烂,蛆虫出现——这些就是天使。在产生天使的同时,上帝也诞生于这些天使中间。在麦诺齐奥看来,天堂不是上帝统治、不朽灵魂居住的地方,而是一个吃喝娱乐的宴会。麦诺齐奥也非常愿意与他人一起分享自己的观点。他对妻子、邻居、村里的其他人,以及他所能遇到的一切人谈他的想法。

作者的意图显然不在麦诺齐奥的生平而是在其想法上。通过探讨其想法来源、精神世界再现当时社会的文化传播、宗教信仰、社会关系以及"心态"状况。金兹伯格发现读书是当时人们获得信息、形成看法的一个极佳途径,读书已经成为当地人日常生活的一部分,但这并不仅仅包括书本,而且还有书面文字与口头文化的碰撞,这种情况在 15 世纪末的编年史中已经有类似的记述。经过口耳相传和自己读书,在麦诺齐奥的头脑中形成了一个爆炸式的"疯狂观念":宇宙是混乱的。他在表达对上帝的看法时,用了奶酪和蛆虫作比喻。虽然但丁的《神曲·炼狱》中有"蛆虫出现,变成天使一样的蝴蝶"这段文字。但他的比喻不是来自书本,而是来自他所熟悉的生活经验:蛆虫在腐败的奶酪中出现。因此,麦诺齐奥的世界观基本上是物质的——比教会关于创世纪的教义更"科学"。麦诺齐奥的世界观中最具革命性的因素是他对"新世界"的向往。在欧洲前工业社会,以水或风为动力的磨坊是聚居地最小的中心。磨坊主在大众中的形象是"精明奸诈,注定要受地狱之火炙烤"。在相对封闭和静止的社会里，磨坊是一个聚会和社会关系之所，也是一个交换思想之所。这种工作环境使磨坊主特别容易接受新思想，也易宣传它们。

学者李霞认为，《奶酪和蛆虫》进一步揭示了心态的地理和社会空间意义，并且心态不是被动的。这两点突破了前人的研究。[①]

《蒙塔尤》和《奶酪和蛆虫》有些共同特点：历史题材不是英雄人物，都是历史上名不见经传的小人物，都是下层，是被以往历史所忽略的群众（不会“吵吵嚷嚷的演员”）；历史的主题也不是有意义的轰轰烈烈的革命，而是普通人的日常生活和文化（法国人则称之为“心态”）。

总之，站在时代制高点、不断开拓新领域、迎接各学科挑战和杰出的适应能力及其开放性是年鉴学派最突出的特征。笔者以为，年鉴学派经久不衰的秘密有两条：第一，与时代同步。正如多斯所说：“与时俱进。”年鉴学派从创立之日起就在不断扩大史学研究领域，历史主题不断随着时代的改变而改变，沿着由政治—事件—经济—社会—文化—历史人类学的路线演进。第二，开放。年鉴学派史学研究的开放性不以创建封闭体系为目的，没有中心，虽追求总体史学，但少有宏大叙事；面对其他学科的挑战采取跨学科的开放态度，先后经历地理学、结构主义社会学……挑战，不是使历史改变，而是“收购”其他学科。这种开放性使年鉴学派一度建立起居于统治地位的史学王国。为此，多斯作了具体总结：“年鉴学派的成功全在于它杰出的适应能力，它的每次转折都发生在其他社会科学对历史学提出挑战和进行‘收买’的情况下。”[②]为应对20世纪初涂尔干的挑战，年鉴学派的史学破除了唯历史史学所崇尚的传记、政治和事件三大偶像；为应对20世纪50年代列维－斯特劳斯的挑战，以费尔南·布罗代尔为代表的《年鉴》杂志提出了长时段概念，并将其作为统一社会科

① 参见陈启能主编：《西方历史学名著提要》，江西人民出版社2001年版，第673～682页。

② （法）弗朗索瓦·多斯：《碎片化的历史学：从〈年鉴〉到“新史学”》，马胜利译，北京大学出版社2008年版，第234页。

学的话语。年鉴学派继20世纪30年代整合了维达尔的地理学派、涂尔干的社会学以及心理历史学后,在20世纪50年代又整合了统计学和人口学,而后又在六七十年代融合了人种学和人类学。这三个阶段的历史表明,具有开放特性的年鉴学派凭借其巨大的能动性获取了新的研究对象和研究领域,并生产出极其丰富的史学成果。可是,历史学从社会科学中汲取养料后便抛弃了自身的特性,随着研究对象的支离破碎和大量增加,历史学将逐渐失去自我。在20世纪70年代,米歇尔·福柯的著作提出了知识形态的局部性、地区性和暂时性,并以此解构了历史。[①] 新史学、微观史学和"新文化史学"的兴起表明了史学范式的转换。

---

① 参见(法)弗朗索瓦·多斯:《碎片化的历史学:从〈年鉴〉到"新史学"》,马胜利译,北京大学出版社2008年版,第235页。

第二章　年鉴学派史学思想及其主要理论内容

法国“年鉴学派”产生以前，在史学研究领域中，“宏观史学”一直占据主导和统治地位，林林总总的历史学都是围绕重大历史事件而展开叙述和研究的。宏观史学关注的是一种“大写的历史”，诸如：政治史、事件史、帝王将相英雄人物的历史、断代史、国别史、民族史，等等。其突出特点是从社会历史宏观领域出发，把社会视为一个宏观历史结构。其中，经典的社会历史理论更是以生产为基础来理解人类社会历史的基本进程，它特别注重历史的“大过程、大结构”，从人类活动的宏观领域去把握和再现历史，它所遵循的模式是围绕历史的性质、有无规律、决定因素、动力系统、进步路线图等领域展开，力图通过构成社会系统各要素之间的联系揭示社会历史的本质，从“总体”上寻找或发现历史发展的“规律”，预测历史发展的进程，构建起社会历史的宏观框架和发展模型，即社会历史的“宏大叙事”。这种历史在不同时期有不同形式：神学的，“科学的”，思辨历史哲学的以及各种“正统马克思主义”对历史的解释和设计。后两者较为典型并且影响深远。这种宏观历史解释模式相信:社会历史是由一种决定性的力量(动力系统),或上帝,或理性,或生产力所推动,按照预定轨迹(所不同的是,有的是上帝的设计、有的是绝对理念的展开、有的是铁的"历史规律"的实现)不断从低级到高级,从不完善到完善,向理想目标不断进步的过程。这种宏观史学的哲学基础是思辨哲学(意识哲学)传统,历史基础则是以欧洲社会的历史进程为样本。这种宏大的历史研究范式貌似科学、合理、具有历史规律性,然而却是以忽视或者人为遮蔽无数历史细节、具体构成要素、多样性、复杂性等为代价的。这种史学范式对于历史认识的客观性、连续性、目的性的关注特别值得反思,而年鉴学派恰恰在这方面为我们观察和研究历史提供了有益的帮助。

第一节　年鉴学派对传统史学的批判

传统史学总体上是以"宏观史学"为根本特征的,从某种程度上说,这种史学具有一定的进步意义,它对于人们摆脱自然的束缚、认识人类的主体地位具有不可估量的作用。但还存在着相当大的局限性和片面性。年鉴学派倡导"总体史",开展历史的微观研究,正是基于对传统史学的反思与批判。

一、传统史学的乌托邦定势

西方史学研究大致经历了古希腊、罗马——中世纪基督教神学——文艺复兴启蒙运动——18 世纪历史哲学(反历史的 18 世纪)——19 世纪科学历史学(历史学的 19 世纪)——现当代(文明形态史观、批判的历史哲学、年鉴学派)——后现代史学的历史演进。

西方真正的历史开始于希罗多德和修希底德,古希腊历史观以人为中心,史学对象主要是英雄史和战争史,它记录了古希腊时期的重大事实，保存了人类的丰功伟业，但古希腊的历史是无时间的历史，是历史循环论，视野狭窄、方法原始。柯林武德认为这个时期历史学的任务有三：(1)纪念；(2)寻求历史的原因；(3)评价。古希腊历史的贡献摆脱了人神不分的神话和历史，以人为中心。提出“人是万物的尺度”（普罗泰戈拉），从研究自然开始转向研究人事，从此开始了人类历史的叙述史。公元476年西罗马帝国灭亡，标志着欧洲奴隶制结束，进入漫长的中世纪(4—14世纪)。如同一切科学都是神学的婢女一样，历史也表现为基督教神学的历史：上帝创造了世界万物和人，上帝创造了历史，人是实现上帝意志的工具。把世界分为天国和尘世，尘世的历史和天国的历史交织在一起，由此形成了宗教神学史观。虽然宗教神学史观认为历史是某种天意的结果，但是它仍然具有革命性的变革意义，因为它使人类对历史的认识得到了升华。第一，打破了盲目的偶然论历史观，确立历史必然性思想。宗教神学史观认为，表面偶然事件的背后，是上帝的目的和意志，天意安排、指导事件的进程，历史的发展是合目的的，历史的过程不过是天意计划的实施，历史是不以人的意志为转移的、必然的客观过程，历史的偶然论、个别论被否定了，决定历史进程的唯一力量是天意，历史决定论由此产生。第二，宗教神学史观打破了“灾变说”、“循环论”的历史观，确立了进步发展的历史观。第三，宗教神学史观表现出强烈的普遍主义意识。所有的人和民族都在上帝的目的规划之中，世界是一部普遍的历史，是一部世界史。宗教神学史观的影响是深远的，可以说，以后一切宏大叙述的历史乌托邦设计，无论何种表现形式，都是这种神学历史解释模式的翻版，都充满着挥之不去的历史乌托邦情结。

关于宗教神学史观的乌托邦定势，衣俊卿教授曾作过深刻阐述与分析，在他看来，希伯来文化中，关于末日审判的神话更清楚无误地昭示出希伯来精神作为一种历史设计所包含的乌托邦内蕴。一方面，它为有限的和不完善的人之存在设定了一个完满的、与神合一的结局，提供了一种与人之现存完全不同的理想的人之形象。另一方面,它确立了一种超人的实体以确保人能由现存的有限的存在境遇进入理想的完满境界,这一超人的实体便是全知全能、无所不知的上帝。于是,人的历史以神的活动而得以展开。上帝创世、人之原罪和上帝的末日审判与拯救构成了犹太教或希伯来主义的核心思想,也为后来的基督教所继承。由此,在希伯来历史设计中,处处彰显如下基本框架:"人之初始拥有清白无辜的纯真本质,因为上帝是按照自己的形象创造了人;由于邪恶的诱惑,人丧失了原有的纯真本质,犯有在尘世中将永远缠绕着他的原罪;人自身是软弱和无能为力的,但上帝是全知全能的,它会在世界末日将人拯救;因此,人之生存的真谛不在尘世,而在来世,信徒在尘世生活中应当以对痛苦的忍耐、对上帝的信仰和对同类的仁爱而取得进入天国的入场券。"①这样一来,在希伯来精神中,一端是有限的人之形象,是人之戴罪的和悲惨的现存;另一端是理想的人之形象,即天国中与神合一的完满的存在;而完成从前者向后者的转变的关键性因素是超人的实体,即万能的神力。所以,衣俊卿教授指出:"毋庸置疑,这是一种典型的乌托邦历史设计,典型的神学历史观,它清楚地体现出人之存在的'乌托邦定势'中人通过造神而与神认同,从而结束人之有限境遇的导向。"②通过对希伯来文化中的"乌托邦定势"的研究与分析,衣俊卿教授认为,它绝不是单一的历史现象,如果将"乌托邦定势"运用到整个历史研究状况中,我们同样会清晰地发现,"在迄今所见的各种具有重大历史影响和作用的历史设计中,最直接、最典型地反映上述乌托邦历史观或乌托邦历史设计的深层结构和本质精神的莫过于希伯来精神或希伯来主义。因为这一神学历史观把神的创世和神对

① 衣俊卿:《历史与乌托邦——历史哲学:走出传统历史设计之误区》,黑龙江教育出版社1995年版,第53~54页。

② 衣俊卿:《历史与乌托邦——历史哲学:走出传统历史设计之误区》,黑龙江教育出版社1995年版,第54页。

历史进程的决定作用公开地表述出来，并置于自己的历史设计的核心，而其他带有乌托邦色彩的历史设计虽然也以某种超人的实体或力量为核心，但这些超人的实体或力量往往不是直接以神的名义出现，而是通过间接的方式，隐蔽地透露出其神学底蕴，其中有些乌托邦历史设计还直接地套上科学之外衣，从表面上看与神学历史观截然不同”[①]。可见，历史观中的“乌托邦定势”不仅普遍存在，而且，已经形成传统史学的一种普遍思维定式，对传统史学的研究与发展构成一定的阻碍与限制。

二、传统史学的社会科学化倾向

19 世纪，在马克思主义产生以前，在史学理论上，黑格尔的历史哲学达到了顶峰；在史学实践上，兰克[②]史学作出了伟大的贡献，取得了那一时代史学的最高成就。兰克认为，历史学应该是一门采取叙述体方式的独特的科学，可以用科学的方法对史料去伪存真，“如实直书”，重现历史真相，“用全部拥有的科学和博学手段去再现历史的真实”。他的这种主张是在 19 世纪初自然科学取得巨大成就的背景下提出的，社会科学家和人文科学家也希望通过观察和实验获得对实物的不带个人偏见的科学认识。兰克的最大贡献是使历史真正变成一门科学，把史学从神学和历史哲学中彻底解放出来。在兰克学派中，涌现出大批硕果累累的著名史学家，使兰克模式整整支配了西方史学界近一个世纪之久，而兰克本人则被尊为近代史学之父。兰克的历史研究的主题是政治史，所涉及的时间范围是 16 世纪至 18 世纪，地区范围是西欧各国。但是兰克史学也带有明

---

① 衣俊卿：《历史与乌托邦——历史哲学：走出传统历史设计之误区》，黑龙江教育出版社 1995 年版，第 48 页。

② 兰克（1795 年 12 月 21 日—1886 年 5 月 23 日）：德国 19 世纪最重要的历史学家，也是西方近代史学的重要奠基者之一。兰克一生著述甚丰，成就辉煌，地位显赫。主要有：《拉丁和条顿民族史》、《塞尔维亚革命史》、《教皇史》、《宗教改革时期的德意志史》、《普鲁士史新编》、《十六、十七世纪英国史》、《华伦斯坦传》、《七年战争的由来》、《腓特烈大帝传》和晚年口授的七卷本《世界通史》。

显的缺陷,“顽冥不化地闭眼不看历史上社会和经济方面的利害关系”,是典型的政治史和外交史,而史料都只局限于政府官方文件和外交文件,这必然导致一种以精英人物和各种事件为中心的叙述性史学模式。

历史主义传统最早可追溯到维柯(G. Vico)(1668—1744),后经赫尔德(又译为:赫德尔)(J. G. Herder,1774—1803)、康德(I. Kant,1724—1804),最后到黑格尔终结。其中,康德和黑格尔关于历史的认识对后世影响最为深远。柯林武德曾对康德和黑格尔的伟大贡献作出过确切的概括总结,他认为,康德对历史学思想的伟大贡献“可以总结为四点:(ⅰ)普遍的历史是一种可行的思想,但却要求历史学思想和哲学思想的结合:事实必须加以叙述而同时又加以理解,要从内部而不是仅仅从外部来观看。(ⅱ)它预先假定有一个计划,也就是它展示为一场进步,或者说表明某种事物是在前进着不断地出现的。(ⅲ)那正在不断出现着的东西就是人类的合理性,也就是知识和道德的自由。(ⅳ)它之得以不断出现的手段就是人类的非理性,也就是激情、愚昧和自私”①。而对集大成者黑格尔的史学思想,柯林武德则概括如下:(1)拒绝通过自然来研究历史。他坚持认为自然和历史是不同的东西。(2)一切历史都是思想的历史。(3)成为历史过程的泉源的那种力量(用康德的语句来说)乃是理性……黑格尔使用它的意思是指,在历史中所发生的每一件事都是由于人的意志而发生的;而人的意志并不是什么别的,只不过是人的思想把它自己向外表现为行为而已。(4)既然一切历史都是思想的历史而且展现为理性的自我发展,所以历史过程在根本上便是一个逻辑过程。历史的转化就是逻辑的转化被置之于一个时间的标尺上。(5)他的历史并不是结束于未来而是结束于现在的这一学说。②

---

① (英)柯林武德:《历史的观念》,何兆武、张文杰译,商务印书馆2004年版,第159页。

② 参见(英)柯林武德:《历史的观念》,何兆武、张文杰译,商务印书馆2004年版,第173～180页。

由此可见，历史主义的一个最基本特征就是，笃信人类历史是一个有机发展的过程，它有着不可切断的历史连续性。因此，历史主义历史学的研究单位不是哪一个从历史中分割出来的时段或国家，而应是更具有机性和连续性的东西，历史主义所追寻的历史是一种普遍的理性和同一的线性时间观。所谓理性，就是科学方法和思维的运用。在历史研究中运用科学理性，主要指两个方面：一是发现和描述历史运动的规律；二是审慎地处理史料，检查其真伪，建立所谓“科学史学”。对此，伊格尔斯总结了19世纪科学历史学遵循三个基本前提：(1)接受真理符合论，认为史学是描绘确实存在过的人和确实发生过的事；(2)假设人的行为反映了行为者的意图，而史学家的任务就是理解这些意图以便重建一篇完整一贯的历史故事；(3)他们按照一种一维的、历时的时间观念在运作，事件前后相继。这三个前提：真实性、意图性、时间序列，决定了从希罗多德到兰克直至20世纪历史著作的结构。继19世纪叙事的、超事件定向的历史学之后，20世纪的历史学继续朝着社会科学定向化的方向发展：(1)真实而单一的主题，但从政治、经济到社会，到处都以因果论为绝对前提而加以阐释和证明，并由此批判以往历史研究的非科学性；(2)单线时间观，20世纪的史学普遍认为历史具有连续性和方向性，历史具有内在的一贯性和发展历程，历史总是沿着明确的方向不断进步，趋向合理；(3)社会动力学模式，以动力学的模式构思现代世界，以不断的经济增长、科学的公理化来调整现代社会。上述历史主义传统常常把错综复杂的历史现象用一种单一的、绝对的概念加以阐释，使得人类丰富多彩的历史与现实失去了自身的多样性和活力。然而，年鉴学派开辟了与以兰克为代表的传统史学和以黑格尔为代表的史学理论完全不同的路径。

第二节　年鉴学派史学的主要理论

历史学家的共同特点是关注历史现象“是什么”，而不注重历史背后的东西"为什么"。尤其法国历史学家,排斥哲学是其传统,"年鉴学派的史学家很少为探索历史规律操心。尽管他们也宣扬问题史学的概念,但自发的经验主义使他们更重视'怎么样'而不是'为什么'"①。"年鉴学派并未推出一种历史哲学,而且,为把相邻的社会科学学科拉到自己旗下,他还谴责任何教条主义。"②但这本身就不由自主地代表着一种哲学观念。

确实,年鉴学派反对政治和历史哲学,他们不以创造一套史学理论为目的。关于这一点,利科和伊格尔斯都有论述。伊格尔斯说:"年鉴派历史学家们坚持说,他们并不代表一个'学派'——虽说他们往往被认为是一个学派——倒不如说是代表着以对历史研究的新方法和新思路的开放性为其标志的一种精神。在很大程度上,他们说对了。这个圈子里的成员们的出版物,反映着大不相同的各种兴趣和思路。他们并没有总结出一套公然的历史理论或历史哲学;事实上,研究总是领先于理论反思的。然而,他们的历史学著作却反映了某些理论上的前提假设。"③而且,"年鉴派并没有追随兰克的片断的或是德罗伊森的有体系的那类教条论断,但也没有总结出一套历史理论或史学理论,即使是布洛赫的《为历史学辩护》一书也没有——此书是他1940年在前线倥偬之际所记的笔记。《年鉴》杂志的目的正如布洛赫和费弗尔在该刊第1期的'序言'中所说的,是要为多样性的方向和新的研究思路提供一个论坛"④。不仅如此,利科认为"新史学"甚至害怕"历史哲学",他说:"新史学与阿隆和马鲁的批判史学在这方面是一致的,而说到底,两者也应该是一致的……史学方法论

① (法)弗朗索瓦·多斯:《碎片化的历史学:从〈年鉴〉到"新史学"》,马胜利译,北京大学出版社2008年版,第83页。

② (法)弗朗索瓦·多斯:《碎片化的历史学:从〈年鉴〉到"新史学"》,马胜利译,北京大学出版社2008年版,第82页。

③ (美)伊格尔斯:《二十世纪的历史学》,何兆武译,山东大学出版社2006年版,第53页。

④ (美)伊格尔斯:《二十世纪的历史学》,何兆武译,山东大学出版社2006年版,第55页。

已越来越离开认识论范畴，越来越离开客观性和主观性、理解、意义和决定论、因果关系和覆盖律等问题。法国历史学家被认识论吓坏了，就像被任何类似于历史哲学的东西吓坏了一样，无论是分析历史哲学还是批判历史哲学。”①尽管如此，年鉴学派的史学实践还是有其理论前提的。年鉴学派的史学理论集中体现在布洛赫的未完成著作——《为历史学辩护》和布罗代尔的《历史与社会科学：长时段》一文中。年鉴学派的主要理论前提假设在第一代就已经提出。《为历史学辩护》是年鉴学派少有的史学理论方面的著作，年鉴学派的重要思想在这部书中大都有所体现。勒高夫认为年鉴学派有两个最突出的基本观点：一方面它拒绝“奉起源为偶像”，另一方面注重现在和过去的关系，即“通过过去理解现在”，然而也“通过现在理解过去”。

一、问题史思想，强调历史学与现实的联系

古为今用，由古至今，重视古今之间的联系，重视现实生活，带着问题去研究历史是年鉴学派的重要准则。多斯认为，“年鉴学派的论说与传统史学实行了决裂，并由此引发了一场史学革命。年鉴学派当时的一项重要创新在于：它完全摒弃了被动主义的史学观念，把过去与当前结合起来，创建了一门不仅把过去，而且把当代社会作为研究领域的历史学”②。

布洛赫针对兰克的超然“客观”史提出了史学的目的到底是什么的问题：“可敬的兰克有一句治史名言：‘如实直书’，史学家唯一的目的就是按照事情发生的本来面目记述历史。希罗多德也早就说过：‘如实记载’。换句话说，也就是指学者或史学家要以超然物外的态度对待史实，

---

① （法）保罗·利科：《法国史学对史学理论的贡献》，王建华译，上海社会科学院出版社1992年版，第57页。

② （法）弗朗索瓦·多斯：《碎片化的历史学：从〈年鉴〉到“新史学”》，马胜利译，北京大学出版社2008年版，第55页。

但是,如从被动意义来看,自然会产生两个问题:首先,什么是公正无私的历史? 其次,历史学的宗旨是再现历史还是分析历史?”[①]他明确指出:“人们有时说,历史是一门有关过去的科学,在我看来,这种说法很不妥当”[②],“脱离特定的时间,就难以理解任何历史现象。这一点在我们人类和其他事物进化的每一个阶段都不例外。正如古老的阿拉伯谚语所言:‘与其说人如其父,不如说人酷似其时代。’无视这东方的智慧,历史研究就会失真”[③]。“各时代的统一性是如此紧密,古今之间的关系是双向的。对现实的曲解必定源于对历史的无知;而对现实一无所知的人,要了解历史也必定是徒劳无功的。”[④]布洛赫认为,历史学家应当善于关注周围的现实,而不应当成为痴迷于过去的古董收藏家。一个文物收藏家,眼睛就会光盯住那些古老的东西,可是一个历史学家,应该热爱生活。他说:“若对活着的人一无所知,那么,我们用以描绘古代观念和已消亡的社会组织形式的名词,也就变得毫无意义了……我想,一位数学家的伟大,并不因为他对现实世界懵然不知而有所减色;但是,一个学者如若对周围的人、物或发生的事件漠不关心的话,那么……应该将他称为古董迷,他还明智一点,还是不要自称历史学家为好吧。”[⑤]

中性观察,崇拜博学、经验论、对偶然事件的决定论、方法上的个人主义,这就是年鉴学派立志要摧毁的一整套方法论。年鉴学派反对实证主义者从外部观察历史往事,反对像观察矿石一样的冷漠态度;他们强调今

---

① (法)马克·布洛赫:《为历史学辩护》,张和声、程郁译,中国人民大学出版社 2006 年版,第 116 页。

② (法)马克·布洛赫:《为历史学辩护》,张和声、程郁译,中国人民大学出版社 2006 年版,第 18 页。

③ (法)马克·布洛赫:《为历史学辩护》,张和声、程郁译,中国人民大学出版社 2006 年版,第 29 页。

④ (法)马克·布洛赫:《为历史学辩护》,张和声、程郁译,中国人民大学出版社 2006 年版,第 37 页。

⑤ (法)马克·布洛赫:《为历史学辩护》,张和声、程郁译,中国人民大学出版社 2006 年版,第 37 ~ 38 页。

昔之间的相互作用。[①] 正如布洛赫在《为历史学辩护》一书中所指出的那样:“只有一门科学,它既要研究已死的历史,又要研究活的现实,这门学科该如何命名呢?我在前面已论述了,为什么‘历史’这个古老的名词最为合适的。着手研究历史时任何人都是有目的的,开始时肯定有一种指导思想。纯粹消极的观察(假设有这种情况),绝不会对科学有所贡献。”[②]布罗代尔说:“解释历史必须联系今天,必须通过联系今天来证实对历史的解释……资本主义的规模当然今非昔比,作为基础的交换和生产手段也相应大大改观。但从大处着眼,我觉得资本主义的本质没有彻底的改变。”[③]

二、总体史思想

雅克·勒高夫指出,总体史学同政治史、事件史是格格不入的,“传统史学所注意的几乎只是个人、社会上的最高阶层人物及其精英(国王、政治家、大革命家等)和事件(战争、革命等),或由这些精英控制的制度(政治的、经济的、宗教的等等)。社会史则相反,它感兴趣的是与权力无缘的社会大众,是受制于这些权力的人。而且,这一研究方向并不是用来指导研究过去,它同样刺激着一些对现状进行研究的新学科,因为这些学科的诞生同样是出于对被统治的、被历代上层人物所忽视的、至今仍难以名之的群体性的现象感兴趣”[④]。

总体史思想是布洛赫(在年鉴学派中)最早提出的,他说:“富有特色

---

① (法)保罗·利科:《法国史学对史学理论的贡献》,王建华译,上海社会科学院出版社1992年版,第37页。

② (法)马克·布洛赫:《为历史学辩护》,张和声、程郁译,中国人民大学出版社2006年版,第56页。

③ (法)费尔南·布罗代尔:《资本主义论丛》,顾良、张慧君译,中央编译出版社1997年版,第116~117页。

④ (法)J.勒高夫等主编:《新史学》,姚蒙编译,上海译文出版社1989年版,第172~173页。

的欧洲封建制度并不仅仅是一些遗迹的拼凑，在历史发展的某一个阶段中，它产生于总体的社会状态。”①“唯有总体的历史，才是真历史，而只有通过众人的协作，才能接近真正的历史。”②

《为历史学辩护》译成汉语不足 9 万字，但布洛赫用大量篇幅批判了传统史学的主观性、片面性。这充分表现在对历史时代的划分上。时代的划分往往以统治者的更替、王朝的征服为界……在民族史中，国王的更替就成了历史分期的界线。“当历史上不再有国王时，人们就以政府为线索，好在政府也是会倒台的，于是革命就成了历史分期的标志。最近，有许多历史教科书根据国家的优势来划分近代历史，而这所谓‘优势’不过是昔日‘帝国’的改头换面而已，更无须指出，那种划分法实质上是指西班牙、法国、英国在外交和军事上的‘霸权’。反正，想怎么划分就能怎么划分。”早在 18 世纪，人们就对这种历史提出了异议。谈到年代分期的混乱，当时还有一种时髦的倾向，人们喜欢以世纪来标志时代，布洛赫认为这种倾向有弊无利，因为它缺乏合理的基础。“说什么‘18 世纪的哲学’，其实，这种哲学早在 1701 年之前就产生了。”“名称总代表一定的意思，乱贴商标必然引起商品混乱，这是最糟的事情。”他批评了各种把主观标准强加给历史的做法，“我们似乎是要把任意选择的、如钟摆一般千篇一律的节奏强加给历史，这种所谓的规律性与历史本身的发展是完全不相符的，也是行不通的。在这方面，史学界的确还做得很不够，我们必须设法加以改进”③。

在谈到 1929 年创办的《经济社会史年鉴》这一题目时，吕西安·费弗

① (法)马克·布洛赫:《为历史学辩护》，张和声、程郁译，中国人民大学出版社 2006 年版，第 28 页。

② (法)马克·布洛赫:《为历史学辩护》，张和声、程郁译，中国人民大学出版社 2006 年版，第 40 页。

③ (法)马克·布洛赫:《为历史学辩护》，张和声、程郁译，中国人民大学出版社 2006 年版，第 150 ~ 155 页。

尔指出“经济”、“社会”这两个修饰词,尤其是“社会”一词,是由于马克·布洛赫和他考虑到它能包括历史的整体而被选中的。他说:“我们完全知道,在目前,‘社会’作为一个形容词,由于含义过多而最终会变得几乎毫无意义……确切地说,正因为该词含义‘模糊’,我们才同意让这一根据历史的旨意而创造出来的词来命名一本不想受任何框框约束的杂志……经济和社会史其实是不存在的,只有作为整体而存在的历史。就其定义而言,历史就是整个社会的历史。”①

雅克·勒高夫也主张总体史思想:“任何形式的新史学都试图研究总体历史”,“新史学所表现的是整体的、总体的历史,它所要求的是史学全部领域的更新”,“在这些书中所研究和显示的是一个社会的总体性。在这一方面,历史人类学的杰作:埃马纽埃尔·勒鲁瓦·拉迪里的《1294—1324 年间奥克语地区的蒙塔尤村》一书便明确表示了新史学的总体研究愿望;也许历史人类学作为扩大了范围的史学的代名词,能更好表达这一愿望”。②

可见,年鉴学派拒绝表层化的和简单化的历史学,认为传统历史学停留在事件的表面并将一切都归诸一个因素,而主张一种深刻的、总体性的史学。它首先要打破的是那种贫乏的、一成不变的、披着迷惑人的假史学外衣的历史学。

总体史思想改变了有关历史学的基本观念。传统史学注意的是社会政治、国家政权等的发展演变,即把历史理解为政治史。但年鉴学派在研究历史时并不完全否认政治史的地位,比如布洛赫对封建社会的考察,就揭示了政治对历史起着一种根本性的作用,但这只是因为需要才这样做。在年鉴学派其他的史学著作中,则不是以政治为中心了,即使是布洛赫的研究也是与传统史学不同的,他是从人类学切入封建社会的,“把它当做

---

① (法)J. 勒高夫等主编:《新史学》,姚蒙编译,上海译文出版社 1989 年版,第 5 ~ 6 页。

② (法)J. 勒高夫等主编:《新史学》,姚蒙编译,上海译文出版社 1989 年版,第 5 页。

是一个各种人际关系的复合体”。也就是说,年鉴学派的历史著作“没有一部是有着一种中心的体制可以作为历史叙述的一条线索的,让人们的行动在其中起着一种决定性的作用”。他们强调的是“结构”①,这个结构是由多种因素综合构成的,只有这个综合构成的结构才是影响历史发展的真正根源。这样年鉴学派就大大地拓展了历史研究的范围,打破了传统史学将自己局限于社会政治史的做法。

三、跨学科研究

为满足总体史的要求,迎接社会科学各学科的挑战,年鉴学派主张与其他学科对话,进行跨学科研究。布洛赫认为,“无论我们如何努力使学者多才多艺,他们仍然会很快发现自己能力的局限性。看来,只有以合作的方法取代个人掌握多种技能的做法,舍此别无他途。可以由各种专家共同研究某个专题。合作精神是先决条件,还需要对一些主要问题取得共识,并事先作出界定。要达到这些目的还有很长一段距离,然而,从长远的观点看,这最终会成为未来历史学的主流”②。布罗代尔也持相同意见,认为我们历史学家其实应该与人文科学的每个部门进行一系列对话。首先与地理学对话。文明的大厦绝不是偶然的产物;它虽然包含一种挑战,但这是一种反复的、长时段的挑战。历史学还必须与人口学进行对话。文明是数字的女儿。还需要与社会学、经济学和统计学进行对话。布罗代尔说:“汤因比很少研究人口,他怎么可能研究好历史?”③然而,“一件奇怪的事是:当史学家试图研究共时性时,其他人文科学却常常离开这一共时性的研究,力求在历史发展的长时段中建立其研究基础。也

① (美)伊格尔斯:《二十世纪的历史学》,何兆武译,山东大学出版社2006年版,第57页。

② (法)马克·布洛赫:《为历史学辩护》,张和声、程郁译,中国人民大学出版社2006年版,第59页。

③ (法)费尔南·布罗代尔:《资本主义论丛》,顾良、张慧君译,中央编译出版社1997年版,第157~158页。

正因为如此，史学与其他人文科学之间的阻隔最终开始逐步缩小了；在正式宣称跨学科研究（但又从未真正实现过）的50年后，这一目标在最近才真正有所实现”①。

年鉴学派所倡导的历史研究可以归纳为以下几个特点：一是提倡总体历史学，力图把研究的触角伸入人类微观历史的每一个细节；二是提倡对历史学进行跨学科综合研究，广泛应用历史学方法以外的社会学方法、心理学方法、计量方法和比较方法，并注意开拓史料的来源；三是对经济史、社会史和心态史给予足够的重视，其中经济史研究在一定程度上受到了马克思主义的启发；四是用问题史学代替传统纯客观的叙述史学，强调历史学与现实的联系。所谓问题史学不是让史料自己说话，而是史学家带着现实中提出的问题进行研究，在语言表达形式上也由描述转向解释和分析。

第三节 长时段理论

布罗代尔的“长时段”理论是年鉴学派第二代思想家的主要贡献，也是年鉴学派史学理论最突出的贡献。长时段理论主要包括三方面内容：第一，因历史的不同层次，历史时间也不是一元的，而是划分不同层次的；第二，历史是划分层次的，有长时段、中时段、短时段；第三，只有长时段的历史才是历史的深层次，决定历史的走向。

长时段的代表作除布罗代尔本人的《菲利普二世时代的地中海和地中海世界》和《15至18世纪的物质文明、经济和资本主义》，还有马克·布洛赫的《法国乡村史的基本特性》和欧内斯特·拉布鲁斯的《18世纪工资和价格运动概论》、皮埃尔·古贝尔的《博韦人》和E.巴拉蒂埃的《普

① （法）J.勒高夫等主编：《新史学》，姚蒙编译，上海译文出版社1989年版，第180页。

罗旺斯》和勒·华·拉杜里的《朗格多克农民》。当时,研究长时段的范本杰作也就这些了。

一、时间观念的历史演变及布罗代尔的贡献

时间,在历史领域里,从某种意义上说对历史具有本体论的意义,有什么样的时间观就有什么样的历史观。所以,研究历史绕不开时间,“时间紧贴在他们的思想上,犹如园丁的小锄总是沾土一样”。年鉴学派对传统史学的革命也充分体现在对时间的重新认识和把握上。布罗代尔认为,历史的时间是划分为不同的层次和时段的。

在西方历史上,时间的观念经历了一个演变的过程。在古希腊主要是英雄史和战争史,它记录了古希腊时期的重大事实,保存了人类的丰功伟业,但古希腊的历史是无时间的历史,是历史循环论,它视野狭窄、方法原始。“古代希腊人只有较短的记忆,对古代和传统没有敬重。”中世纪神学史观的弊端是显而易见的,但对历史学的发展却作出了革命性的贡献,最重要的是打破了“循环论”的历史观,这种历史观认为,从基督诞生到末日审判,历史是由黑暗到光明的一场进步,中世纪的神学史观确立了目的论史观和线性时间观。

文艺复兴和启蒙运动,开辟了理性主义时代,历史哲学家们用各种抽象的时段(时代)概念来描述人类的历史进程。如维柯将各民族的历史进程划分为神的时代——英雄时代——平民时代;赫尔德把历史划分为诗的时代———散文时代———哲学时代;黑格尔也按“自由意识”的进展将人类历史进程划分为四个时代:“只有一个人是自由”的时代(古代东方世界)——“一部分人是自由”的时代(古希腊、罗马)——“人人皆自由的”时代(日耳曼精神)。历史哲学的贡献不言而喻,但如同在历史之外寻找动因的痼疾一样,他们的时间观在很大程度上也是为了满足其体系需要,随心所欲地划分历史阶段,甚至为证实自己的理论不惜以粗暴

的方式阉割、剪裁史实，也带来了消极的影响，以致后人称之为“反历史的18世纪”。19世纪被称为“历史学的世纪”，科技理性时代的鲜明特征是：普遍的理性，同一的线性时间观。对此，伊格尔斯指出，“历史主义”在很大程度上继承了西方史学的传统，其重要表现是他们都相信一种持续发展的时间观念。历史事件之间有相互继承、相互因果的关系。简言之，历史的演变有其内在的逻辑和意义。

布罗代尔于1958年发表了《历史与社会科学：长时段》一文，他提出了历史长时段的思想。在这里布罗代尔打破了线性时间观，提出了完全不同于传统的新时间观念。

第一，时间是客观的、一维的，历史离不开时间。历史学家实际上从不走出历史时间的范围，时间紧贴在他们的思想上。虽然时间本身毫无意义，客观地讲，它仅是我们的一个观念而已。但是，“对历史学家来说，一切以时间为开始，一切以时间为结束，这是一种数学的和造物主的时间，是推动人、强迫人和外在于人的时间，或用经济学家的说法，是‘外原的’时间，它把各人特有的、色彩不同的时间夺走：一句话，是不可抗拒的世界时间”①。所以，研究历史，首要的任务是确立正确的时间观念。在布罗代尔看来，“时间的潮流是不可逆转的，因为它随地球公转的节奏向前奔跑。我们区分的各种时限其实在相互间有着休戚与共的联系：精神的创造主要并不归功于时限，而应归功于时限的片断。这些片断在我们工作的终点殊途同归。长时段、态势、事件也毫无困难地随之而来，因为所有这些时间都用同一个尺度来衡量。思考其中的一种时间，也就是思考所有这些时间。重视主观方面并深入时间范畴内部的哲学家从不意识

① (法)费尔南·布罗代尔：《资本主义论丛》，顾良、张慧君译，中央编译出版社1997年版，第198～199页。

到历史时间的分量,而历史时间却是具体的、普遍存在的时间”①。

第二,在社会学家和历史学家眼中,“时间”观念是不同的。布罗代尔对以往社会学家关于时间的看法和态度大为不解,他说,作为历史学家,我对社会学家居然能超脱时间一事深感惊讶。问题在于,他们的时间不等于我们的时间:社会学家的时间远不是那么专横,几乎从未成为他们的问题和思考的中心。因此,他指出,“社会学家所反对的最后不是历史,而是历史的时间;即使人们力图以多种形式去改造历史时间,这个实在仍然是专横的。历史学永远摆脱不了历史时间的束缚,而社会学家却几乎总是脱离时间的约束:在他们眼里,始终现实的瞬时现象似乎高悬在时间之上,而多次反复的现象则没有任何时间标志;也就是说,社会学家在思想趋向极端,或者局限于严格的瞬时,或者满足于最长的时限。这种认识难道是合理的吗?历史学家和社会学家之间以及不同见解的历史学家之间争论的真正焦点就在这里”②。

第三,历史时间具有层次性。在《历史与社会科学:长时段》一文中,布罗代尔深入探讨了历史时间的层次性在历史乃至整个社会科学研究中的重要意义。布罗代尔认为,历史就是一个时间的概念。时间是历史学家观察社会的尺度,它不仅决定了过去的性质,而且构成了现实生活中的结构。“长时段”与传统史学对时间思考的关键不同之处,在于认识到时间也应该是有层次的,因为作为历史学研究对象的人类社会的历史发展过程,本身就包含着不同的层次和结构,而且它们的运动也具有内在的纵深性、层次性和阶梯性的特点,所以这些不同的历史层次结构以及节奏运动,要用不同的历史时间观加以衡量。他说:“历史是人类生活中形形色

---

① (法)费尔南·布罗代尔:《资本主义论丛》,顾良、张慧君译,中央编译出版社 1997 年版,第 198 页。

② (法)费尔南·布罗代尔:《资本主义论丛》,顾良、张慧君译,中央编译出版社 1997 年版,第 201 页。

色和矛盾的时间体现，它不仅是过去的实在，而且是当今社会生活的组成部分……无论是研究过去或现在，都必须清醒地意识到社会时间的这种多元性，这是人文科学共同的方法论。”[①]在《地中海》一书中布罗代尔明确指出：现实中“不止有两种或者三种对时间的计量，而是有几千种对时间的计量，它们之中的每一种又牵连、包含某种特殊的历史。只有被人类的科学汇集在一起的这些对时间的计量的总和，才能构成人们很难恢复其整个丰富图像的总体历史”[②]。因此，布罗代尔曾形象地指出：“在我的意愿中，历史应该是能够用多种声部唱出的、听得见的歌曲。但是，它有这样一个明显的缺点：它的各个声部常常互相遮掩覆盖。在所有这些声部中，又没有一种能够永远使自己作为独唱被人承认和接受，并把伴奏拒之千里之外”，那么怎样才能把握纷繁复杂和无限多样的历史时间所反映的这种共存、互扰、矛盾而又重叠的深广而又丰富的内容呢？布罗代尔认为，应当把历史时间划分为不同的层次，以便“在同一个时间内像通过一个透明层那样看见被现实重叠起来的各种不同的历史”。“通过近年来的摸索，历史学得出了一个越来越明确的概念，时间的多种形态和长时段的特殊价值。历史的长时段概念恐怕会比历史本身——五花八门的历史——使邻近的社会科学更感兴趣。”[③]所以，“有了历史层次，历史学家才能相应地重新思考历史总体。从这个一半处于静止状态的深层出发，由历史时间裂化产生的成千上万个层次也就容易被理解了；一切都以半静止的深层为转移”[④]。

---

① （法）费尔南·布罗代尔：《资本主义论丛》，顾良、张慧君译，中央编译出版社 1997 年版，第 175 页。

② （法）费尔南·布罗代尔：《菲利普二世时代的地中海和地中海世界》第 2 卷，商务印书馆 1996 年版，第 976 页。

③ （法）费尔南·布罗代尔：《资本主义论丛》，顾良、张慧君译，中央编译出版社 1997 年版，第 175 页。

④ （法）费尔南·布罗代尔：《资本主义论丛》，顾良、张慧君译，中央编译出版社 1997 年版，第 183 页。

具体地,布罗代尔认为历史之所以不同于其他的社会科学学科,关键在时间概念上,针对三层不同的历史,布罗代尔把历史事件分为三种不同的时间与之对应:长时段——中时段——短时段。就像电波分为长波、中波和短波一样。短时段主要指历史上的突发事件,例如政治革命、战争、自然灾难等等内容,相当于传统的政治编年史,它们只是深海掀起的“浪花”或历史的“尘埃”而已,只是历史的瞬间,对历史几乎不起作用。中时段指在一定时间之内发生的相对稳定的经济结构和社会结构,有“周期性波动”的特点,比如人口增减、生产的消长等等,是指对历史发展产生了一定影响的现象。布罗代尔认为中时段的历史也许时长20年,也许50年,甚至上百年。所谓长时段,属历史时间的最深层,是以世纪为基本计量单位的、长期不变或变化极慢的、表面甚至几乎不动的历史。比如自然环境、地域条件、文化传统等等。《地中海》和《15至18世纪的物质文明、经济和资本主义》的三分结构,体现了这种历史时间观。布罗代尔认为过去的历史研究都注重在短时段的事件上,把每一个事件都当做历史连续性链条上的一环,当做严格因果链上的一个原因或结果,其实这许多事件只是历史上的一种偶然,对整个历史进程所起的作用并不大。只有研究这种长时段的历史现象,才能进入历史的深层,并进而把握历史的总体。这种长时段的思想虽然是布罗代尔提出来的,但费弗尔和布洛赫在历史研究中已经开始关注,而布罗代尔以后的年鉴学派史学家们也都遵循这一理路进行他们的研究。

勒高夫对历史时间的“多元化”作了进一步解释:“时间的互相重叠是我们所提到历史时间‘错综复杂’的另一个方面。只要看一下菲利普·阿里埃斯的《死亡史》就够了:如同我们所说屋顶上的瓦片排列一样,在这同一领域中,就存在着一些部分重叠在一起的不同时段。什么是各种历史的特有时间:这并不是指神话或人类行为基本因素的准永恒性,而是指一种好像被确定为是无意识的社会史的、‘普通的’长时段,这种无意识，就是马克思所说的‘人类创造历史，但并不知道自己在创造历史’。对布罗代尔来说，这种未被意识到的历史恰恰就发生在长时段中，就暗藏在那些显而易见的表面事件的后面，并且可以用一连串的结构组织起来，在这些结构中一个系统的一系列补充成分相互呼应。属于这种情况的首先是社会经验史。”①

总之，年鉴学派“引入了一种有关历史时间的新概念”。我们从年鉴学派的历史著作中，包括费弗尔的《16 世纪无宗教信仰问题：拉伯雷的宗教》，布洛赫的《封建社会》，布罗代尔关于地中海文明的研究和拉杜里的《蒙塔尤》等，“所关注的都是脱离于历史潮流之外在观看一种文化或一个时代”，他们都放弃了那种单向的、不可逆的、直线式的时间观念，而展现出一种“时间共同存在的多元性”。他们认为，不仅不同的文明之间表现出这一点，即使是同一文明内部也表现着这一点。比如布罗代尔在研究地中海文明时，就提出了在地理空间上几乎静止的时间，社会经济结构发展的缓慢时间以及政治事件的急促时间等概念。② 正是在这一基础上，布罗代尔提出了“长时段”这一概念，用于说明在不同的文明中大多有某种长时期保持不变的、相对稳定的某种综合结构作用和影响着这种文明的历史。

二、长时段理论的主要内容

（一）长时段——结构

长时段由一系列结构组成。布罗代尔说：“第二把钥匙更加有用，这就是‘结构’一词。该词在长时段问题中居首位。‘结构’是指社会现实和群众之间形成的一种有机的、严密的和相当稳定的关系。对我们历史

① （法）J. 勒高夫等主编：《新史学》，姚蒙编译，上海译文出版社 1989 年版，第151 页。

② 参见（美）伊格尔斯：《二十世纪的历史学》，何兆武译，山东大学出版社 2006 年版，第 57 ~ 58 页。

学家说来，结构无疑是建筑和构架，但更是十分耐久的实在。有些结构因长期存在而成为世代相传、连绵不绝的恒在因素：它们左右着历史长河的流速，另有一些结构较快地分化瓦解。但所有的结构全都具有促进和阻碍社会发展的作用。这些阻力表现为人及其经验几乎不可超越的限制（数学术语中的极限），可以设想，要打破某些地理格局、生物现实、生产率限度和思想局限（精神框架也受长时段限制），这是何等困难的事。”[①]按照布罗代尔的理解，“结构”由两部分内容组成：第一是指生态环境，如山川、原野、海岸、岛屿、气候以及自然与人的关系等。他说：“最易接受的例子似乎是地理限制。在几百年内，人们困守一定的气候、植物、动物和文化，以及某种缓慢形成的平衡，脱离开这种平衡，一切都会成为问题。例如在山区，山民有按季节易地放牧的习惯；在沿海地带，海上活动总是集中在某些条件比较优越的地点。城市的建立，道路和贸易的通畅，文明地域的范围，都是惊人地持久和固定。”[②]第二是指人文环境，社会组织、文化传统、心态环境、宗教信仰、日常生活的深层结构等。他指出，“广阔无垠的文化领域也具有相同的稳定性或残存性……在伽利略、笛卡儿和牛顿出现前，亚里士多德体系保持主导地位，几乎没有人提出过异议。它的地位被一个具有几何结构的体系所取代；这后一体系面对爱因斯坦的革命，也终于垮台，但那是很久以后的事了”，“在这个长达四五个世纪的长时段中，尽管发生了种种显而易见的变化，经济生活却保持一定程度的连续性。这四五个世纪具有共同的和不变的特点；围绕这些特点，在其他连续性中间，又有成千上万次断裂和动乱刷新了世界的面目”。[③] 布罗代

① （法）费尔南·布罗代尔：《资本主义论丛》，顾良、张慧君译，中央编译出版社 1997 年版，第 180 页。

② （法）费尔南·布罗代尔：《资本主义论丛》，顾良、张慧君译，中央编译出版社 1997 年版，第 180 页。

③ （法）费尔南·布罗代尔：《资本主义论丛》，顾良、张慧君译，中央编译出版社 1997 年版，第 181～182 页。

尔与沃勒斯坦的一段对话对“结构”还作了补充说明，认为“结构”一词，无论是上层建筑或下层基础，都是长时段的社会、经济或文化现实的反映。例如，宗教就是一种长时段现象。但他不同意马克思的见解，认为他的上层建筑不是马克思所说的上层建筑。并且他的结构同列维－斯特劳斯及法国社会学和哲学中的结构主义毫无关系。①

可见，这种长时段的“结构”具有超稳定性，是一种“积淀”、传承，像历史基因一样难以改变，比如前面提到的生活习惯、文化传统、宗教信仰等。布罗代尔的《15至18世纪物质文明、经济和资本主义》第一卷标题就是《日常生活的结构，可能与不可能》，作者透过传统史学的宏观经济政治等社会运行机制，详细描述了最基本、最普通的人们衣食住行的日常生活结构，从微观层面再现了15至18世纪环地中海国家的全貌。此间历史几经沧桑巨变，但构成历史基底的日常生活几乎没有任何改变。结构的这一超稳定性特点决定了它对历史发展所起的作用是双重的：促进或阻碍。

克里齐斯托夫·波米安在《结构史学》一文中还对“结构”这一概念进行了论述：“所谓结构，社会观察家们认为是现实和社会大众之间存在的一种组织、一种紧密联系及一系列相当固定的关系。而我们史学家则认为，一个结构也许是一种组合、一个建筑体，但更是一种现实，时间对这种现实的磨损很小，对它的推动也非常缓慢。某些长期生存的结构成为世代相传的稳定因素：这些结构在历史中到处可见，它们阻碍着历史因而也支配着历史的进程。其他一些结构则很快分化瓦解了。但所有的结构都既是历史的支撑物又是历史的障碍物，说它们是障碍物，是因为它们表

① （法）费尔南·布罗代尔：《资本主义论丛》，顾良、张慧君译，中央编译出版社1997年版，第60页。

现为一系列的限制,人类和人类的经验很少能超越这些限制。”①

“所谓结构,或更应当说是各种结构——因为在史学家的语言中结构是各种各样的——就是一系列地理的、生态的、技术的、经济的、社会的、政治的、文化的、心理学的现象,这些现象在一个长时期中呈稳定状态,它们的演进也只是以一种难以察觉的方式来进行的。所谓局势,就是在结构框架内所表现出来的各种不同幅度的变动。换句话说,结构的定义是模糊的,它是由一系列障碍、限制、局限构成的整体,这个整体不允许其内部的可变因素超出一定的范围;而这可变因素的变动则构成了局势。结构的变化在于革新,促使旧有限制的崩溃,这种变化具有质变和打破连续性的性质。结构的时间非常缓慢、近乎不动,至少人们可以这样说:各种结构的内部几乎都是稳定的。但是当我们对先后相继的结构作一比较时,我们可以见到正是在结构的这一层次上才有着不可逆转的转变:即一系列使一种结构类型转为另一种结构类型的变动。”②

“这一结构不仅规定了个人活动和群体活动的重复特性,而且还在宏观层次上引入重复性的同时,规定了人口增长和农业产量上升的界限,即经济、人口局势的变动范围。”③

“结构史将一个社会的日常生活分解成一个一系列结构的整体;虽然每一个结构都按其特定的节奏演进着,但其整体在长时段中有着稳定性。”④事件从其定义本身来看就表明是非同一般的,因而在日常行为的背景中就显得十分突出。所以有人曾经这样说道,幸福的时代是没有历史的:什么也没有发生,人们的视线从重复性的平淡现象前滑过,而从不

---

① 参见(法)J. 勒高夫等主编:《新史学》,姚蒙编译,上海译文出版社 1989 年版,第 262 ~ 263 页。

② (法)J. 勒高夫等主编:《新史学》,姚蒙编译,上海译文出版社 1989 年版,第 280 ~ 281 页。

③ (法)J. 勒高夫等主编:《新史学》,姚蒙编译,上海译文出版社 1989 年版,第 265 页。

④ (法)J. 勒高夫等主编:《新史学》,姚蒙编译,上海译文出版社 1989 年版,第 268 页。

去记录它们的存在，也没有什么特别的东西能够引起人们的注意。传统的史学在不知不觉中成了一种精英主义史学，甚至在一些试图研究"人民大众"的人中也是如此。与此相反，结构史是一种民众的历史。它所研究的是民众而不是大众，因为它丝毫不排除那些在权力、知识和财富等级中占优先地位的人，而只是把他们置于正确合理的位置上。精英主义的历史学是一种封闭在短时段中的历史学。

相反，布罗代尔认为，历史的中时段——社会时间，尤其是短时段对历史的进程不起根本作用。他说，我愿意把"事件"一词列入短时段的范围：事件是爆炸，或如16世纪的说法，是"惊人的新闻"。爆炸掀起的烟雾充满了当时人们的头脑，但爆炸本身却很短促，火光一闪即逝。事件是短促的时间，是个人接触的日常生活和经历的迷惘和醒悟，是报刊记者报道的新闻。"政治史并不注定就是事件史。事实上，近百年来的史学，除人为的断代史和个别的长时段解释外，几乎都是以'重大事件'为中心的政治史，历史研究的内容和对象都是短时间。"①事件仅仅被他看做"水面的浪花"、"沙尘的旋风"、"荧光闪烁的烟花"、"表面的装饰"②等等。

（二）突出长时段的特殊价值

布罗代尔指出："在我们看来，长时段是社会科学整个时间长河中共同从事观察和思考的最有用的河道。但愿我们的邻居们在思考社会现象时能把他们的观察和研究纳入这条轨道。"③他认为，"马克思的天才，马克思的影响经久不衰的秘密正是他首先从长时段出发，制造了真正的社

---

① （法）费尔南·布罗代尔：《资本主义论丛》，顾良、张慧君译，中央编译出版社1997年版，第177页。

② （法）弗朗索瓦·多斯：《碎片化的历史学：从〈年鉴〉到"新史学"》，马胜利译，北京大学出版社2008年版，第105页。

③ （法）费尔南·布罗代尔：《资本主义论丛》，顾良、张慧君译，中央编译出版社1997年版，第202页。

会模式”①。他在《地中海》的“结语”中进一步指出:“在我看来,在历史的分析解释中,最后终于取得胜利的总是长节拍。这样说所产生的一切后果统统由我来承担”,“论气质,我是个‘结构主义’者……历史学家的结构主义是最具体的、最日常的、最坚不可摧的、最不具名和最人道的事物”。

按照布罗代尔的看法,与外部世界的“停滞不前”相比,人类社会的变化对整个历史的影响可以说是微不足道的。他所说的人类社会的变化,主要指的就是社会政治革命、战争和各种自然灾难,在传统史学中尤其被人关注的是社会政治变革。而外部世界则主要指自然环境和人文环境,一种气候、一种地理环境和某种民族文化氛围,是经久不变的。对于年鉴学派来说,所谓外部世界对人类社会的影响和牵制是深刻的、不可抗拒的,同时又是缓慢的、潜移默化的。布罗代尔笔下的地中海世界好几百年间并没有明显的变动,特别是在物质、文化方面,比如建筑、室内装潢、服饰和食物,还有宗教等文化现象……而在政治方面,菲利浦二世的帝国则经历了由盛及衰的过程。但政权的兴衰对人类历史的影响却是极小的和微乎其微的。

长时段理论的意义远非如此,更重要的“这不是简单地扩大研究和兴趣的范围,也不仅仅是对史学研究有利的一种选择,对历史学家来说,接受长时段意味着改变作风、立场和思想方法,用新观点去认识社会”②。也就意味着史学范式的转换,意味着历史观和方法论的改变。布罗代尔说:“吕西安·费弗尔在其生活的最后十年中反复说过:‘历史既是过去的科学,又是现时的科学。’这也是我的结论。作为时段的辩证法,历史不

---

① (法)费尔南·布罗代尔:《资本主义论丛》,顾良、张慧君译,中央编译出版社 1997 年版,第 202 页。

② (法)费尔南·布罗代尔:《菲利普二世时代的地中海和地中海世界》第 2 卷,吴模信译,商务印书馆 1996 年版,第 985 页。

正是对整个社会现实的解释吗？从这个意义上讲，历史的教训提醒我们要防止单纯重视事件的偏向。我们不能只思考短时间，不能以为会吵会嚷的演员才是真正的演员，除他们以外，还有其他的演员，只是保持沉默而已。难道有谁还不明白这个道理？”①

利科对经典年鉴学派进行了总结：“年鉴学派反对历史学家屈从于文献”，“年鉴学派反对那种认为历史决定论可以用编年顺序把个别偶然事件连结起来的观念”，“他们真正要驳斥的是历史学家最终应当研究个人的观念。对他们来说，历史学家的研究对象是整个社会实在，并且涉及人类生活的各个范畴，如经济、社会、政治、宗教等等”，“年鉴学派一方面抛弃了具有编年意义的事件，另一方面反对把个人当作历史分析的最后单位”，“批判‘事件史’和‘战争史’，构成了呼吁研究人类总体史的前哨战，而这种总体史非常强调经济条件和社会状况”，群体、范畴、阶级、城乡、资产阶级、艺人乃至农民和工人，都成了历史舞台上的“集体英雄”。② 布罗代尔认为，“以个人作为研究对象的历史，即‘事件史’，是最肤浅的历史。这种历史的特点是短暂的、迅速的、起伏不定的波动，而这些波动虽然在人类生活中普遍存在，但对历史研究来说却是最不可靠的”，“在这种以个人时间为单位的历史背后，一种‘时间跨度较大’、‘节奏较慢的历史’在展开。这就是社会史，即群体历史，一种关于社会重大发展趋势的历史。经济学家的趋势和周期概念启发了历史学家，使他们学到了长时段概念”，“对这种历史而言，我们所采用的时间概念必须是‘地理时间’”，“必须超越个人和事件，这个思想一直是年鉴学派的长处”。③ 同时利科

---

① （法）费尔南·布罗代尔：《资本主义论丛》，顾良、张慧君译，中央编译出版社 1997 年版，第 188 页。

② （法）保罗·利科：《法国史学对史学理论的贡献》，王建华译，上海社会科学院出版社 1992 年版，第 37 ~ 39 页。

③ （法）保罗·利科：《法国史学对史学理论的贡献》，王建华译，上海社会科学院出版社 1992 年版，第 39 ~ 40 页。

也批评了布罗代尔把“转瞬即逝与缓慢逝世之间”尖锐对立起来轻视事件的做法，认为“作者把这一点扩大到了荒谬绝伦的地步”，“事件虽被赶出了大门，却又飞进了窗户！”“再长的时段也不应该掩盖时间的存在。因此，强调长时段不应当变成否定时间，相反，应当被理解为是在呼唤社会时间的多元性”。①

勒高夫对长时段理论给予了较高评价：“新史学的先驱们较有成效的观点无疑是长时段。历史的发展时快时慢，但推动历史发展的内在力量却只有在长时段中才能起作用并被把握。经济和社会体系的变化只能是缓慢的。马克思懂得这个道理，他通过生产方式的概念，通过从奴隶制向封建制再向资本主义过渡的理论，把一些历时几百年的经济和社会体系看作是历史的基本形态。我们可从另外一方面来表达这一点，就是将习俗、心态当作历史的衡量标准，将技术、能源形式（先后以人力、畜力和机械力为主）以及对社会的基本现象和问题所持态度（如回答这些问题：对劳动的鄙视观念何时转变到认为劳动是进步的观念的？认为死亡是只能完全消极地接受的观念又是何时转变为认为人们可以部分地控制死亡这一观念的？）看作历史分期的依据。”

“短时段的历史无法把握和解释历史的稳定现象及其变化。以王朝和政府更替为准的政治史把握不了历史生活的内在奥秘：人体身高的增长是同食物革命、医疗革命相联系的；空间关系的变化来自于运输的革命；知识革命是由新的传播媒介手段——如印刷、电报、电话、报刊、广播、电视——的出现而引起的；凡此种种都不取决于今天还在报上占‘头版头条’新闻地位的政治事件或政局变化。”

“因此，应当研究那些变动缓慢的现象，研究几十年来人们称之为‘结构’的东西，但同时也要抵制新史学的某种倾向：今天一些最杰出的

---

① （法）保罗·利科：《法国史学对史学理论的贡献》，王建华译，上海社会科学院出版社1992年版，第41～42页。

史学家深感长期延续的历史现象的重要性，为了使人们更好理解实际情况，有意夸大其词，结果使用了一些带有危险性的词——'近乎不动的历史'（费尔南·布罗代尔语）、'不动的历史'（埃马纽埃尔·勒鲁瓦·拉迪里语）。不，事实并非如此，历史是变动着的。新史学应当做的恰恰相反，是要更好地使人们把握这种变动。"①

三、长时段理论述评

布罗代尔的长时段理论冲击了传统史学狭隘的政治史观，进一步体现了年鉴学派总体历史学的思想。它不仅从内容上扩大了历史研究的对象，广泛涉及地理、生态、经济、社会、政治、文化、科技在内的各方面，而且从地域上延伸了历史研究的范围，把历史学的视野投向整个地中海和全世界。因此，他的《地中海》和《15 至 18 世纪的物质文明、经济和资本主义》两部著作，成为现代西方新史学的典范。布罗代尔还发展和完善了费弗尔首创的地理历史学，强调地理因素对人类活动的极大限制作用，并把生态环境作为人类社会的一个系统引入历史研究领域，但他同时又反对地理环境决定论，认为人类生存发展的过程就是摆脱自然控制的过程，这一阐述无疑具有一定合理性。布罗代尔思想中最有价值之处是他十分重视历史研究中的时间因素，并对历史上的时间作了多元化的理解，这意味着一个新的历史时间观的产生。从这种历史事件的多元性出发，布罗代尔又对整个历史进程作了多层次的解释。然而，正是这种时间的多元性和历史解释的多层次性，构成了现代西方史学发展的一个主要趋势。布罗代尔强调历史上的深层结构对整个历史进程的长期影响，这一点与马克思的历史唯物主义之间具有某种相似之处。正因为如此，布罗代尔的著作也得到了马克思主义史学家的高度评价。

---

① （法）J. 勒高夫等主编：《新史学》，姚蒙编译，上海译文出版社 1989 年版，第 27 ~ 28 页。

长时段理论的基本意义就在于:在生活中真正起作用的方方面面,在多少世代之中并没有什么变化。当然,布罗代尔并不否认情趣、观念和态度的冲击作用,因此他对衣食住的兴趣,并不仅仅因为它们是物质生存的要素,也因为它们是表现于建筑、室内装饰、时装和烹饪的物质文化的要素。布罗代尔为20世纪60年代和70年代的计量史学铺平了道路,而他本人却并未成为一位计量史学家。在他与经济史学家厄恩斯特·拉布鲁斯(Ernest Labrousse)合写的《法国经济史》中,他感兴趣的是决定着几十年和几百年经济活动的那些巨大的、反复出现的周期。①

多斯对布罗代尔给予了足够的尊重,同时也对他的长时段理论提出批评。多斯认为,布罗代尔的观念颇具描述性,并遵从传统的历史写作方式。然而,他的功绩在于把结构概念抢到手并赋予它一种时间维度:"历史结构是可识别或可用某种方式测量的,结构持续的时间就是尺度。"布罗代尔把空间作为解释各种文明表现的因素,他认为,从根本上讲,文明就是被人类和历史所加工的一块空间。在这里,地理历史学成了重新揭示和解读人类现实的出发点。于是,时间性逐渐被空间性所取代,并最终归于消失。在这种顺化过程中,历史学必然会把自己固化在土地上。空间成了文明的参照;文明甚至被归结为空间:"何为文明? 文明就是某些人类在某一空间的古老定位。"地理是解读社会的工具,是人类赖以生存的根基。因此,他的着眼点主要是空间,而不是时间。布罗代尔认为,空间能突出长时段的重要性,降低人类的历史作用,并以空间主体取而代之。这样,地中海便升级为历史的主体。② 布罗代尔并不使用理论概念,而是惯于随意地描述各种现实压力。我们从中可得出的唯一结论是:人

---

① 参见(美)伊格尔斯:《二十世纪的历史学》,何兆武译,山东大学出版社2006年版,第60页。

② 参见(法)弗朗索瓦·多斯:《碎片化的历史学:从〈年鉴〉到"新史学"》,马胜利译,北京大学出版社2008年版,第123页。

类、阶级和社会群体的作用微不足道。此外，他还从自然条件（气候、土壤、地理形态）和技术水平出发，机械地运用他的决定论。[①] 多斯是正确的。确实，长时段理论不可能是由范畴、法则、规律组成的完整翔实的理论体系，这也符合法国年鉴学派以史学排斥历史哲学的传统。取代范畴、法则、规律的却是一系列生动形象的比喻性语言：如，“模式”好比船只；历史的层次好比“瓦片的重叠”；历史好比“不同声调的和声”等。也有历史学家怀疑，重视长时段有地理环境决定论的倾向，或是明显地忽视短时段的事件史和当代史研究，等等。

第四节　年鉴学派的研究范例——“地中海史”和“物质文明”

一、“地中海史”的微观全貌

布罗代尔最著名、最有代表性的著作是他的博士论文《菲利普二世时代的地中海和地中海世界》，该书的出版标志着布罗代尔历史时段思想的初步形成。他在“序言”中对全书的大体框架作了概括，全书由三部分组成：第一部分，“论述一种几乎静止的历史——人同他周围环境的关系史。这是一种缓慢流逝、缓慢演变、经常出现和不断重复开始的周期性历史”；第二部分，“在这种静止的历史之上，显现出一种有别于它的、节奏缓慢的历史。人们或许会乐意称之为社会史，亦即群体和集团史……这些深海暗流怎样掀动了地中海的生活，是我第二部分需要加以思考的”；第三部分，“即传统历史的部分，换言之，它不是人类规模的历史，而是个人规模的历史……这是表面的骚动，是潮汐在其强有力的运动中激起的波涛，是

① （法）弗朗索瓦·多斯：《碎片化的历史学：从〈年鉴〉到“新史学”》，马胜利译，北京大学出版社2008年版，第128页。

一种短促迅速和动荡的历史，这种历史本质上是极其敏感的，最轻微的脚步也会使它所有的测量仪器警觉起来，这是所有历史中最动人心弦、最富人情味、也最危险的历史”。①

费弗尔对《地中海》也作了描述：“昨天费尔南·布罗代尔的博士论文《腓力二世时代的地中海和地中海世界》为我们开辟了新的视野，它在某种意义上是革命性的。作者决定在‘政治’这一名词的最广泛的含义上，将西班牙政治的大致图景纳入到其历史和自然地理的背景中去，他首先研究了那些使人们的意志不知不觉受其影响和为其左右的经常性力量，他对这种起着引导、阻碍、遏制、推动、促进作用等所作的分析是前无古人的；这一摆布人类命运的力量，轻描淡写地用一个词来说，就是地中海。接着，在第二部分中，他又列举了各种特殊的但又稳定存在性的力量，这些非个人化的、集体性的力量能够用日期标出其存在的时间，也就是说它们是在16世纪下半叶，即西班牙国王腓力二世在位期间起着作用的力量。第三部分是各种事件。这是一大堆杂乱无章和变动不居的史实。这些事件往往受第一部分中所研究的经常性力量的摆布，受第二部分中列举的稳定存在力量的影响，但偶然性也在发挥作用，从而在总趋势的前景下绘出最出色和最出人意外的画卷。”②

时限：西班牙国王菲利普二世时代1556年—1598年

地理范围：环地中海地区的亚非欧国家

根据这样的安排，《地中海》第一部分“几乎静止的历史”——地理时间，以大量的篇幅描写了地中海地区10个国家的地理环境，包括半岛、岛屿、山脉、高原、平原、海岸、气候以及道路与城市，力图说明地理与历史、

---

① （法）费尔南·布罗代尔：《菲利普二世时代的地中海和地中海世界》第1卷，唐家龙、曾培耿等译，商务印书馆1996年版，第一版序言，第8~9页。

② （法）J. 勒高夫等主编：《新史学》，姚蒙编译，上海译文出版社1989年版，第16~17页。

空间与时间的辩证关系。

第二部分“节奏缓慢的社会史”——社会时间，主要研究16世纪地中海地区的经济社会状况和文化生活，包括城镇、乡村、水陆交通、人口、劳动力、商业贸易、货币流通、财政、物价、内外交往、各地的物产、民众生活、文化宗教等。

第三部分“表面躁动的个人史”—— 个人时间，是传统史部分，涉及16世纪地中海地区的政治、军事史，主要描述土耳其和西班牙两大帝国争霸地中海的过程，传统的政治事件和军事冲突似乎对局部历史并不产生根本的影响。

布罗代尔的《地中海》具有与传统史学不同的鲜明特色，他从总体历史的思想出发，努力把16世纪后半期即西班牙国王菲利普在位时期(1556—1598年)的地中海世界作为一个密切相连的总体来加以考察。他说：“本书是一个编写总体历史的尝试。它的写法是：把历史事实按照三种具有连续性的记载来写，或者说按照三种不同的‘楼梯平台’来写。我更愿意说是按照三种不同的时间计量单位来写。这样写的目的在于抓住过去所有不同的、彼此之间有最大差别的节奏；在于提出它们的共存、互扰、矛盾以及多种深广丰富的内容。在我的意愿中，历史应该是一首能够用多种声部唱出的、听得见的歌曲。但是，它有这样一个明显的缺点：它的各个声部常常互相遮掩覆盖。在所有这些声部中，没有一种能够永远使自己作为独唱被人承认、接受并把伴奏拒之千里之外。那么，怎么样才能在同一个时间内像通过一个透明层那样，看见被现实重叠起来的各种不同的历史呢？我把某些词句和某些解释当做一再出现在本书的三个部分里的主旋律和这三个部分的共同的、熟悉的曲调来使用。我试着用这种方法来给人一个关于上述情况的印象。但是，困难在于：不是只有两种或者三种对时间的计量，而有几十种对时间的计量。它们之中的每一种又牵连、包含某种特殊的历史。只有被人类的科学汇集在一起的这些对时间的计量的总和,才能构成人们很难恢复其整个丰富纷繁的图像的总体历史。”①

这样,《地中海》一书就完全不同于以往一切传统的“断代史”、“国别史”、“文明史”、“政治史”等,是一部反映特定历史时期、特定地域(16世纪地中海地区)的总体史。通过这种写作方法,《地中海》展现了一种全新的历史观和时间观,它不同于传统史学那种政治事件史,而是根据不同层次的历史和时间节奏区分出不同的时间——地理时间、社会时间和个人时间,并把这些不同的时段叠放在一起,把微观与宏观有机地结合起来,立体再现了所述时代地中海及相关地区的人类全貌 。这种方法是建立在历史学、地理学、社会学、政治学、民族学和经济学等多学科研究方法基础上的。正因如此,《地中海》一书在年鉴学派的发展史上具有划时代的意义, 人们把《地中海》一书视为里程碑式的著作。在总体史思想的支配下,布罗代尔的史学实践几乎涉及人类社会生活的所有领域,而研究相对比较集中的是资本主义和文明的领域。

二、“物质文明”研究

(一)论资本主义

布罗代尔晚年主要有两部著作,第一部是《15至18世纪的物质文明、经济和资本主义》(3卷本),另一部是《法国史》。

《15至18世纪的物质文明、经济和资本主义》第1卷为《日常生活的结构》,主要讨论15至18世纪人类的物质文明,也就是人们的日常生活,包括这一时期人们衣食住行的各个方面和细节。除此之外,布罗代尔还谈到了人口、气候、耕作技术、能源状况,等等。总之,这一卷是全书的重

---

① (法)费尔南·布罗代尔:《菲利普二世时代的地中海和地中海世界》第2卷,吴模信译,商务印书馆1996年版,第975~976页。

点。"《日常生活的结构》(1967)一书讨论的是从1500年至1800年间人们生活的物质方面——资本主义体制的出现以及从健康到食品与时尚的各个可感觉到的方面——焦点虽集中在欧洲,但却置之于一个包罗全世界在内的广阔的比较架构之内。"①布罗代尔说,他的目的就是要把过去被传统史学所忽略的、经济政治事件背后的具体日常生活引入历史研究领域,扩大史学视野。

与时间的三重结构一样,布罗代尔把经济活动也分为三个层次:第一层次是惯性层面,即"日常生活的结构",第二个层次,经济层面,即市场经济,第三个层次,资本主义。"日常生活的结构"表现为重复性习惯的历史,包括人口状况以及为满足日常基本需求的种种努力。在《资本主义论丛》中,布罗代尔对3卷本《15至18世纪的物质文明、经济和资本主义》内容作了概括,"在这方面,我遵循了一些具体的准则。我的出发点是日常生活,是我们在生活中不知不觉地遵守的习惯或者例行公事,即不下决心、不加思考就到处风行和自动完成的成千个动作。我相信人类有一半以上的时间都泡在日常生活中。无数流传至今的和杂乱无章、不断重复的动作正帮助、束缚和决定着我们的生活。出人意料的是,这些冲动、激励、榜样、行为或义务往往可以追溯到最古老的时代。亘古至今的生动现实,犹如流入大西洋的亚马孙河一样,滔滔浊浪,千古不尽。我试图用物质生活一词概括所有这一切"②。对于这本书的内容,布罗代尔在《资本主义论丛》的"序言"中进行了详细的概括:

"第一章讲的是人口数量……随后几章提出了其他的问题:当时的人吃什么?喝什么?穿什么?住什么?为了回答这些棘手的问题,我们必须作一次探险旅行;大家都知道,在传统历史的书本上,人是从来不吃不

① (美)伊格尔斯:《二十世纪的历史学》,何兆武译,山东大学出版社2006年版,第58页。

② (法)费尔南·布罗代尔:《资本主义论丛》,顾良、张慧君译,中央编译出版社1997年版,第66页。

喝的。”①

第二个层次，经济层面，即市场经济。“第二卷《形形色色的交换》，主要讨论市场经济，包括生产、交换、经济组织等等。在本书的第二卷（题为《形形色色的交换》）的前几章里我冗长地写些市场经济的这些不同成分，并尽可能把事情解释清楚。”②

第三个层次，资本主义。布罗代尔对资本主义的看法更接近我们熟知的列宁对帝国主义的论述。他把市场经济与资本主义区分开来，他认为资本主义并非市场经济延伸和实现积累后的结果，而是对市场本身的一种否定。资本主义是一种反市场现象，其关键机制——垄断是对自由竞争规则的制约。资本主义是寄生的肿瘤，是市场的身外之物和基于不平等贸易的上层建筑。大商人们拥有狡诈的手段，他们与政治和社会当局串通一气，并以这种方式腐化了国家，破坏了市场经济自由贸易的运作。

“第三卷‘世界的时间’这个标题足以表明我的宏愿：把资本主义及其演变和手段同一部世界通史联系在一起。一部分历史也就是按时间顺序排列的一系列形式和体验。世界的整体是指 15 至 18 世纪期间形成，并逐渐对人类的全部生活，对世界的各种社会、经济和文明施加影响的那个统一体。可是，世界具有不平衡的特性。目前存在的以富裕国家为一方和以不发达国家为另一方的形象，大体上也适用于 15 至 18 世纪。富国和穷国当然并非一成不变；历史的车轮已向前滚动了。但世界的规律没有多少变化：它在结构上仍分成富国和穷国。世界是同普通社会一样的等级社会，普通社会可以从中看出自己放大了的形象。宏观和微观最

---

① （法）费尔南·布罗代尔：《资本主义论丛》，顾良、张慧君译，中央编译出版社 1997 年版，第 67～68 页。

② （法）费尔南·布罗代尔：《资本主义论丛》，顾良、张慧君译，中央编译出版社 1997 年版，第 72 页。

终都有相同的结构。”①

《世界的时间》，还描述了经济世界中心的转移和区域划分，即分别按地区和年代顺序，从意大利的威尼斯开始，直到英国工业革命结束。“每次中心需要转移，都有新的中心形成，似乎经济世界没有中心就不能生存。但是，正因为中心的形成或转移很少发生，它的意义就尤其重大。对欧洲及其附属地区而言，14 世纪 80 年代形成了以威尼斯为中心的经济世界。1500 年前后，中心突然从威尼斯跳到了安特卫普；接着于 1560 年左右又回到地中海的热那亚；最后，于 1590 年至 1610 年间迁往阿姆斯特丹，欧洲地区的经济中心将在那里稳定两个世纪。1780 年至 1815 年间，中心再转到伦敦。它于 1929 年越过大西洋迁往纽约。”②“任何经济世界都分成几个中心区，离中心愈远，条件愈差。华贵、财富和幸福集中在经济世界的腹心。那里有光辉灿烂的历史。有高价值、高工资、银行、高档商品、有利可图的工业和资本主义的农业；那里是长途贸易的起点和终点，也是贵金属、硬通货和金融期票的汇集处。那里有遥遥领先的现代化经济。15 世纪的威尼斯，17 世纪的阿姆斯特丹，18 世纪的伦敦或今天的纽约都是这样。尖端技术以及基础科学十分普及。”③

布罗代尔把市场与资本主义区分开以及后来我们把市场与社会主义结合起来具有同样重要的意义。正如多斯所指出的那样，在资本主义之后，从苏联的利伯曼到中国的邓小平，很多社会主义社会又重新引入了市场规则。

“沃勒斯坦认为，把市场经济与资本主义分离开的另一项功绩在于，

---

① （法）费尔南·布罗代尔：《资本主义论丛》，顾良、张慧君译，中央编译出版社 1997 年版，第 100 页。

② （法）费尔南·布罗代尔：《资本主义论丛》，顾良、张慧君译，中央编译出版社 1997 年版，第 104 页。

③ （法）费尔南·布罗代尔：《资本主义论丛》，顾良、张慧君译，中央编译出版社 1997 年版，第 106 页。

它指出对专业资本家、商人、工业家、金融家的区分是个伪问题。大资本家千方百计地涉足所有领域，只有财力有限的资本家才局限于某一投资领域。他们之间的区别只有专业性和非专业性两种。"①

从书的结构来看，其中仍然贯穿着布罗代尔长时段的思想。他认为，资本主义的出现并不是一朝一夕的现象，而是千百年来人们日常物质生活演变的结果。布罗代尔说，人们的日常生活虽然都是一些不被注意的小事，但是却渗透到社会的各个层次，并规定了社会存在和社会行为的各种方式。因此，日常生活本身就是一种长时段的现象，而市场经济向资本主义的过渡则主要决定于生产与交换机制的发展，这种生产与交换机制是属于中时段的。至于资本主义的中心从意大利到荷兰再到英国的转移都是一些无足轻重的短时段现象。

《地中海》的三分结构与《15 至 18 世纪的物质文明、经济和资本主义》的三分结构是明显对称的。他力图把人类社会的历史作为一个总体来研究，作为一个完整的体系来把握，是以该体系及其各组成部分密切相关、相互作用所形成的结构和功能关系方面再现并处于动态过程中的历史总体。两部书第一部分处理的均为"几乎静止不动的"长时段历史。像地理学一样，布罗代尔冲破了传统经济史的障碍，他将传统的"农业"、"贸易"与"工业"等范畴撂到一边，转而关注"日常生活"，关注人与事，关注"人类制造或使用的第一件东西"，如食物、衣着、房屋、工具、货币、城镇，等等。"日常生活"、"物质文明"成了历史背后的两个基本概念。第二部分是缓慢变化的制度结构，而第三部分是更为迅速的变动——事件。

(二)论文明

对文化和文明的研究，斯宾格勒和汤因比都作出过杰出的贡献。布

① (法)弗朗索瓦·多斯:《碎片化的历史学:从〈年鉴〉到"新史学"》，马胜利译，北京大学出版社 2008 年版，第 138 页。

罗代尔的文明理论是建立在对他们二人的批判基础上的,我们考察布罗代尔前有必要先回顾斯宾格勒和汤因比的文化形态史观和文明形态史观。

1918 年,第一次世界大战战火未息,奥斯瓦尔德·斯宾格勒(Oswald Spengler,1880—1936)的《西方的没落》(*The Decline of the West*)出版。他提出了一种"文化形态史观",用一种世界历史的"比较形态学"的方法来研究文化,认为历史不应是某一思想家主观"设计的产物",更不是单线索、直线式,由低到高、由恶及善的进步历程。斯宾格勒认为,传统历史观念的根本缺陷在于,所谓的"世界历史"并不是一个整体,而是被选定的一部分。任何思想家都只能在他所生活的条件下进行历史的认识和理解,不存在什么普遍的、永恒的东西,在他看来,所谓历史发展的普遍模式,纯属无稽之谈。"在这里,没有什么是经常的,没有什么是普遍的。我们必须停止再谈什么'思维'的形式、'悲剧'的原则、'国家'的使命。普遍的有效性永远包含着从特殊到特殊的论证中的谬误。"①

斯宾格勒的贡献在于打破了社会历史理论的托勒密体系——实现了历史研究领域的"哥白尼革命"。他认为,"'世界历史'的概念是狭仄的、有地域性的,但在这个限度以内,它是合乎逻辑的、完整的。因此,它必然是专指这一地域和这一人类的,不可能有任何自然的扩大"②。而欧洲中心论犹如托勒密体系,"这种使各大文化都把我们当作全部世界事变的假定中心,绕着我们旋转的流行的西欧历史体系的最恰当的名称可以叫做历史的托勒密体系。这本书里用来代替它的体系我认为可以叫作历史领域中的哥白尼发现"③。

斯宾格勒历史哲学的基点是区分自然与历史。他继承了德国历史主

① (德)斯宾格勒:《西方的没落》,齐世荣等译,商务印书馆 1963 年版,第 42 页。
② (德)斯宾格勒:《西方的没落》,齐世荣等译,商务印书馆 1963 年版,第 35 页。
③ (德)斯宾格勒:《西方的没落》,齐世荣等译,商务印书馆 1963 年版,第 34 页。

义的传统,认为自然是由已成的事物构成,可以用规律概括,历史则是由不断发生并且不再重现的、单个事件组成,它是有机的、不可逆的,没有过去和未来的。任何规律、因果法则都是反历史的。自然和历史的竞争是已成和方成的区别。在历史观上,斯宾格勒以“文化形态学”为特征,摒弃了“进步史”观。

斯宾格勒理论体系的主要内容是用生物有机体来比拟历史,认为历史是个有机体,是活生生的,有青春、生长、成熟、衰败的周期性特征。所有的文化都是“同时代”的,都经历前文化时期——文化时期(又分早期和晚期)和文明时期(春—夏—秋—冬)。前文化时期:原始民族状态,没有政治和国家;文化时期早期:民族和封建制度出现,主要文明形态是乡村(农业文明);晚期:城市战胜乡村;文明阶段到来,发展到帝国时期,城市毁灭。

斯宾格勒认为历史没有规律,有的只是“命运”,历史没有因果联系,只有时间联系。

斯宾格勒把文化作为历史研究的单位,他认为,探讨文化的目的就是要揭示文化本身的宿命。所谓宿命,就是任何有机体都有的、命里注定的、不可超越的周期。这种研究需要一种全新的方法,即“比较形态学”或“文化形态学”的方法,也就是将世界上存在的高级文化作形态上的比较,从中归纳出各种文化在其生命周期中表现出来的形态上的共同点,并以此来理解文化和预测西方世界的前途。他认为,世界历史上存在过八种高级文化,即埃及文化、印度文化、巴比伦文化、中国文化、古典希腊罗马文化、伊斯兰文化、墨西哥文化、西方文化。每个文化都要经历前文化时期、文化早期、文化晚期、文明时期这样四个阶段。每个阶段一般要经历1 000年左右的漫长岁月。在这些文化形态当中,除西方文化外都已走完了各自的生命旅途。西方文化也于19世纪进入文明阶段,这是一种不可避免的归宿,是不可挽回的终结。

20世纪影响最大的思辨历史哲学家阿诺德·汤因比（Arnold J. Toynbee，1889—1975）的“文明形态史观”继承了斯宾格勒的“文化形态史观”，但对斯宾格勒关于文明起源、生长、衰落公式的宿命论解释并不满意。他的《历史研究》的核心围绕三个问题，“他的第一个主要问题是，各种文明是怎样和为什么兴起的；第二个是，它们是怎样和为什么生长的；第三个是，它们是怎样和为什么破灭的”①。他认为，历史研究的单位应该是“文明”（社会）的整体。汤因比列出了21种文明社会形态。他反对欧洲中心论、种族歧视论、环境决定论，认为不能用研究无机物的自然科学方法研究活生生的人类。汤因比把环境的挑战，人类的成功应战作为历史解释模式，认为文明的发展、生长是一系列“挑战”、“应战”结果。文明的发祥地不可能是安逸的乐土，文明起源于困难严酷的环境，优越的生存条件不一定产生文明。他认为挑战来自两方面：自然挑战和人为挑战。文明产生的条件是“一连串的富有刺激的挑战总是遇到一连串的取得胜利的应战”，挑战又要“中庸”、“适度”，而文明动力则来自少数人创造，富创造力的少数人建立文明，多数人模仿。

经济、文明是第二代年鉴学派关注的两个主题。布罗代尔对文明的研究是其史学实践的重要组成部分。他对汤因比和斯宾格勒过于简单化的文明史观很不满意，从历史的长时段出发，对汤因比和斯宾格勒的历史观提出了严厉批评。

第一，批评历史宿命论。他说：“奥斯瓦德·施本格勒的尝试可以分成两个部分。他力图在纷杂的历史要素及其虚假的相互联系中揭示出精神价值的命运；在他看来，这种命运归根到底就是文化和文明。其次，他认为这些形成十分缓慢、但比世界上任何力量都更坚强的精神价值，总有一天只能依靠原有的冲劲维持自己的生命，他把精神价值的成长过程说

① （英）柯林武德：《历史的观念》，何兆武、张文杰译，商务印书馆2004年版，第233页。

成是一系列互相连贯的阶段,或者说是一种命运和一种历史;正是在这里,他遇到了困难和争议。在历史学家看来,施本格勒的两个部分从一开始就是不合逻辑的。关于这个问题,我后面再谈。幸而总有一些历史学家并不那么重视理智。我想阿尔诺·汤因比就是其中之一,虽然他不像奥斯瓦德·施本格勒那样轻易就下定论。他对以上两个部分所持的立场与施本格勒没有什么区别。”①

第二,回避历史的时间,只注重短时段的事件。“既然他在文明问题上不愿谈及人类的全部历史,既然人类的全部历史是个模糊的、可望而不可即的整体,我们又拿什么为文明划界呢?汤因比进行了一系列推理,每步推理都闭口不谈时间界线。”②“汤因比故意不说的话比他明白的态度更能显现他的真实思想运动。他往往只用一句俏皮话就避开各种矛盾或危险的念头”,“历史事件有什么用处!汤因比只着眼突出的事件”。③ 关于环境与文明的关系,布罗代尔提出质疑,“难道真要通过环境来解释文明吗?从物质的角度看,再没有比地理更能左右文明的了。可是,正是在自然环境十分优越、便于文明诞生的地方,文明却偏偏不肯露面(关于这个问题,我等一会儿再谈)。而在自然条件恶劣的不毛之地,文明却全靠恶劣环境激起的逆反心理,登上了历史舞台”④。

第三,一种“人的精神本质”与多种(无论是八种还是二十一种)文明形态相矛盾。“汤因比从一开始就故意用一系列躲闪、排斥和沉默来掩盖其明确的立场。我隐约感到,阿尔诺·汤因比在那几页含糊不清的文章

---

① (法)费尔南·布罗代尔:《资本主义论丛》,顾良、张慧君译,中央编译出版社 1997 年版,第 137 页。

② (法)费尔南·布罗代尔:《资本主义论丛》,顾良、张慧君译,中央编译出版社 1997 年版,第 139 页。

③ (法)费尔南·布罗代尔:《资本主义论丛》,顾良、张慧君译,中央编译出版社 1997 年版,第 139 页。

④ (法)费尔南·布罗代尔:《资本主义论丛》,顾良、张慧君译,中央编译出版社 1997 年版,第 140 页。

里想告诉我们，他认为不存在什么统一的文明，文明的进步是乌托邦式的幻想。文明只能以多种形式而存在，虽然每个文明的命运大体相同，并且在某种意义上是事先已确定的。因此，不管你同意或不同意，文明就有多种，但‘人的精神本质’只有一种，统括所有文明——无论是死的或是活的——命运不言自明地也同样只有一种。这个看法不但否定马赛尔·莫斯关于‘文明是人类的全部既得成果’的见解，而且排斥阿尔弗雷德·韦伯关于各种文明全都参与‘普通的、单一的渐进运动’的断言，甚至拒绝昂利·贝尔以下的至理名言：‘每个国家的人民都有自己的文明，因而始终存在许多不同的文明。’”①

第四，把复杂的历史简单化，抽出几条“规律”、“法则”、“模式”来剪裁历史。布罗代尔认为，汤因比这是在耍花招。“汤因比所关心的首先是要简化人类历史，其次是要找出规律、法则和同一性，制造出经济学家和社会学家所说的一系列互有联系的‘模式’。如同人一样，文明只有一种不可避免的命运：诞生、成长和死亡，每个阶段幸而都拖得十分长久：诞生、成长和灭亡的进程似乎都漫无止境……汤因比因此顺理成章地制造了三组模式：诞生、成长、衰落和死亡。他为此付出了大量的时间和耐心，不惜耍了许多花招。”②“阿尔诺·汤因比把历史过分地简单化，甚至简化到了荒谬的程度；他本能地抓住了长时段这条根本性的但又充满危险的道路；他注重研究‘社会’、社会实在或某些始终具有生命力的社会实在；他也注意研究历史事件，但这些事件却要等几百年后才突然激起反响，他所研究的人物是些高踞芸芸众生之上和具有长期影响的超人，如耶稣、释

① (法)费尔南·布罗代尔：《资本主义论丛》，顾良、张慧君译，中央编译出版社 1997 年版，第 141 ~ 142 页。

② (法)费尔南·布罗代尔：《资本主义论丛》，顾良、张慧君译，中央编译出版社 1997 年版，第 142 页。

迦牟尼或穆罕默德。”①布罗代尔的这一批评,切中思辨历史哲学的要害。

最后,布罗代尔决定抛弃文明模式(包括各种翻版),主张用“长时段结构”理论取而代之。他说:“我将部分地放弃使用任何对文明(或文化)命运的循环解释,即关于文明由诞生到成长、再到死亡的固定说法及其各种翻版。因此要抛弃的不仅有维柯的三时代论(神的时代、英雄时代、人的时代),奥古斯特·孔德的三时代论(神学时代、形而上学时代、实证主义时代),斯宾塞的二阶段论(从强制到自由),杜尔克姆的二连环论(内在联系和外在联系相交替),而且还有麦克斯威耶的渐进协调的阶段论,希尔德布兰特、弗里德里希·李斯特或布赫尔的经济阶段论,勒瓦瑟尔和拉采尔的密度增长论,以及卡尔·马克思关于从原始社会、奴隶社会、封建社会、资本主义社会到社会主义社会的阶段论。我抛弃这一切,有时不免感到遗憾,甚至恋恋不舍,因为我并不全盘否定所有这些解释;在我看来,它们提出的模式或周期有时反而是十分有用的,但我宁肯事先把它们一概排斥,这是出于必要的谨慎。”②布罗代尔认为,这些“模式”再有用,为防止片面化、简单化,也要舍弃,包括斯宾格勒和汤因比的模式,“施本格勒和汤因比的模式当然也在被排斥之列;此外,我还不接受他们开列的文明单子。我确实相信,从最起码的文化到头等文明,我们统统都要抓住,特别这些头等文明还应分成次等文明,次等文明再分成更小的成分;只有这样,我们的研究才会取得成果。我们暂且假定可能出现微型的历史和具有开放传统的历史”③。

其实,斯宾格勒思想的要害,他呕心沥血想说明的东西是历史——或

① (法)费尔南·布罗代尔:《资本主义论丛》,顾良、张慧君译,中央编译出版社 1997 年版,第 146 页。

② (法)费尔南·布罗代尔:《资本主义论丛》,顾良、张慧君译,中央编译出版社 1997 年版,第 151 ~ 152 页。

③ (法)费尔南·布罗代尔:《资本主义论丛》,顾良、张慧君译,中央编译出版社 1997 年版,第 152 页。

不如说文化的"命运"——像是一根环环相扣的链条。布罗代尔认为这就是他的"能动的长时段结构"。"文化的缓慢发展使它有充分时间逐渐形成,确立自己的地位,最后走向死亡。文化并不是永存的。但是,每一种文化在死亡前必定要把它童年时代的理想纲领展现无遗:古代文明的阿波罗精神,西方文明的浮士德精神,如此等等。在过了某个期限后——期限通常到达很晚——,当文化的创造力已经消耗殆尽时,它终将因不再有纲领而灭亡;'文化突然僵化了:血液还在流动,但已经精疲力竭,气息奄奄;文化正向文明转化。'可见,文明虽是文化的必然归宿,但其色彩显得十分阴暗。文明不再演变,它是演变的结果。"①

第五节　计量史学的"三次进军"

年鉴学派进一步扩大了史学领域,使地方史从经济领域进入到社会、文化领域中来。计量史、计量分析促进了系列史、区域史的发展。计量史学先后在三个领域取得成功,即所谓计量史的"三次伟大征服"——价格史、系列史和人口史、文化－心态史。

一、价格史

拉布鲁斯是一位与布罗代尔齐名的历史学家,但处于这一群体的边缘。他关注的是法国大革命(彻头彻尾的事件),更为关键的是,他是马克思主义者。马克思主义是透过拉布鲁斯开始渗入年鉴学派的。以拉布鲁斯为代表的一些年鉴学派思想家继承了第一代学者的一些特征,如总体史学、跨学科综合研究,等等。此外,他们虽处边缘,但还有自己的一些特点:比第一代学者具有更多的开放性,如广泛接纳不同流派的学者参加

① (法)费尔南·布罗代尔:《资本主义论丛》,顾良、张慧君译,中央编译出版社 1997 年版,第 136 页。

工作;在年鉴杂志上刊登不同观点,甚至反年鉴学派的文章;积极开展学术交流。在长时段理论的指导下,他们把研究重点放到历史的深层结构上,与之相适应,史料的范围也在逐步扩大,主要表现为口碑资料和私人档案的应用。另外,数量经济史和历史人口学得到了迅速发展。在计量方法的推广上,拉布鲁斯作出了突出的贡献。他的《18 世纪法国物价和收入变动概论(论稿)》(1933)和《旧制度末期和大革命初期的法国经济危机》(1944)为经济史铺平了道路。前一本著作试图根据政府统计资料,即根据《食品市场价目》周刊来归纳一个多世纪的各种经济波动,1701—1817 年的价格运动,包括长期波动、周期波动和季节性波动。正是在此书中,价格史研究进入了社会史领域,并被认为是关于人的历史,因为人被划分为若干大的社会范畴。第二本著作处理的是旧制度的崩溃问题,导论部分专门论述了经济史方法。

拉布鲁斯的这两部专著是对年鉴学派史学家日后所谓的局势的先驱性研究。“计量革命已经完全改变了法国历史学家的技艺。”(拉杜里语)由于他们的努力,法国历史学在 20 世纪五六十年代一直处于繁荣的状态,并走在了整个西方史学研究的前列。

二、系列史和人口史

计量分析导致了系列史研究的发展,史学家力图就某一长时段内的社会现象建立起数量描述系列,然后综合各类系列加以分析解释,以展现一定时空范围的总体史。“一系列对近代早期城市的研究专著,这些城市不仅包括了法国的亚眠、里昂、卡昂、鲁昂、波尔多,还包括了地中海世界的罗马、巴利亚多利德、威尼斯等其他城市。这些地方城乡研究具有相当程度的家族相似性。它们倾向于分成结构与局势两个部分,并在很大程度上依赖于提供相当同质的素材的资料,这些素材能够被编排为长时段的系列,如价格趋势或是死亡率等。因此,这一方法常常被称为‘系列史'(histoire serielle)。"①系列史产生的条件是人们能够把属于同质性整体的事实归成系列,并测定这些整体在其特定时间范围的变化。这样,时间的同质性已不复存在,其总体意义也荡然无存了。"事实上,长时段历史产生于历史学与地理学的结盟,系列史发端于经济学的联系,而其他种种联系也可明确地见于诸如历史人类学、社会人类学等名称。"(利科语)

系列史的出现意味着史学观念的又一次改变,他们面临的问题就是构建系列。每个系列都构成一个拥有自身时间表的特殊实体。中心不复存在,留下的只是各种层面;演化的动力也不复存在,留下的只有变革造成的间断。历史论说应当局限于描述对象和系列,应当成为一种知识考古学。于是米歇尔·福柯的理论自然而然地为第三代年鉴学派推崇的系列史提供了理论参照。针对这种情况,多斯认为,"如今的历史学家不再注重历史演变的持续性,而是注重历史系列片段之间的中断性。他们放弃了史学论说的广泛性,代之以众多受权力排斥的研究对象的特殊性。因此,长期被理性社会遮掩的精神病人、儿童、肉体、性欲得以重见天日。奇怪的是,放弃理性的主张恰恰是在史学论说声称自己更科学化的时候提出的。对计量的崇拜成了退守经验主义的遮羞布。皮埃尔·肖努提出,一切变化都始于系列史和计量史"②。

新的计量史学从1964年后易名为"系列史学",这标志着系列史与计量史分道扬镳,并从好几个不同的方向取得了突破。"系列史不得不着眼于广阔的范围,并且与布罗代尔的地理史结盟,以便一方面对长时段保持忠诚,另一方面又通过这个中介,继续嫁接在传统史学的树干上。"③计量

① (英)彼得·伯克:《法国史学革命:年鉴学派,1929—1989》,刘永华译,北京大学出版社2006年版,第54页。

② (法)弗朗索瓦·多斯:《碎片化的历史学:从〈年鉴〉到"新史学"》,马胜利译,北京大学出版社2008年版,第173页。

③ (法)保罗·利科:《法国史学对史学理论的贡献》,王建华译,上海社会科学院出版社1992年版,第60页。

史学首先在史学专题著作中获得了新生，即进入了地区史、行政区域史，甚至村落史。这方面的代表作是勒·华·拉杜里的名著《朗格多克的农民》(1966)。

系列史的第二个发展方向是人口史，这是计量史继价格史之后进行的“第二次伟大的征服”，它越来越注意人类与性和死亡的密切的精神联系。人口史的研究产生于20世纪50年代，它得益于当时人们对世界人口爆炸的认识，就好比20世纪30年代的价格史得益于大崩溃一样。人口史不仅重新复活了年鉴学派创始人的那部分已冻结了的遗产，还使一种新的心态史从文学传统的逸闻趣事般的印象主义中脱颖而出，并使其具有统计资料的基础，最后还使心态史具备了对各种现象作非经济学的、更为广泛的解释的能力。人口学行为和生存资源之间还有一个选择系统，这一系统改变着真实的现象，这就是心态系统。这样，心态史就由于历史人口学而获得了复兴。

三、文化－心态史——“从地窖到顶楼”

系列史最初只包括经济史，逐渐也向其他人文史领域敞开了大门。心态、社会心理、情感，这些被称做第三层次的内容也进入了系列研究。用米歇尔·伏维尔的话说，系列史的发展历程是“从地窖到顶楼”。系列史的这“第三层面”，即研究人们对性、爱、交往、思想、宗教等问题的态度和信仰。“第三层面的计量”目的是为了研究宗教实践史、书籍史、识字率史……稍后扩展至其他文化史领域。早期相关较有影响的作品有韦纳的《怎样写历史:方法论》、肖尼的《系列史的一个领域:第三层次领域》。

死亡研究领域也许是系列史征服的最遥远的领域。菲利普·阿里埃斯这位自由射手是法国心态史研究的先驱。阿里埃斯的《人类面对死亡》(1977)把死亡分为四阶段模式:“一，中世纪主教、《武功歌》中的英勇骑士和托尔斯泰笔下的农民所认可的死亡;二，16世纪和17世纪的巴罗克式死亡;三,18 世纪和 19 世纪的隐秘死亡;四,后工业社会的禁忌死亡。”[①]识字史是另一个本身适宜进行集体研究与统计分析的文化史领域。弗朗索瓦·弗雷于 20 世纪 70 年代开始研究 16—19 世纪法国识字率水平的变动。伴随识字率研究而来的,是他对法国所谓“书籍史”的研究。与此同时,罗伯特·芒德鲁(又译罗伯特·马鲁)开始对民间文化进行研究。与芒德鲁几乎同时,第六部也开始着手对 18 世纪法国书籍社会史的集体研究计划。

利科总结说:“总而言之,在我看来,系列史具有双重重要性。一方面,它既已从价格史脱颖而出,就不再囿于经济层次,从物质文明意义上说甚至不再囿于社会层次,而是重新汇入了通过价值来理解文明的伟大历史研究传统。从这一意义上说,系列史已沿着马鲁的足迹,满足了批判历史哲学的某些条件。另一方面,这种重新征服过程不像批判哲学那样以定性与定量的冲突为代价,而是通过辩证地克服这两种思想范畴之间的传统紧张关系而实现的。”[②]多斯则持不同意见,他认为,“这种系列方法反映出两方面的无能为力,一是历史学家丧失了总体观念;二是历史中的人类被其无法掌控的系列分化瓦解。人类对现实不再有任何效力和作用。系列性表达了一种新的异化,这种异化摧毁了‘实践—惰性’结构中的所有实践行动”[③]。“而人类在其中既不是研究对象,也不拥有中心或周边地位。气候史在人类身上落下的痕迹‘是微不足道的’。勒华拉杜里认为,剥夺人类的中心地位是件有意义的大事,他将此比作历史科学领

① (法)保罗·利科:《法国史学对史学理论的贡献》,王建华译,上海社会科学院出版社 1992 年版,第 66 页注①。

② (法)保罗·利科:《法国史学对史学理论的贡献》,王建华译,上海社会科学院出版社 1992 年版,第 66 ~ 67 页。

③ (法)弗朗索瓦·多斯:《碎片化的历史学:从〈年鉴〉到“新史学”》,马胜利译,北京大学出版社 2008 年版,第 174 ~ 175 页。

域的哥白尼革命。”[①]“与总体化的方法相反，系列化不但没有丰富，反而枯竭了历史研究。”[②]

然而，早在吕西安·费弗尔和马克·布洛赫时期就开辟了一个新的研究领域：心态史学。如前所述，费弗尔死后，乔治·迪比、罗伯特·芒德鲁和雅克·勒高夫等一些历史学家继续致力于心态新史学的实践和理论探讨。“心态史的重新出现彻底改变了法国历史学。这件事意义重大。”[③]“心态史学具有稳定性的‘经济文明’史，即在一种‘缓慢时间’的‘半静止状态’中变动的‘缓慢的历史的层次’；其次是（也许特别是）文化史或心态史，这一史学领域因为被认为是‘稳态’的，是‘长时段的囚牢’，因而被定为对历史进行长时段研究的优先领域。正是在这一领域中，F. 布罗代尔和 E. 拉布鲁斯再次相遇了；后者于 1965 年在圣克卢召开社会史讨论会时，要求史学家大力开发史学的‘第三层次’即心态史，他对心态史下的定义是‘抗拒变化’的史学。”[④]

利科曾对年鉴学派的心态史作出很高的评价，他说：“今天的年鉴学派已非昔日的年鉴学派；而且，心态史也只有在现在才成为我们当代文化的一个富有特征的现象。心态史学已超越了专业研究者的狭小圈子，进入了大众传播媒介系统，这一类史书在它所赢得的广大读者中销售量很大。大家将这一史学通俗地称为‘新史学’。”[⑤]“‘心态’这一广泛、含糊而又常常令人忧虑的名词，正如其他许多具有广泛含义的词一样，对近年来的史学领域的变化起了很大的推动作用，尤其对经济史领域起着一种

---

① （法）弗朗索瓦·多斯：《碎片化的历史学：从〈年鉴〉到“新史学”》，马胜利译，北京大学出版社 2008 年版，第 175 页。

② （法）弗朗索瓦·多斯：《碎片化的历史学：从〈年鉴〉到“新史学”》，马胜利译，北京大学出版社 2008 年版，第 179 页。

③ （法）J. 勒高夫等主编：《新史学》，姚蒙编译，上海译文出版社 1989 年版，第 177 页。

④ （法）J. 勒高夫等主编：《新史学》，姚蒙编译，上海译文出版社 1989 年版，第 133 ~ 134 页。

⑤ （法）J. 勒高夫等主编：《新史学》，姚蒙编译，上海译文出版社 1989 年版，第 178 页。

理想的平衡作用,从而给整个史学研究带来了新鲜空气。"①

心态史实际上只是一种比人们称之为社会史或经济社会史更广泛的历史的一个方面,20 世纪六七十年代被布罗代尔批评的一些历史学家继承了费弗尔的集体心理分析方法,将其发展为精神形态史研究。心态史的主要代表作有:勒高夫的《炼狱的诞生》(*The Birth of Purgatory*)和《中世纪商人的时间与教会的时间》、杜比的《三个等级》、芒德鲁的《近代法国历史概论:心理历史学》、弗雷的《18 世纪法国的书籍和社会》、拉杜里的《蒙塔尤》等。

在布罗代尔那一代,心态史与其他形式的文化史虽并未完全被忽视,但它们也被降格至年鉴学派事业的边缘。但是,在 20 世纪 60 年代至 70 年代间,却发生了一个重要的兴趣转换:很多年鉴学派史学家的学术路子,从经济基础走向了文化的"上层建筑","从地窖到顶楼"(拉杜里语)。这一转换,"部分原因是对布罗代尔的反动,它还构成了远为广泛的反对任何形式的决定论的一个部分"。实际上,是布罗代尔的一位同龄人在 1960 年出版的一本出色的、几乎引起轰动的书中,将大众的注意力引向了心态史。阿里埃斯的兴趣转向自然与文化的关系,转向一个以特定文化看待与区分诸如儿童与死亡等自然现象的方式。某些历史人口学家日益关注价值与心态在"人口学行为"中的角色——换句话说,注意研究家庭史、性意识史及费弗尔盼望已久的情史。在年鉴学派内部,某些历史学家关注的一直以文化为主:阿尔方斯·迪普隆便是一个例子。罗伯特·芒德鲁是费弗尔意义上的历史心理学领域首屈一指的人物……《近代法国导论》(*Introduction to Modern France*)也是较为典型的代表著作。

20 世纪 30 年代的经典《年鉴》和 80 年代的《年鉴》之间有连续性也有中断。"首先,它们都否定政治,年鉴学派从诞生起就将政治视为死点。

---

① （法)J. 勒高夫等主编:《新史学》,姚蒙译,上海译文出版社 1989 年版,第31 页。

其次，它们都从其他社会科学攫取新成果，都把问题历史作为参照，都在主张历史决定论的传统史学和僵化的马克思主义之间寻求第三道路。年鉴学派占据了马克思主义留下的真空。为了抵御并取代马克思主义，年鉴学派投入到一些未开发的领域：心态取代了意识形态，物质性取代了唯物主义，结构取代了辩证法……在适应现代化方面，20 世纪 30 年代的《年鉴》杂志曾借助经济主义的解读方法，以求在管理领域发挥积极和有效的作用。到了 20 世纪 80 年代，主导权已向传媒转移，《年鉴》杂志便以社会文化论说来迎合社会主导话语，密切关注传媒权力的立场，并制定出一套进攻战略，以求控制负责史学产品传播和商业化的决定部门。这是从地理经济史向心态史或历史人类学的首次明显转变。"①

同时，多斯认为，"新史学"与经典年鉴学派的断裂也非常明显。一个"重要的断裂表现是过去、现在、未来之间的辩证关系被彻底放弃，历史不再被看做对今人的启示"②。另一个"最重要的断裂表现是对历史知识的解构，对整体观念的放弃，从而使历史从单数变成了复数"③。"年鉴学派论说内部的重大裂痕表现为：一些人主张细碎的历史和照搬各种社会科学的方法；另一些人则主张全面的历史和在吸取社会科学成果的同时保持史学的根基，即追求总括的雄心。"④这种断裂，欧洲的"微观史学"表现得更加明显。但笔者认为这种断裂只是表面上着眼点和侧重点的不同，本质上，"新史学"还没有离开年鉴学派的史学范式。

---

① (法)弗朗索瓦·多斯：《碎片化的历史学：从〈年鉴〉到"新史学"》，马胜利译，北京大学出版社 2008 年版，第 233 ~ 234 页。

② (法)弗朗索瓦·多斯：《碎片化的历史学：从〈年鉴〉到"新史学"》，马胜利译，北京大学出版社 2008 年版，第 234 页。

③ (法)弗朗索瓦·多斯：《碎片化的历史学：从〈年鉴〉到"新史学"》，马胜利译，北京大学出版社 2008 年版，第 234 页。

④ (法)弗朗索瓦·多斯：《碎片化的历史学：从〈年鉴〉到"新史学"》，马胜利译，北京大学出版社 2008 年版，第 239 ~ 240 页。

第六节　微观史学

> 孩子，通过一团泥便可以了解所有泥制品，其变化只是名称而已，只有人们所称的“泥”是真实的；孩子，通过一块铜可以了解所有铜器，其变化只是名称而已，只有人们所称的“铜”是真实的；同样，通过一个指甲刀可以了解所有铁器，其变化只是名称而已，而人们所称的“铁”才是真实的，这便是我对你说的……
>
> ——《奥义书》

这是《蒙塔尤》开篇转引《奥义书》的名言。作者在显耀位置引用这句话试图“告诉”我们什么呢？这不由得使我们联想到，在社会历史领域，透过各种不同名称的“制品”，重返其后的原生态——日常生活才是本真的，其他变化“只是名称而已”。这些“名称”可能有哲学、科学、历史、艺术、宗教……但是，其母体都是日常生活。

从20世纪初人们开始反思科技理性带来的生态危机、人的危机以及唯科学主义所带来的严重后果，在史学领域也开始反思“大写历史”的弊端。尤其是进入20世纪80年代，西方史学原来那种追求历史的社会科学化的风气也逐渐削弱，历史研究变得更加分散、零碎和多样了，西方史学开始又一次转向。

一、历史主题的转换：由“大历史”到“小历史”，由宏观结构转向小群体或民众

意大利的许多历史学家，也像他们英国的许多同行一样，开始时自命是马克思主义者，后来却转而向马克思主义的宏观历史学的基本概念挑战。这一点并非偶然。对于研究日常生活的历史学家们来说，历史研究

的主题已经从他们所称为权力的“中心”转移到“边缘”，转移到了多数人，而这些多数人在他们看来绝大部分都是没有既得利益的人和被剥削的人。

伊格尔斯指出，微观史学“不再把历史看做是吞没了许许多多个人的一个统一过程、一篇宏伟的叙述，而看做是有着许多个别中心的一股多面体的洪流。这时候作数的就不是一份历史而是许多份历史了，或者更应该说是许多份故事了。而且假如我们是在研究多数人的个人的生活，那么我们就需要有一种认识论和这些多数人的生活经验相配套，它能让我们获得有关‘具体’的而不是有关‘抽象’的知识”①。

“德国人类学与微观历史学的史学家和意大利的 microstoria（微观历史学）的实践者双方之间既有巨大的相似之点，又有根本的分歧之点。尽管他们的政治观有相似之点，他们却是来自两种不同的传统。意大利传统的主要代表人物卡罗·金兹伯格、卡罗·波尼、乔凡尼·列维（Giovanni Levi）和爱多阿多·格伦狄（Edoardo Grendi）开始时都是马克思主义者。他们反对马克思主义学说是根据两项理由：一项是他们反对已经成立的各个共产党的权威作风。第二项是他们反复申说，他们对马克思主义与非马克思主义的增长概念所共有的那类宏观历史概念丧失了信心。他们希望再度赋予历史学以一种人间的面貌，这就导致他们不仅反对传统的马克思主义而且也反对分析的社会科学和年鉴派。”②

与西方传统的宏观史学不同，微观史学所关注的对象已不再是历史上的重大事件和精英人物，而是把眼光转向名不见经传的各色小人物，转向能反映社会各阶层心态的个人；历史的主题也是选择传统宏观史学所忽略的日常生活领域，如婚姻、家庭、宗教信仰、习俗礼仪等。如前所述，金兹伯格的《奶酪与蛆虫》通过重构一个小人物的侧面，分析主人公的异

---

① （美）伊格尔斯：《二十世纪的历史学》，何兆武译，山东大学出版社 2006 年版，第106 页。
② （美）伊格尔斯：《二十世纪的历史学》，何兆武译，山东大学出版社 2006 年版，第110 页。

端思想言论产生的原因。在寻找主人公思想形成原因的过程中，他更加注意把视角投向个人生活经验和工作环境、社会地位以及民间文化产生发展的独立性来探讨，而不是传统的宏观社会结构。勒·华·拉杜里放弃对结构等长时段的宏观研究的原因也在于他对于总体史观念的重新理解。他认为："把过去发生过的一切事情都载入历史是不可能的，历史需要简化，并且从中归纳出一些普遍的趋势和解释模式。"在微观史学家的眼中，时间的观念似乎模糊起来，他们关注的是研究主体具体涉及的时间。勒·华·拉杜里的《蒙塔尤》一书，从标题"1294—1324 年奥克西坦尼的一个山村"我们就可以了解到这部著作所关注的再也不是跨越千百年的历史，他所研究的仅仅是蒙塔尤这个村庄 30 年间的历史。在这本书中，拉杜里也不再像他在《朗格多克的农民》一书中那样按照时间的顺序分阶段地讨论文化的进展，而是采用了分主题加以研究论述的方式。在这部著作中甚至很少出现有关时间的概念。如果说时间是历史研究的经度的话，那么空间无疑就是历史研究的纬度，从古到今任何一部历史著作所研究的内容都是在一定的空间范围内的，也是历史中默默无闻的大多数的普通人。《蒙塔尤》所关注的对象不再是长时段的结构，而是具体的人。这个"人"可以是贪恋权势、维护家庭、纵情放荡的本堂神甫皮埃尔·克莱格；可以是爱好自由、善良朴实的牧羊人皮埃尔·莫里；可以是同性恋者阿尔诺·德·韦尼奥尔；可以是美丽优雅的城堡主夫人贝阿特里斯·德·普拉尼索尔。总之，在拉杜里笔下，一个个生活在中世纪不为人知的小人物跃然纸上，在历史的大舞台上尽情表演。在作为此书重点的第二部分中，拉杜里探讨了蒙塔尤人的举止和性行为、爱情观念、对儿童的情感、对死亡的观念、文化网络、作为心态工具的时间和空间、对于自然和命运的态度、羞耻心和犯罪等文化心态领域的内容。在《蒙塔尤》一书中，拉杜里可以说彻底放弃了计量方法，其注意力也集中到了对这一小村庄的文化心态的考察上。拉杜里的这部《蒙塔尤》关注的是历史上有血有肉的小人物，这极大地突破了史学的研究对象，历史不再是精英人物的传记，而把各色人等都纳入了历史观察的视野。

在国际上，微观史学的兴起是对结构研究和计量方法的反动，微观史学家所关注的，往往也是一些“小人物”的思想、信仰、习俗、仪式等文化心态因素。在法国，年鉴学派第三代的史学家们也将兴趣“从经济基础引向了文化的‘上层建筑’”，完成了“从地窖到顶楼”的转变。乔治·杜比认为：“人民不再接受（至少对18世纪以前）社会文化史紧紧依附于经济史，即物价与工资的历史，统计数字的历史，系列化的历史。我们始终认为经济是最为重要的，但是它并不能解释一切。我们感到，心态史应该义不容辞地弥补社会史过于注重物质生活条件的不足。”勒高夫则强调指出，“对物质世界、想象力世界应予以同等的注意，注意的历史才是表现人类生活全部层次的总体史”。而曾经断言“史学家要么是程序设计者，要么什么也不是”的勒·华·拉杜里在研究中也有所转变。在写作《蒙塔尤》一书之前，拉杜里前后出版了《朗格多克的农民》和《公元1000年以来的气候史》，这两部著作都是采用计量方法的杰作。此后拉杜里的兴趣发生了转变，他认为“应回到（历史）的实在和回到内心感情的形式”上来。

伊格尔斯认为，一些历史学家担心“微观史学”见木不见林是多余的，他说：“麦狄克认为，‘小的才是美丽的’一点都不是指脱离了更大的语境之外的轶闻逸事史。事实上，麦狄克坚持说：历史学应该从对‘中心’体制的关怀转移到边缘上面去，在那里可以发现并不符合既定规范的每个个人。然而，个人却只能是作为一个更大的文化整体的一部分而为人理解。因此，他所追求的微观史，缺少了一个宏观社会的语境便不能成立。不仅是梅狄克在德国所提出的 Alltagsgeschichte（日常生活史），而且也还有那些意大利的宣扬者们——我们下面还要谈到他们——所构想的微观史，都设定有一种综合性的民间文化的存在。因此就有了朝着历史人类学的转向及其对文化象征表现的符号学研究途径。在意大利人看来,这是一种从远古时代一直持续至今的令人惬意的文化。”①

二、侧重日常生活文化领域

传统宏观史学一般都会在纷繁复杂的历史中找出一种或一组对历史具有决定力量的因素作为推动历史的动力,微观史学则用比较复杂的眼光看待历史的变动,以研究微观的历史事件与人物为宗旨,认为“小的就是美的”。譬如,金兹伯格就认为,无法确定是哪一种因素对历史产生了根本的作用,因为经济、政治和文化的变化速度不一样,经济最快,政治次之,而文化最慢,历史学家需要的是它们之间的差异。在金兹伯格看来,正是这些差异才决定了历史的变动,而不是哪个单一的因素。微观史学的着眼点不再是社会的宏观结构,而是日常生活和文化领域。“文化”是人类学研究的核心概念,著名人类学家吉尔兹眼中的文化是指“从历史沿袭下来的体现于象征符号中的意义模式,是由象征符号体系表达的传承概念体系,人们以此达到沟通,延存和发展他们对生活的知识和态度”②。在文化哲学看来,文化是历史上积淀下来的人们稳定的生活方式,同时是社会运行的内在机理。微观史学家们也认为,一个时代的文化或是历史的意义是具体而细微的,它们仅存在于那些接受了具体规则和信仰的特定社会群体和有名有姓的个人身上,因此必须借助于文化人类学“深度描述”(thick description)的方法,根据不同的背景和语境有区别地加以考察,进行微观化的历史分析。与人类学家的田野调查异曲同工的是,微观史学家通过历史资料的重新挖掘和整理,运用大量细节的描述、深入的分析重建一个微观化的个人、家族或是小区。如前所述,拉杜里的《蒙塔尤》一书所关注的焦点不再是社会经济方面的内容,而是重点研究文化心

---

① (美)伊格尔斯:《二十世纪的历史学》,何兆武译,山东大学出版社2006年版,第108页。

② (美)吉尔兹:《文化的解释》,纳日碧力戈等译,上海人民出版社1999年版,第103页。

态方面的内容,尤其是对普通民众的精神世界进行考察。他们所选择的研究领域也是传统叙事史学所忽视的日常生活、宗教信仰、婚姻家庭、各种观念等等。《蒙塔尤》叙述的主题就是法国南部一个小山村中的普通民众的精神世界,叙述的是他们的各种观念和态度。

其实,“新文化史”的一个最重要的特征就是不再把文化视为一种“被动”的因素。在琳·亨特看来,文化与经济等物质因素的关系是互动的,双方互有影响。而提出“新文化史”的年鉴学派第四代史学家更是否认文化是一种上层建筑的说法,这一代的代表人物是罗杰·夏梯艾(Roger Chartier)。夏梯艾认为,将文化视为社会经济生活的产物是一种错误的说法。在他看来,文化本身是社会经济的一部分,无法与后者相分离,因此,根本没有这样一种从物质到文化的演绎关系。在一次思想史的理论与方法的国际讨论会上,夏梯艾对传统的思想史、文化史之间的划分提出了质疑,认为学科内部的发展已经无法将它们像以前那样作严格区分了,他的观点是十分正确的。

卡洛·金兹伯格定义的微观史学仅限于人种历史学领域,他提出:“我们建议把微观史学和一般史学定义为研究经历的科学。于是,物质文化覆盖了社会的其他层面,它的扩张使社会销声匿迹。20 世纪 70 年代,在年鉴学派的研究中,文化领域备受重视并无所不在,精英文化与大众文化的区别成为研究的重点。只有把精英文化和大众文化的对照作为总问题的核心,历史学家才能成为人类学家。”①

微观历史学并不全盘排斥经验的社会科学,但它强调在方法论上需要以小规模现有的现实来检验他们建构的理论。它根据同样的理由在质疑吉尔兹对文化的研究路数。尽管吉尔兹声称他处理的是一个小规模的世界,却坚持把文化当做一个整体体系,当做一个整体的那种宏观社会概

---

① (法)弗朗索瓦·多斯:《碎片化的历史学:从〈年鉴〉到“新史学”》,马胜利译,北京大学出版社 2008 年版,第 160 ~ 161 页。

念。正如列维指出的："我觉得微观历史学与解释性的人类学之间在观点上的主要分歧之一便是：后者在公共的符号与征象二者之间看出一种一致的意义，而微观历史学则力求参照它们所产生的社会表现的多重性来界定它们和衡量它们。"①那结果便是有一个由"社会分化"所标志的社会。在这里，有关霸权与社会不平等的各种考虑——这是马克思主义历史学的主要关注——就形成了微观历史学家的历史观。

三、注重特殊性和多样性史料的搜集

微观史学家们一反传统史学注重对政府国家档案的研究和此前年鉴派史学家在进行社会经济史研究时注重经济、统计等大量数据图表的史料选择原则，他们特别注重史料的独特性，尤其是有关下层普通民众的史料、地方档案、口述材料、私人笔记信件、法庭诉讼记录、婚姻人口登记等有关日常生活物质，特别是有关精神方面的材料。而被微观史学家最为经常性使用的就是欧洲中世纪宗教裁判所进行审讯的大量记录。如前所述，金兹伯格的《奶酪与蛆虫》的史料，并非来自官方档案，是来源于20世纪六七十年代在乌迪内(Udine)的档案馆里发现的一批尘封已久的珍贵文献。拉杜里的微观史学名著《蒙塔尤》即是以帕米埃主教雅克·富尼埃主持下的宗教裁判所法庭对异教徒的审判记录为最原始的史料而写就的。作为核心史料的宗教审判记录无疑是研究蒙塔尤这一小山村最为理想的材料，这一史料记录了帕米埃的宗教裁判所法庭从1318年到1325年的审判记录，其间历时370天，共进行了578次审讯。这几百次开庭总共涉及98桩诉讼案及卷宗，共使114人受到追究或起诉，其中就有25名被告来自蒙塔尤，而这25名被告"每人都提供了一份内容丰富、甚至非常

① (美)伊格尔斯：《二十世纪的历史学》，何兆武译，山东大学出版社2006年版，第112页。

详尽的证词”①。

四、叙述方法

克罗齐有一句名言是:“没有叙事,就没有历史。”由此也可以看出叙述在传统史学中的重要地位。那么什么是叙述呢? 劳伦斯·斯通认为,“叙述是指将历史材料以时间顺序组织起来,并将内容组成前后呼应的故事,当然也要有一些情节点缀其间”。另外,拉杜里叙述的方法不是平铺直叙地表述事实,而是着力于探求潜意识。尤其是在人类学研究方法的影响下,试图从语言、动作和姿态中去揭示其所包含的符号意义。这种叙述的方法不仅受到弗洛伊德心理分析学说的影响,更多的是借鉴了人类学家格尔兹的“深度描述”理论。所谓“深度描述”是指“一种对意义的无穷无尽的分层次的深入描述。研究者在大量占有调查材料的前提下,通过现代人的历史想象,为某一特定区域的文化构筑出一幅解释性的图景,并力图从细小但结构密集的事实中引出重大结论”。伊格尔斯认为格尔兹的“深度描述”“意味着在和另一种描述直接对抗。它也意味着我们并不是要把我们预设的概念说给对方接受,而只是要如实地重新捕捉它”。叙述也是微观史学家们都乐于采用的一种最佳方式,“许多微观史家强调,不能把历史知识与对事件的观察和叙述相脱离”。“微观史学家认为,叙述是最好的方法,借此可以告诉读者研究假设和史料之间的冲突。”但是微观史学家所说的叙述却与19世纪的“叙事史”不同,它是一种新的历史叙述手法,强调史学家是“全能的”,可以“重建”过去。

微观史学家的研究方法也很独特。他们的切入点很简单——人名。他们将历史考察的规模缩小到可以精确确认身份的个人。具体地说,微观史学家是以人名为指南,首先寻找出现于教会文献、财产登记、行政记

---

① (法)埃马钮埃尔·勒华拉杜里:《蒙塔尤》,许明龙、马胜利译,商务印书馆2007年版,前言第8页。

录等档案中的人名，收集普通人在不同档案中留下的各种痕迹，然后通过将这些碎片拼凑在一起，重绘出这个人的肖像。这种方法在具体的叙述方式上与传统史学不同，传统史学的叙述是以时间为组织单位的。“叙事通常是围绕时间来展开的，时间顺序意味着事实之间的联系和事件过程的连贯性。”因此传统史学的著作大多是编年记叙体裁，而微观史学叙述的组织因素却并不一定是时间，可能是某种理论概念或是核心事实。拉杜里的《蒙塔尤》是以各种能表现出农民的精神世界的日常生活行为和观念为线索来分专题加以论述的。微观史学所倡导的是一种“分析性叙述”，即将分析和叙述结合起来、相辅相成，并“以分析来促进描述的条理性，以描述来增强分析的故事性，共同建构分析和叙事交融的历史解释”。微观史学在叙述中充分地融入自己本身的主体意识，“引入了这样的一种叙述，历史学家在其中不仅是传达了自己的发现，而且也传达了自己的操作程序”。

微观史学也存在着片面性和缺陷，多斯对历史的碎片化持批评态度。他认为，“这种系列方法反映出两方面的无能为力，一是历史学家丧失了总体观念；二是历史中的人类被其无法掌控的系列分化瓦解。人类对现实不再有任何效力和作用。系列性表达了一种新的异化，这种异化摧毁了‘实践—惰性’结构中的所有实践行动”①。“而人类在其中既不是研究对象，也不拥有中心或周边地位。气候史在人类身上落下的痕迹‘是微不足道的’。”②“与总体化的方法相反，系列化不但没有丰富，反而枯竭了历史研究。”③伊格尔斯在《二十世纪的历史学》一书中将针对微观史学的种

---

① (法)弗朗索瓦·多斯:《碎片化的历史学:从〈年鉴〉到“新史学”》,马胜利译,北京大学出版社 2008 年版,第 174 ~ 175 页。

② (法)弗朗索瓦·多斯:《碎片化的历史学:从〈年鉴〉到“新史学”》,马胜利译,北京大学出版社 2008 年版,第 175 页。

③ (法)弗朗索瓦·多斯:《碎片化的历史学:从〈年鉴〉到“新史学”》,马胜利译,北京大学出版社 2008 年版,第 179 页。

种批评，归纳了四个主要方面："(1)他们的方法以及他们对小规模历史的专注，就把历史学归结为对轶闻逸事的发思古之幽情，(2)他们把以往的文化浪漫化了，(3)他们着意要研究相对稳定的文化，他们就没有能研究以迅速变化为其标志的近代和当代世界，(4)他们没有研究政治。"①走向极端就会使历史碎片化，导致历史虚无主义、相对主义。微观史学过分关注于微观对象，有时会导致另一个极端，即缺乏宏观视野，使得历史叙事和历史理解有流于琐碎的弊端。

综上，年鉴学派开辟了与以兰克为代表的传统史学和以黑格尔为代表的史学理论完全不同的路径。年鉴学派的历史研究呈现出如下几个特点：一是提倡总体历史学，把研究的触角伸入人类历史的每一个细节；二是提倡对历史学进行跨学科综合研究，广泛应用历史学方法以外的社会学方法、心理学方法、计量方法和比较方法，并注意开拓史料的来源；三是对经济史、社会史和心态史给予足够的重视；四是用问题史学代替传统的叙述史学，强调历史学与现实的联系。在这之中，布罗代尔的"长时段"理论影响深远。长时段理论有三个方面不同于传统史学理论的内容：一是历史的时间不是单一线性的时间，历史的时间是多元的、划分为不同的层次的。二是历史本身也分不同的层次和时段，如同"用多种声部唱出的、听得见的歌曲"，虽然"它的各个声部常常互相遮掩覆盖"；又如同"我们所说屋顶上的瓦片排列一样，在这同一领域中，就存在着一些部分重叠在一起的不同时段"。布罗代尔把历史分为三个时段，即长时段、中时段、短时段，而只有长时段——历史深层的"结构"才真正对历史起着支撑与阻碍的作用。长期的连续性与短期的急剧变化之间的相互作用才是历史本质的辩证关系。三是"接受长时段意味着改变作风、立场和思想方法，用新观点去认识社会"，也就意味着史学范式的转换。心态史学的复兴和

---

① (美)伊格尔斯：《二十世纪的历史学》，何兆武译，山东大学出版社2006年版，第115页。

微观史学的兴起实现了历史主题的转换,即一方面由“大历史”到“小历史”,由宏观结构转向小群体或民众;另一方面由经济社会转向文化。

实际上,年鉴学派的原创与贡献并不仅仅在历史观上,更重要的是在方法论上。正如巴勒克拉夫所说:“布洛赫和费弗尔的新颖之处在于他们为旧历史学转向新历史学开辟了道路。他们的主要贡献不在于他们提出了总的历史观念,而在于他们不仅成功地说明了新历史学在实践中有可能实现,而且说明了如何才能实现。简言之,他们带来的变化是在方法论上,他们不满足于采纳某个理论立场……而是撰写这类历史从而树立了实际榜样……一种新方法论在新观点鼓舞下逐渐形成了。”①

① (英)杰弗里·巴勒克拉夫:《当代史学主要趋势》,杨豫译,北京大学出版社2006年版,第46页。

第三章　年鉴学派史学理论：从宏观向微观转型

按照彼得·伯克的观点，从1929年至1989年间，年鉴学派的发展经历了三个阶段，即有三代史学家属于这个流派。他开列了一大批属于年鉴学派的历史学家名字。还有人认为，年鉴学派发展到今天，已经进入第四代了。这些历史学家往往各自开展自己的研究，在观念上和方法上也不尽相同，他们主要围绕在《年鉴》杂志的周围，并都表现出对传统史学的颠覆。虽然他们并没有公开表示形成了一种统一的史学研究模式，并且他们的观点在某种程度上还表现出相互对立和矛盾，但从他们对历史问题的认识以及在他们的史学实践及表现的方法上，我们依然能够找到许多共同的东西。这些共同的东西不仅包括对一些具体问题的看法，而且更重要的是他们在研究的路数上、在对历史的解释上有许多共同的东西，我们把这些共同的东西总结出来，称之为“年鉴学派史学范式”。

如果把年鉴学派的史学范式放在20世纪以来西方人文学术研究的总体趋势之中来看，我们发现其实质是微观的历史解释模式，这种模式和当代人文学术范式的转型,和20世纪中期以来兴起的日常生活批判理论以及近年流行起来的微观政治学研究范式等,都具有某种内在的关联以及精神上的"血缘关系"。本章试图超越具体的历史研究,进入一种文化哲学的视野来考察年鉴学派史学理论的革命性意义,而这种考察首先要从对传统宏观史学解释模式的反思和批判开始。

第一节 宏观历史解释模式的限度

"历史来自何处?历史通往何方?历史是指什么?"①雅斯贝尔斯在《历史的起源与目标》开篇便提出历史的三个问题。斯宾格勒也指出:"研究历史必须回答两个问题:一是历史是否有内在的逻辑和规律?是否有形而上的结构或意义?二是历史是否有统一的进程和必然的阶段?""历史是什么"的问题一直是历史学家和哲学家共同关注的根本问题。实际上,人类自从有了历史意识,开始书写自己的历史,就开始了对历史理论的思考。诸如:"历史是什么?""历史有何用途?""历史同自然有何区别?""历史是科学的还是文学的?""历史的主题是什么?""历史有没有规律?""历史过程是如何展开的?""历史的动力是什么?"……这些问题涉及历史的性质、意义以及历史与自然科学、哲学、文学、艺术的关系等问题。不同的学科从不同的视角在不同时期对这些问题又有不同的理解。根据对这些问题的不同回答形成了各个历史时期不同的历史观和方法论。反过来,这些历史观和方法论又成了人们认识社会历史的"框架"、"图式"、"路数"、"范式"、"模式"…… 再通过理论家的系统化、理论化而形成了史学理论。受其支配,各时代的历史学家编撰出了属于其时代的历史学。这里涉及这样几个概念:历史意识——历史——历史学——史

① (德)雅斯贝尔斯:《历史的起源与目标》,魏楚雄、俞新天译,华夏出版社1989年版,第3页。

学理论。与史学理论相近的还有三个概念，即社会历史理论、史学范式、历史解释模式。这四个概念意义相近又不完全相同，既紧密联系又有细微差别，有时可以混用，有时又有严格区别。

一、“历史解释模式”概念的提出

所谓“历史解释模式”是指最一般的对历史的理解范式和解释框架。主要包括历史观和方法论。“历史解释模式”与“史学理论”“史学范式”“社会历史理论”等概念意义相近又有所区别。史学理论是个史学概念，是理论化系统化的历史观，和哲学认识论是相对的概念，还没有上升到认识论的高度。史学范式也是史学概念，比史学理论外延小，多在方法论意义上使用这一概念。它表明历史学家作为一种共同体，在一定时期内开展研究活动的共同基础和准则，也是该科学的一种传统。社会历史理论是哲学概念，是人们对社会历史最一般的看法，是世界观，是社会历史观的理论化、系统化；又是方法论，既是本体论又是认识论。而历史解释模式则是比社会历史理论小的哲学概念，偏重于方法论。我们首先看看与其有相近含义的几个概念：

所谓范式(paradigm)，是美国科学史家托马斯·库恩提出的一个核心术语，但是库恩从来没有对“范式”这个重要的概念给出明确的定义，只是在不同场合常常作出不同的解释。在他看来，范式不同于单纯的理论和理论系统，它包含了科学实践中一切影响科学家的活动和发展的认识的、技术的因素。也可以将范式理解为某一科学共同体在一定时期内开展研究活动的共同基础和准则，也是该科学的一种传统。库恩说，“范式”一词无论是在实际上还是在逻辑上，都很接近“科学共同体”这个词。一种范式是也仅仅是一个科学共同体共有的东西。反过来说，也正由于他们掌握了共有的范式才组成了这个科学共同体，尽管这些成员在其他方面并无任何共同之处。库恩从历史的角度出发，提出了科学发展和进步的纵向结构,即以范式的形成和更替来说明科学进步的途径和规律。按照他的观点,科学进步和发展的基本模型应当是:前科学(没有形成范式的阶段,即没有系统理论的阶段,如古希腊的自然知识,托勒密以前的天文学,牛顿以前的物理学)—常规科学(出现了系统的、得到普遍承认的理论,即形成了范式)—危机(该范式的动摇)—科学革命(出现了新的范式)—新的常规科学,依次循环往复。常规科学是正常状态下的科学,即范式支配下的科学研究和解决难题的活动。科学进步与发展除了比较平静的"常规科学"的发展之外,还会发生"科学革命"。常规科学经过平稳积累的长期发展之后,往往出现大量的该范式无法解释的"反常"现象,即该门科学出现了"危机"(例如麦克斯威电磁理论中的"以太"假说,托勒密的地心说等)。为了摆脱困境,新一代科学家抛弃旧范式,以非常规的研究代替常规研究,寻找新的范式,于是进入了科学革命阶段。在这个意义上,危机的到来预示着科学的大发展。所谓科学革命实质上就是新旧范式之间的斗争,它以新范式取代旧范式,进入新的常规科学而告终。因此,范式不但是区分科学与前科学或非科学的标准,而且是解释科学革命的核心概念。

库恩的范式论是科学理论上的结构论,也认为科学发展不是孤立的现象,而是一个有结构的过程,即经历了由常规科学和科学革命的两个阶段构成的反复过程。库恩的范式理论,产生了广泛而深远的影响,它不仅对自然科学,而且对社会科学和人文科学也产生了深刻影响,因此被列为20 世纪科学哲学的五大成就之一。

1964 年,纳德尔将库恩的范式论用于历史研究,提出了历史学的基本范式。斯多亚诺维奇又进一步地将历史学的基本范式具体地归纳为三类:第一类是从古希腊到马基雅弗利时代的历史学范式,称做资鉴范式;第二类是兰克范式,称叙事史范式;第三类是结构 - 功能主义范式,它规定历史著作不再是描述性地重现过去,也不是讲有教化作用的故事,而是提出问题并作出系统的分析和阐述。第三类范式实际上又是把第一类范式中的学术标准同第二类范式中的历史解释有机地结合起来形成的一种崭新的常规历史科学。年鉴学派的范式无疑属于第三种范式。

所谓“历史模式”是法国年鉴学派大师布罗代尔使用的一个术语。年鉴学派历史学家们一般都远离历史哲学等理论的建构,布罗代尔少有的关于史学理论的描述一般都采取形象比喻的方法。他有时把“模式”比做时间河道中航行的船只,实际是根据不同时段研究历史的一种方法手段,是在研究社会实在中总结出来的历史更深层的、结构性的东西。他说:“我有时把模式比作船只。一旦船只已经建成,我就要让船只下水,看它是否漂浮,然后沿着时间的长河顺流而下或逆流而上。船只失事始终是最意味深长的时刻。”他还指出:“模式的时限有长有短:模式的有效时间是它记录的实在的有效时间。在观察社会时,这一时间具有头等重要的地位,因为同生活的内在结构相比,这些结构在各种矛盾压力下出现的断裂(突然的或缓慢的)意义更加重要。”“研究应该不断从社会实在得出模式,再从模式回到社会实在,多次往返,耐心地进行修补。因此,模式就由说明结构的尝试、检验和比较的工具变成对某个特定结构的生命力和可靠性的验证。如果我从现实出发制造一个模式,我就会立即把它放回到实在中去,然后在时间中向上追溯,尽可能追溯到它的诞生为止。”①这种“模式”不同于数学模式,“数学模式只是以方程和函数形式出现的、互有紧密联系的假设和解释体系:这个决定那个,或者这个等于那个……历史模式从来不想用数学语言作出表述”②。他说:“我认为定性数学的现有模式不适于从事这类往返运动:时间的河道多不胜数,这些模式却只在

① (法)费尔南·布罗代尔:《资本主义论丛》,顾良、张慧君译,中央编译出版社 1997 年版,第 195~196 页。

② (法)费尔南·布罗代尔:《资本主义论丛》,顾良、张慧君译,中央编译出版社 1997 年版,第 190~191 页。

一条河道中航行(长时段和超长时段的河道),避开了航行事故、外在机遇、与实在脱节等偶然因素。”①

在这里,布罗代尔把历史模式同数学模式区别开来,“模式”由研究社会实在中总结出来,并不断回到社会实在“修补”。同时,反对模式的滥用。他说:“在制订社会科学的共同纲领前,必须先确定模式的作用和界限,以免它们被某些人肆意扩大。为此,我们应该把模式和时段进行对照,因为在我看来,模式的意义和价值在很大程度上取决于它的有效时段。”②伊格尔斯的“研究路数”一般是指一种研究传统,偏重于方法。他认为后现代史学与传统宏观史学在研究路数上有很大区别。

受库恩的“科学范式”、布罗代尔的“历史模式”和伊格尔斯的“研究路数”启发,笔者认为,把“历史解释模式”③概念引入历史和哲学领域更为恰当规范。所谓“历史解释模式”是指最一般的对历史的理解范式和解释框架。这种解释模式从历史学和社会科学的研究之中总结出来,它构成了历史观和历史学研究方法的理论内核,但不能简单地归结为历史观或者历史学研究方法,毋宁说,特定的历史观和史学方法只是历史解释模式的表现形式,而历史解释模式是它们的内在精神。“历史解释模式”源于库恩的科学研究“范式”、布罗代尔的“历史模式”和伊格尔斯的“研究路数”,它与“史学理论”、“史学范式”、“社会历史理论”等概念意义相近又有所区别。

那么,历史上都有哪些历史解释模式呢?从哲学视角看,历史解释模式总体上可分为“宏观历史解释模式”和“微观历史解释模式”④。

---

① (法)费尔南·布罗代尔:《资本主义论丛》,顾良、张慧君译,中央编译出版社 1997 年版,第 196 页。

② (法)费尔南·布罗代尔:《资本主义论丛》,顾良、张慧君译,中央编译出版社 1997 年版,第 190 页。

③ 衣俊卿:《作为历史理论的文化哲学》,载《哲学研究》2010 年第 2 期。

④ 从不同学科领域视角看,还可以提出其他的模式,如“文化哲学的历史解释模式”,我们将在第四章中具体阐述。

如同对一切事物的认识一样,人们首先总结归纳出宏观的“结构”、“规律”,再由宏观到微观,人对自身、对历史的认识也是如此。首先从纷繁杂芜的历史事件中揭示出历史的总体概观,再从宏观深入微观的发展历程。所以,先有宏观史学和宏观历史解释模式后有微观史学和微观历史解释模式。本章重点探讨年鉴学派和微观史学的哲学意义,所以主要着眼于“宏观历史解释模式”和“微观历史解释模式”,而兼具二者优点扬弃其缺点的“文化哲学的历史解释模式”将在第四章中加以论述。

二、宏观历史解释模式

所谓宏观历史解释模式,是指从社会历史宏观领域着眼,注重历史的“大结构、大过程”,从人类活动的宏观领域去把握和解释历史,一般围绕历史的性质、有无规律、决定因素 - 动力系统、进步路线图等领域展开。它力图通过构成社会系统各要素之间的联系揭示社会历史的本质,从“总体”上寻找或发现历史发展的“规律”,预测历史发展的进程,构建起社会历史的宏观框架和发展模型,即社会历史的“宏大叙事”(借用这一被后现代理论家所批判否定的概念,但我不是在否定的意义上使用)。由于历史观和方法论的不同,历史上,这种宏观历史解释模式又有不同的表现形态,最典型的是神学的、社会科学化的和文明形态的历史解释模式。这种历史解释模式的哲学基础是“意识哲学”和思辨历史哲学,往往带有本质主义和还原论色彩,其表现就是各种各样大写的历史,包括宏观政治史、事件史、帝王将相英雄人物的历史,也包括断代史、国别史、民族史。由于其宏大的特性,往往成为后现代理论家批判的靶子。

历史研究由来已久,西方从古希腊的希罗多德和修昔底德就已经开始,中国古代的《春秋》、《左传》、《国语》、《战国策》等,都是最早的历史研究作品。但这个时候的历史,虽已摆脱了古代神话的禁锢和影响,成为了一种新的文体形式,但还不能说是历史学。因为以今天的眼光来看,这些历史著作,多是一种文学叙述,只是所叙述的不再是远古英雄传说,而是历史事实而已。不过,这些最早的历史研究已经打开了一扇窗户,让我们知道那存在于过去的客观的历史事实。同时,它也为后来的历史学提供了一种基本的理念。历史是一种叙述,是那些通过艰苦卓绝的努力(可以是亲身经历,也可以是通过史料的挖掘)保有对过去的记忆的人讲述的昨天的真实故事。因而历史学著作,成为了一种特殊的写作,历史学家成为了一批特殊的作者。他们的写作不是为了审美,而是如希罗多德所说,为了往事不至于被湮没。当然他们也不只是记录过去,也要从对过去的记述和研究中寻找到一些历史事实背后的东西。希罗多德,这位西方历史学之父赋予历史三重任务:"纪念、寻找原因和评价。"①这里所说的纪念比较好理解,而所谓寻找原因与评价,已经有了历史学的雏形,只不过还没有形成真正属于历史学自身的理论方法,而是借用了哲学的思辨。因而我们说这个时代虽然出现了历史著作,有了历史研究,但还不能说出现了真正的历史学,那只能算是一种史料的编撰与整理。

从史料的保存与整理到历史学解释模式,是在进入文艺复兴时期以后才逐渐形成的。从 14 世纪到 16 世纪,是欧洲的文艺复兴时期,也是人从宗教神权的禁锢和束缚中解放出来,发现自身,肯定自身,张扬自身的价值,实现自身的目的的时期,大写的人成为了历史的核心。于是,产生了人文主义史学,并形成了一些新的史学观念:要从历史自身来寻找历史的解释,提出了所谓历史的内部法则问题,而决定这些历史内部法则的是人的本性。也就是说,他们看到了人和人的活动是历史的真正动力,而非神的推动力,因而找到了解释历史的新的态度;而且对于他们来说,对史料应进行批判性的订正,因为史料所具有的意义并不是简简单单地摆在我们面前的,也并非所有的史料都是一种纯粹的客观存在,而是有真伪之

① 章士嵘:《西方历史理论的进化》,山西教育出版社 2004 年版,第 57 页。

别。同时,不同的史料只能适用于对不同的事物的解释,是不能混淆运用的。在这种人文主义史学理念中,他们更加注意社会政治史的发展变化,这点在17世纪被放大并在一定程度上遭到扭曲,出现历史为现实政治服务的趋势。

18世纪是西方史学发生巨大变化的一个时期,这一方面是因为启蒙理性的广泛传播,自然科学取得了巨大的发展,还有一方面是社会政治斗争和政治革命风起云涌,社会制度变革势在必行。最早提出系统的历史理论的是意大利思想家维柯,他在1757年出版的《新科学》一书,力求用严格的规律性来说明人类的全部历史问题。但他的书当时并没有引起人们的注意,直到1835年这部著作被翻译成法文出版,他的思想才引起了人们的广泛重视。

法国启蒙思想家们比较注重从理性主义立场出发,去看待一切历史问题,当时表现出三种不同的倾向:一是从人类普遍的理性本质来看待历史问题;二是从人类社会与自然界的相互关系来寻找历史规律;三是机械地把自然规律平移到历史中来。这个时候,历史学在人们心中已经成为了一门独立的科学,有着自己特定的研究对象和研究方法,而且它必定是要在普遍理性的指导之下进行研究。同时,人们对待历史,形成了两个基本的信念:第一,历史有自身的规律,一切外在于历史的力量都只能是对历史的发展产生很小的影响,而真正决定历史发展变化的是它自身的规律;第二,人类历史是一个不断发展、不断进步的过程。从18世纪到19世纪,直到20世纪初,对于这门独立于其他科学之外的历史科学,从研究对象到研究方法、基本原则以及对史料的看法、对人类历史进程的看法等等,已经形成了系统的历史理论或者称做历史哲学思想,康德从人类的普遍理性来理解历史的过程,将历史看做是“必然的、有规律的,又是自由的、合乎目的的”,并把善恶斗争理解为历史发展的动力。① 黑格尔则将历史理解为绝对精神的自我展现和自我演化过程,其中贯穿着一种辩证法的思想,而马克思的唯物史观则强调经济结构是社会历史发展的根源,经济基础决定了上层建筑。

兰克是传统史学理论的集大成者,他的史学思想除对古典史学思想的继承之外,也有了自己独特的东西,主要体现在这样几个方面:第一,他强调历史学是一种科学。这是他最基本的主张,他认为历史研究是和其他的科学研究截然不同的,是一门独立的科学。这点并不是他第一个主张的,早在文艺复兴时期人文主义史学兴起的时候,人们就已经意识到这是一门独立的科学了,但那个时候关于历史学的研究,还没有形成完整的科学体系,即还没有形成关于历史学的对象、问题、方法等系统的理论。经过几个世纪的积淀,到兰克这里,已经具备了提出有关历史学系统理论的条件,于是他首先倡导历史学的科学性和体系性。第二,他对史料的态度与研究方法。他提出历史学科学性的最主要支撑就在于对于史料的态度。他认为历史研究首要的是研究史料,尤其是原始史料。“要让身临其境的人说话,要看那些目击其事的人是怎样记载的”,这些才是最可信的和最有价值的东西。但他并不认为这些史料可以不加区别地随意运用,而是要对这些史料进行严格的考订,对作者的思想与背景作认真的研究,因为这些史料有的是抄袭的,有的是辩护的,有的是实闻实录,不加区别会给我们的历史研究带来损害。② 第三,他要让史料自己说话。他强调历史学家一定要采取一种客观主义的态度,他提出了一句名言——“如实直书”③,即历史学家必须对史料保持客观、中立的态度,而让史料自己来

---

① 参见章士嵘:《西方历史理论的进化》,山西教育出版社 2004 年版,第 123 ~ 127 页。

② 参见章士嵘:《西方历史理论的进化》,山西教育出版社 2004 年版,第 162 页。

③ 何兆武、陈启能主编:《当代西方史学理论》,上海社会科学院出版社 2003 年版,第 14 页。

说话,也就是历史学家要避免评判过去,而只是使自己立足于阐明事情是怎样发生的即可。这是一种"不偏不倚"的态度,他说:"对事实进行精确的陈述,虽然可能会枯燥及不具备逻辑必然性,但它无疑是最高原则。"①这就是他的客观主义原则,而这条原则成为了传统历史学的核心准则。按照他的理解,如果把可靠史料的批评考证、不偏不倚的理解与客观公正的叙述结合起来,是可以再现历史真相的。第四,兰克并不认为历史就是那些零散的、杂乱的史料的简单集合,历史是有自己发展的规律的,研究历史的更关键之处是去发现这个规律,掌握这个规律,以期对未来有一定的指导意义。伊格尔斯说:"19 世纪科学的历史学和古老的历史学的文艺传统之间的断裂,一点也不像许多 19 世纪的历史学家们所设想的那样大。科学的历史学话语就包含有文学的想象在内,而古老的文学传统也是在重建真实的过去之中寻找真理的。"②其实他们所遵循的原则,以及对于历史的观念是一脉相承的。相对于 20 世纪新历史观念来说,这就是传统的史学观,也被称之为"历史主义"。这种历史主义,并不仅仅是我们前面所讨论的具体的历史研究方法,还包含着一些更根本的理念原则,可以说这是一种历史哲学。而这种历史哲学带来的不只是方法论的革新,更重要的是它形成了一种历史解释模式——宏观历史解释模式。其基本主张如下:

第一,假定一种真实的、客观的、可复原的历史的存在。这是传统史学最核心的观念。无论是古代以特殊文体形式进行的叙述,还是近代通过对史料加以考订研究,人们的心中始终有一种信念,那就是过去是真实存在的。它就存在于这些事件之中,存在于这些史料、考古发现之中。这里所说的过去,不是一个抽象的、泛指的名词,而是意味着一种真相,唯一的真相,这才是人们信念中的核心部分。比如古代人们的生活情况是什

① (意)克罗齐:《历史理论和实际》,何兆武等译,商务印书馆 1999 年版,第 224 页。
② (美)伊格尔斯:《二十世纪的历史学》,何兆武译,山东大学出版社 2006 年版,第 2 页。

么样的?古代的经济、政治以及文化都有怎样的特征?说过去是客观存在的,就等于说这些真相也都是客观存在的,只有我们的历史再现出来,符合这个所谓的客观真相,历史研究才达到了目的。这种关于历史的观念是与传统的真理观紧密联系在一起的,与传统认识论是一致的。

第二,历史合规律性与合目的性的观念。也许在远古时代,人们只是想通过历史的叙述来显示人性的状况,还没有意识到历史是合规律性地发展演变的,那么到了启蒙运动以后,启蒙理性所赋予历史学的就必定会有这一条,并假借康德之口说出来。合规律性的观念既是人类的普遍理性理解世界的一种必然,同时也是自然科学带给人类的一种信念和信心,又是自然科学影响所致。当人们提出历史是一种科学的时候,其实就是仿照自然科学,并把自然科学的工具移植过来。人们希望像我们理解自然一样地理解人类历史,像我们能够认识自然的本质和规律那样地去认识历史的本质和规律。于是在人们的信念中就形成了这样一种观念,历史也像自然界一样,是合理性的、有秩序的,它也有自己发展演变的规律,只要我们能够把握住人类历史发展的规律,我们就可以避免重蹈过去灾难的覆辙,并使历史向着更为人性化的、更为合理的、更为公正和公平的方向发展。

然而,在人们形成这样一个观念的同时,另一个观念也就随之产生了,那就是历史发展的合目的性。人类历史的规律和自然界发展的规律是不同的,这关键就体现在它的目的性上,即人类历史总是从低级向高级、从野蛮向文明、从人性的异化向人性的复归发展的。在文艺复兴时期,人们关于我们这个时代是否比过去进步,还曾经有过争论,但到了18世纪,人们普遍地认为,现代是远比过去进步的时代了。到了康德、黑格尔,历史的合目的性的观念和社会进步的观念已经被确立下来。这种社会进步观念是近代启蒙理性带给我们的重要的精神遗产之一,也是现代性的一个核心的价值维度。

第三,连续性与总体历史观。既然社会发展是一个进步的过程,于是人类历史就成为了一个连续的过程,一个时间链条,历史上发生的任何事件就都成为了这个总体链条中不可或缺的一环。于是,这种进步就从最低级开始,逐渐向着高级、更高级发展演变;于是,人类社会就必然要有一个开端,由此开端不断地向前发展。历史上出现的任何事物,都必定要有它的发展演变过程。没有原始社会就根本不会有人类社会历史,同样,如果没有奴隶社会,也就不会有资本主义社会,更谈不上有社会主义和共产主义社会。大到每一种社会形态都是这个总体历史发展链条中不可或缺的一个环节,小到每一个历史事件也是这种历史发展连续性中的一个过程和一种痕迹,绝不能缺少。于是,起源的思想就在历史学中根深蒂固。人们习惯于在研究任何问题时都去寻找它的起源,揭示其从起源到发展,到最终成形的全过程,并从这种揭示中寻找历史发展的规律。这也就是说,从总体历史连续性的角度来理解,人类的过去、现在和未来都是这个时间链条中的一个环节,并且是按照历史自身的规律发展变化着,因而,了解过去、知道现在、指导未来,这就构成了一个完整的历史解释模式。

第四,线性时间观和因果决定论。在传统历史学观念之中,历史是按照一维的、单向的线性时间发展的,这是一个从过去到现在、再到未来的,从起源到发展演变的不可逆的过程。在这个过程中,事物的发展变化是严格遵循这一种因果决定论的,即有什么样的前因,就会产生什么样的结果,反过来说也一样,有什么样的结果,就必然有什么样的原因,历史显示着一种必然性。这点,我们翻开任何一本历史教科书都能体会到,如我们说法国大革命的历史必然性,说巴黎公社起义失败的历史必然性等等。仿佛历史从其产生时开始就早已经被决定了该向哪里发展,历史学家的任务就是揭示出这种历史发展的必然性而已。这种观念完全摒弃了历史偶然的因素,固守单一时间顺序,否定了历史可能性的存在,把历史变成了一种机械运动过程,因而在 20 世纪中期以后遭到了最猛烈的抨击和批判。

三、宏观历史解释模式的贡献与局限

前科学(非科学)即神学的乌托邦设计、科技理性时代——社会科学化的历史学——历史主义、文明形态史观、批判历史哲学等传统史学的宏观解释模式对历史学研究作出了重要贡献:从此,历史不再是简单的"纪念"和"评价"而有了意义;历史是合理(上帝意志、黑格尔的理性)的一场进步;历史不再是杂乱无章的循环,它必然奔向既定的目标;历史有了过程(或上帝创造的尘世、或绝对理念的外化、或规律的运演);世界有了一维的时间。这种宏观历史解释模式,在史学理论的发展过程中,在人类科学文化史的发展中,乃至于对现代性精神的塑造方面都曾作出了自己应有的贡献。

第一,传统史学的宏观解释模式的出现,使得历史学摆脱了神学和哲学的禁锢和影响,也摆脱了完全依赖于文学想象和直觉的研究方法,使之真正成为了一门科学,这是它最大的贡献。回想希罗多德的《历史》一书,除了叙述确实曾经发生过的事件之外,还夹杂了大量的神话、传说、梦兆和神谕的内容,虽然文学性与可读性极高,但作为历史学著作的价值却因而大大地打了折扣。古希腊人最早有了历史意识,但他们"历史观念的一个弱点就是所谓的反历史倾向的问题,柯林伍德把它称之为实质主义。他们喜欢去寻找物质现象背后的实质,柏拉图关于形式的学说就是一个典型……我们知道,凡不变的东西就不是历史的,成为历史的东西都是瞬息万变的。古希腊的大多数思想家都认为变化低于存在,只有存在才是知识的唯一对象,同存在相比,变化是低下的"①。

可见,虽然历史研究早已经开始,历史著作已经出现,但那个时期的

---

① 章士嵘:《西方历史理论的进化》,山西教育出版社2004年版,第59页。

历史研究还没有完全摆脱宗教或思辨哲学的影响，没有成为一门真正独立的科学。中国古代的史学虽然较少受这种宗教与思辨哲学的影响，但却与文学纠葛在一起，与叙事、语言，与风骨、气韵等一些审美原则纠结在一起。我们只要读一读中国古代的文论著作，就会发现，多半都是那种诗文评价的东西，也会发现史学叙事是文学艺术中的一个重要的类别，人们也完全是从文学、艺术审美等角度来认识和理解这些东西的，而其所叙述的史实的真实性倒在其次。所以建立起一种真正科学的历史学，就显得尤为重要。

这种科学的历史学首先面对的是对象问题。对于什么是历史学应该研究的对象，在任何一个时代，大概史料从来没有被怀疑过，但什么是史料却是个不容易说清楚的问题，诸如那些没有根据的远古时代的传说是不是史料？还有那些流传于民间的传说故事是不是史料？这个问题只有在近代，当历史学成为了一门独立的科学时，才得到了明确的规定，即它与历史的真实性联系在一起，注重实证性，即能否成为史料并不是看这些事件讲述的是不是过去的事件，而是看它是否能够实证。于是，除了传统意义上的史料之外，科学的历史学还大大地扩展了可成为史料的范围，诸如语言文字资料、出土的古代文物、流传的艺术品，等等，都具有了史料性质。

科学的历史学必定要有它明确的研究目的。中国古人早就有鉴往知来之说，西方历史学研究中也有类似的说法，这也可以说是历史研究的一个重要目的。但这些说法都是在没有科学根据的情形下说出来的，也就是说，在不明确如何鉴往的情形下，怎么知来呢？这点和上面讨论的问题是紧密相连的，即历史学研究的对象应该是什么？这个问题只有在近代，当历史学已经成为了一门独特的科学，有了自己的研究对象才能得到较好的解决。兰克的史学思想是把这个问题分成了两个方面来解决的。首先，历史学研究要真实地再现出过去，所以他强调客观化的态度和方法，强调对于史料要做到不偏不倚,要“严格排斥一切价值判断和形而上学的思辨”①而进行一种纯客观的研究,才能够再现出曾经真实存在过的历史。其次,只有在这个“如实直书”的基础上,我们才能把对那些个别现象的认识,上升到具有普遍性的观念,才可以从中把握历史发展的本质和规律,并以此来指导现实,为将来提供借鉴。

第二,宏观历史解释模式,为研究历史提供了方法论的指导。方法论实际上也是包含了一种基本的历史观念的,即把整个历史看成是一个整体,一个连续的、单向一维时间的过程,是一个不可逆的事件的序列,因而每一个事件也就成了这个序列中的一环。如发生在 18 世纪末期的法国大革命,它注定只能发生在那个特定的历史时期,而它的发生是人类历史发展连续过程中必然出现的一个环节,且对于后来的世界历史产生了重大的影响。于是法国大革命已经不仅仅是法国大革命,它是封建社会解体的信号,也是后来整个欧洲,乃至于整个世界日益高涨、风起云涌的民主革命与民族解放运动的先声。这就确定了总体历史进程与个别的、具体的历史事件之间的关系,也决定了我们对待这些事件的态度。接下来是如何对待史料问题:不能简单地把这些史料拿来运用,而必须要对之加以甄别和考订。首先是甄别史料的真伪,即为史料划出一个界限。这又要分为两个步骤:其一是区分那些真实的历史记载、直接见闻者的回忆、过去遗留下来的实物等与那些神话、传说、野史、演义;其二是区别具有普遍性的史料和偶然的、个别的史料。第一个方面无须赘言,而第二个方面,有些东西虽然是真实的史料,但它所代表的事件只是在历史上偶然出现的,并不具有普遍性,因而就不能改变我们对历史的整体看法,而只是将之看成是非本质的东西。其次是对任何史料都必须加以考订,研究其具体语境,当然这个语境有时代的特点,有大的文化氛围影响,有记述者

---

① (美)伊格尔斯:《二十世纪的历史学》,何兆武译,山东大学出版社 2006 年版,第 26 页。

的心境、遭际、经历和思想立场的影响，也有这些史料与其他史料之间的关系等等，这些都要进行认真细致的研究，才能够把握它的本质意义。

第三，普遍理性观点的确立。对历史的认识就是对人自身的认识，对历史的理解也就是理解人自身，当近代宏观史学模式建构起一种普遍理性的历史观时，即意味着人的理性主体的确立。所以，这里所说的贡献，已不仅仅局限在历史学范围之内了，而是启蒙理性精神的确立与传播，也是现代性精神的塑造。历史上的大哲学家和思想家对历史问题的探讨，向来都是和他们的哲学思想、社会政治思想联系在一起的。比如我们前面谈到过的维柯、康德、黑格尔、马克思，等等，还有现当代的克罗齐、伽达默尔、海登·怀特、福柯，等等，都是如此。自文艺复兴以来，人们从宗教蒙昧主义的束缚中解放出来，开始高举起理性的大旗，以普遍理性而不是神意来理解世界、理解自身，经过 17 世纪直到启蒙运动，逐渐建构起了理性主体原则。于是，这个世界不再是混沌无序的大杂烩，也不是上帝意志的体现，而是一个合规律性的客观存在，是一个人们可以通过求知加以理解、认识并改造的世界。人自身也同样是遵循着理性原则的，不管是天赋的理性能力也好，还是后天习得的理性规则也好，总之人是合理性的。合理性的人所创造的人类历史也同样是合理性的、有规律可循的，是可以被理解、认识和改造的历史。反过来说，我们对人自身的认识，在很大程度上就来自于对人类历史的认识。只要去了解一下黑格尔的辩证法，他的精神现象学，即从绝对精神外化为客观世界，再内化为人类精神的否定之否定的辩证过程，即适合于自然界，同时这个过程本身就是历史。所以，当近代史学模式奠定了这种普遍理性在历史研究中的地位时，实际上也就奠定了理性作为现代性的基本维度，对现代社会运行机制不可撼动的统治地位，以及对于现代人的主体性原则。这就是宏观历史解释模式的主要贡献。

然而，启蒙运动已经过去 300 年了，西方社会早已经进入了现代社会,并正在暴露着现代化的种种弊端,非西方国家一方面纷纷走上现代化的道路,但另一方面也在努力避免重蹈西方现代性弊端的覆辙,人类历史进入了一个新的时期。与此同时,人文学术也在经历着种种新的挑战,从19世纪末20世纪初的非理性主义盛行,到语言学转向以及今天的微观政治学转向,历史学所面临的语境已完全改变,因而传统的宏观历史解释模式愈益暴露出了它自身的问题。

杰弗里·巴勒克拉夫提出,传统的历史学,或称之为"历史主义"在经历着挑战。他认为首先是历史学家工作的外在环境发生了急剧的转变,这个外在环境指的就是社会发展。"首先,现在世界上某个地区发生的事件不再可能像过去那样对其他地区不发生影响,二十世纪的历史名副其实是全世界历史。其次,科学和技术不可遏制地进展,在所有地区都形成了新型的社会和知识模式。再其次,欧洲的重要地位已经下降。欧洲从海外收缩,美国和苏联的优势上升,亚洲和非洲正在崛起。最后是自由主义体系的解体。一种在19世纪还闻所未闻的与自由主义体系全然不同的社会和政治制度兴起了。"①巴勒克拉夫认为,"历史主义"虽然在20世纪初期就已经遭到了众多的质疑,但它真正陷入危机是"二战"结束以后,欧洲对于犹太人的灭绝行为,纳粹在东欧的兽行与爆炸在广岛和长崎的原子弹,使人们的自信心开始崩溃,"稍有良知的人不能再以以往的自满心理去看待历史进程了"。由此,当人们面对历史上曾出现的类似屠杀行为,我们还能说历史学家使用的范畴是"中性"的,我们的任务仅仅是"叙述"吗?于是历史学陷入了一场人文科学的危机之中。②

由此可见,传统史学的危机,并不是由于历史学自身的发展所造成

---

① (英)杰弗里·巴勒克拉夫:《当代史学主要趋势》,杨豫译,北京大学出版社2006年版,第1~2页。

② 参见(英)杰弗里·巴勒克拉夫:《当代史学主要趋势》,杨豫译,北京大学出版社2006年版,第1~2页。

的，而是其赖以支撑的哲学基础与价值理念基础出现了问题。于是从19世纪末到20世纪初，关于传统史学范式的质疑之声不断。首先，对其提出质疑的是德国史学家，主要是环绕着卡尔·兰普雷希特的《德国史》（又译《德意志史》）展开的讨论。兰普雷希特质疑传统史学模式的两项基本原则，"分派给国家以中心的角色和集中注意力于人物和事件"，并说："在自然科学中，科学方法把自己限于描述孤立的现象的时代早已经过去了。历史学的学术研究也必须以一种发生学的方法取代描述的方法。"①因为这本历史学著作包括除国家政治之外的社会、文化等更广泛的内容，因而当时德国正统派与新派历史学家之间展开过一场争论，兰普雷希特也参与其中质疑兰克的史学理论。在法国有一大批历史学家与兰克所代表的传统历史学理论相抵触，他们有比较重视对社会经济、文化、习俗等方面内容进行研究的传统。如前所述，其中较为重要的是亨利·贝尔，可以说他是开启年鉴学派史学的先驱。他于1900年创办了《历史综合杂志》，撰文批判传统史学理论，并为未来新史学勾勒出一个大致的轮廓，主张"以史学为中心统一人类知识"，并倡导"一种跨学科的综合研究"。②

在美国，以鲁滨逊为代表的新史学潮流也加入对传统史学批判和质疑的行列。鲁滨逊于1912年出版了《新史学》一书，开宗明义地指出："从广义来说，一切关于人类在世界上出现以来所做的或所想的事业与痕迹，都包括在历史范围之内。大到可以描述各民族的兴亡，小到描写一个最平凡的人物的习惯和感情。"③他反对传统史学只关注于社会政治史的做法，主张历史研究应扩展其内容；也反对传统史学的封闭性，而主张新

① （美）伊格尔斯：《二十世纪的历史学》，何兆武译，山东大学出版社2006年版，第34页。

② 何兆武、陈启能主编：《当代西方史学理论》，上海社会科学院出版社2003年版，第19页。

③ （美）詹姆斯·鲁滨逊：《新史学》，齐思和译，商务印书馆1964年版，第3页。

史学研究应该利用人类的新科学知识成果;他还特别强调史学的功用和实用价值,即了解过去把握未来。接下来对传统史学观念的局限性构成致命一击的就是法国年鉴学派的两位创始人,吕西安·费弗尔和马克·布洛赫,他们继承西米昂批判传统史学的思想,要打破传统史学所树立的三大偶像,即政治偶像、个人偶像、编年纪事偶像,倡导"总体史"思想,布洛赫指出:"唯有总体的历史,才是真历史。"①他们所提出的总体史,和传统史学的总体历史概念不同,传统史学的总体历史是指把历史看做是一个总体的进程,而每一个历史事件都是这个时间链条中不可缺少的一环。年鉴学派提出的总体史是指历史研究应该包括人类社会的各个层次,政治、经济、社会、文化等内容构成一个总体。他们还为反对编年纪事的传统史学方式提出"问题史学"的模式等等。这些对传统史学的批判和质疑,为20世纪40年代历史学理论彻底抛弃所谓"历史主义"模式奠定了基础。

杰弗里·巴勒克拉夫从传统史学理论对历史学家的日常工作造成的实际后果出发,概括出了传统史学理论的五大缺陷:第一,历史主义由于否认系统研究方法可以应用于历史学,且特别注重直觉的作用,为主观主义和相对主义打开了大门;第二,历史主义用特殊性和个别性孤立了片面的观点,不去进行概括或试图发现过去之中的共同因素;第三,历史主义意味着陷入更加烦琐的细节;第四,历史主义把历史学引向为研究过去而研究过去,从而导致历史学家的唯一目的是认识和理解人类的过去的观点;第五,历史主义赞同史学的要素是叙述事件并把事件联系起来,结果必然纠缠于因果关系或陷入"起源偶像崇拜"②。

---

① (法)布洛赫:《历史学家的技艺》,张和声、程郁译,上海社会科学院出版社1992年版,第39页。

② (英)杰弗里·巴勒克拉夫:《当代史学主要趋势》,杨豫译,北京大学出版社2006年版,第16页。

传统的宏观历史解释模式如果走向极端,完全忽略微观,则理论上的局限性就显露出来。

第一,把复杂的历史简单化,把政治史作为历史研究的中心,而忽视了经济、文化等方面的历史发展。在其历史学研究模式中,始终是把政治史作为历史发展的主线,探讨历史的发展就是政治历史、国家发展史、君主或是杰出的英雄人物对历史的贡献,把思想史、经济史、文化史等忽略不计。在新史学看来,这是一种残缺的历史,或者是一种不完整的历史。他们认为,在整个人类历史发展中,一段时间内,也许文化、习俗、经济方式等等对于历史发展所起的作用会更大。

第二,单向的线性时间观。传统历史学所理解的时间,就是一种单向的、线性的不可逆的过程,是一个线性时间链条,它有确定的起源,也有确定的发展线索,这是不能更改的。而事件就是这个总体链条上的一个一个的环节,每一个事件何以如此,都是由这个时间链条决定的。但在新史学看来,他们更注重的是一个一个的长时段,在这些长时段之中,由社会政治、经济、文化、习俗等因素综合形成了某种结构,历史的进程是这一综合结构运作影响的结果。在这种综合结构的影响下,历史的发展并不是单向的、线性的时间模式,而是一种更为复杂、更为奇特的多元时间模式。

第三,因果决定论。传统历史学模式一旦把历史学纳入科学的轨道,把历史理解为有序的和合规律性的,历史研究的目的就是要找到历史发展的规律性。由此,他们过于注重历史发展的必然性,强调任何事物都必定有前因与后果,并理解为在原因与结果之间的完全契合的联系。于是,历史的发展就只剩下了必然性,从原始社会一直到社会主义社会,历史的发展体现的是一种必然趋势;而且历史上任何一个事件的发生,也都是必然的,它必定有自己的原因,同时也会有自己的结果。于是,整个历史进程被理解成了一种严格决定论的机械运动。这点遭到了新史学的批判。在新史学看来,历史有这种严格的必然性的东西,但在历史的进程中也同样有许多偶然的因素，这些偶然的因素对于历史进程的影响有时甚至是更根本的东西。

第四，过于依赖自然科学和实证科学的方法。从历史被当做一门独特的科学开始，人们就理解它应该有像自然科学和实证科学一样的客观性和科学性，于是人们将自然科学和实证科学的方法引进了历史研究领域。如前所述，兰克强调让历史自己来说话，采取一种完全客观公正的、不偏不倚的态度来对待历史研究；在对待史料态度上，所谓的考订整理也只是要区别其真伪以及这种史料产生的具体情境，而这样做的目的是客观地再现出那个曾真实地存在着的过去；除此之外，他们还否定一切主观的价值判断和意义判断；等等。这些也同样遭到新史学的批判和质疑。

第二节　年鉴学派史学理论的革命意义

一、年鉴学派史学范式

如前所述，从20世纪20年代费弗尔和布洛赫开始，年鉴学派的发展历经了80多年，其中以第二代思想家布罗代尔成就最高，影响也最大。他们一方面直接探讨历史理论，另一方面以他们卓越的历史研究著作，表达着他们自己的观点，也渐渐形成了自己的史学研究范式。伊格尔斯说："在80多年的历程之中，他们已经深刻地改变了是什么构成历史以及是谁创造了历史的种种概念，他们提出了一种与19世纪和20世纪大多数历史学家所主张的那种历史时间的概念大为不同的另一种概念。"①彼得·伯克认为："假如我们要从全球视野下考察年鉴派，那么，更为恰当的是将之当作一个范式（或者也许是一组范式），而不只是当作历史写作的

---

① （美）伊格尔斯：《二十世纪的历史学》，何兆武译，山东大学出版社2006年版，第53页。

某一特定范式来加以评价。”①与前述的宏观历史解释模式相比，年鉴学派的史学范式可以称之为“微观历史解释模式”。

斯多亚诺维奇的《法国史学方法：年鉴模式》对“年鉴学派史学范式”作了阐述：

> 历史，不同于自然科学，不具备周期性的“共同范式”或者一套第一准则，而且可能永远也不会出现。与他的观点相反，我却坚持自1929年以来年鉴学派探寻的成效，特别是从1946到1972年间，已经为全世界的历史学界建立了一套历史范式或称为“学科基质”。本书的一个重要命题就是指出年鉴范式是整个学科发展史中的第三个范式。第一范式是作为一项研究和当代政治工具的历史标本概念。该词是Thucydides提出，在Fancesco Guicciardini版的历史真理中得到发展……第二范式从更严格意义上说是综合进步和发展的线性模式。年鉴范式则是从时空、社会、人类、经济、文化、事件等多重维度探寻社会体系和整个社会整体如何发挥作用。但也正如Maurice Mandelbaum解释的年鉴论没有特定参照的话，历史学界在进行探究时就不必像“判定整体与部分关系”那样关注“先行与后继的关系”。不仅如此，年鉴范式还需要探寻各种交流功能的总体思路。马克思主义历史编撰呈现的是个特例。他既是年鉴范式的对手又是先驱。它的确不是一种方法而是依附于实践的三种范式中的某个版本。②

参照斯多亚诺维奇的论述，从历史观和方法论的角度看，年鉴学派史

---

① （英）彼得·伯克：《法国史学革命：年鉴学派，1929—1989》，刘永华译，北京大学出版社2006年版，第101页。

② Traian Stoianovitch, *French Historical Method: The Annales Paradigm*. Ithaca and London, NY: Cornell University Press, 1976. pp. 236 – 237.

学理论的范式意义在于:不是简单地围绕政治“事件”等宏观政治现象构筑历史解释模式,而是“从时空、社会、人类、经济、文化、事件(eventmental)等多重维度探寻社会体系和整个社会整体如何发挥作用”,把事件背后深层的以日常生活为主的(还有地理环境、文化传统、经济等)结构纳入视野。把政治现象放到深层次、长时段的历史现实中加以把握。其视角和重心整体下移,把研究视野从重大历史事件和关于政治、经济、军事、外交的宏大叙事,转向具体的、微观的日常生活世界和社会运动的各个领域,并揭示文化、日常生活等因素的更为深远的历史意义和历史作用。这种对历史的理解具有重大哲学意义,它使社会历史理论向前迈进了一步。

受实证主义思潮的影响,科技理性时代宏大叙事往往遮蔽了微观领域,充斥历史的是民族、国家、阶级斗争、重大事件、英雄人物,宏观史学独步学界。无论是资产阶级的还是无产阶级的意识形态都在以大写方式构成的过去中,其历史轨道表达为大写的历史。二者观察过去的方式都是在一种经常被解释为具有“进步”性的历史发展的普遍架构中,借着对这些偶发的事件与情境的位置和功能的甄别,来赋予它们一种“客观”的意义。这一点只要我们翻开任何一本历史教科书都会看得非常清楚。很多“后现代”理论家认为,这种“大写的历史学是徒有形式的,因而也是空洞的机制”。姑且不论这种指责是否切中要害,起码它指明了传统史学忽略了“历史的边缘”、下层大众及“他者”;忽略了历史的必然规律排斥构成历史的各种“偶然”(太多的偶然)的现象;忽略了宏观权力对无所不在的“微观权力”的掩盖。国别史、断代史等政治史,忽视了“小历史”;强调经济基础上层建筑及其“规律”,忘记了“人们首先要吃穿住行”的“日常生活”……传统宏观史学陷入危机。“宏观历史观念以及伴随着它们的社会科学历史研究法之所以衰颓的关键原因,应该恰好是对技术进步的有益的社会政治后果这种乐观主义的见解丧失了信心。”①

近代以现代化为特征的世界历史过程的研究,完全被宏大叙事所填充,动辄以自由、平等、人权等基本理念贯穿其中,或是通过其中资本主义、社会主义、意识形态、阶级斗争等名词泛滥,寻找着这一现代化过程中释放出来的巨大无比的生产力,以及与之无法分割地联系在一起的那类毁灭性的摧残一切的能量。这种研究的焦点均被置于权势者身上,而那些小人物,以及日常生活则被彻底忽视。年鉴学派历史学家们认为,历史学必须转而面向种种日常生活的情况,使历史恢复到正如它们是被普通人民所经历的那样子。费弗尔对历史地理学的关注,布洛赫对社会心理学和集体心理学的关注,布罗代尔在 20 世纪 60 年代和 70 年代的《日常生活的结构》一书中所提供的那种日常生活史,对物质条件的关注等等,已开始转向对微观领域的重视,并最终为 20 世纪 70 年代后“日常生活史”等“微观史学”的兴起开了先河。在这种意义上,年鉴学派与微观史学一样,他们的研究路数都不是传统宏观史学,其实质是一种微观历史解释模式。

微观历史解释模式不追求历史的大过程、大结构,不从历史的宏观结构中抽出几个决定的因素作为推动历史的决定力量,它像自然科学那样寻求一种普遍的规律,而是深入历史的微观、具体的日常生活和文化,采取个别化的方法,再现丰富多彩的历史,以期收到“一粒沙可见世界;一滴水可见海洋”之效果。这种微观领域或微观角度,一方面是指在具体历史事件背后的长久不变的东西,比如地理环境、食物结构等等,是视角上的“下移”,即像年鉴学派那样从上层建筑(“事件”)下移到更基础的自然和人文环境等“不变”的要素。另一方面是指日常生活领域,包括下层民众的生活史或小人物的历史,或一个村庄、一个具体的小人物的生活史,也

---

① (美)伊格尔斯:《二十世纪的历史学》,何兆武译,山东大学出版社 2006 年版,第105 页。

就是视点上和对象上的“微观化”。微观模式是对宏观模式的补充，而不是对它的否定。微观历史解释模式的哲学基础是实践哲学和文化哲学，是非线性的、非决定论的，进而是生成论的。

当然，宏观和微观两种历史解释模式各自有不同的适用领域，在功能和作用上各有优势、相互不可替代。宏观模式适用于人类历史的宏观结构和过程，而微观模式适用于被宏观历史所忽视的微观领域。仅仅强调任何一种历史解释模式，都会出现偏颇，只强调微观模式会导致否定历史的一般规律，只强调宏观模式则会忽视历史的具体性和特殊性方面。从马克思社会历史理论的特征来看，宏观和微观的统一是马克思历史哲学的一个特点。马克思本人的思想，就是一个从宏观走向微观的过程。按照张一兵的总结，就是由异化理论走向具体的、历史的唯物主义。① 但从宏观历史解释模式到微观历史解释模式的转化，却是历史学研究的一次重大突破，它所改变的不仅仅是历史研究的对象和方法，而是在历史哲学的基本观念上，即关于历史是什么和如何构建等方面有了深刻的变革，即如彼得·伯克所说的“史学革命”。

二、对传统真理观和历史观的质疑

何兆武和陈启能在《当代西方史学理论》中涉及年鉴学派的部分，还特别强调了年鉴学派思想家对历史科学的理解以及他们要建立一种问题史的努力。对于年鉴学派来说，光说历史是科学还不够，还必须说出这是一种什么样的科学。费弗尔认为，“历史学是关于人的科学，是关于人类过去的科学”②。史学并不是事物的科学或概念的科学，无论如何，从最广泛的意义上讲，历史只能是人的历史。他们在这里强调的是人，是复数

---

① 参见张一兵：《回到马克思》，江苏人民出版社 1999 年版，第 505 ~ 507 页。

② （法）费弗尔：《为史学而战斗》，转引自何兆武、陈启能主编：《当代西方史学理论》，上海社会科学院出版社 2003 年版，第 393 页。

的、具体的、历史的人而不是抽象的人，是关于人从精神观念的变化直到身体的微妙的生物学变化的历史，没有变化就没有历史。这是对实证主义史学的一种否定，它在注重严格的科学化的方法，比如对史料的考证的严格模式之外，还注重史学解释的重要性，而这种解释告诉我们，史学研究不仅仅是要向我们再现过去，更重要的是展望未来，是处理现实与过去的关系，是为了人类的需要。

年鉴学派的微观历史解释模式，在反对传统史学观念上有三个方面表现得尤为突出：首先是反对乌托邦历史设计，反对用一种放之四海而皆准的普遍模式来安排和解释人的历史，而主张还原历史的丰富性。其次，反对宏大叙事，尤其反对单线历史和简单的、一元的历史演进模式。他们认为，历史并不一定是高歌猛进、奔向光明的进步过程，而是有着多元发展模式，内部有着多重丰富性和非常细致的小结构、多元主体在其间进行频繁互动的"活生生的小历史"。再次，微观历史解释模式强调历史发生的偶然性，它运用的微观视角和微观视点把生活世界的丰富性带进历史之中，从而在历史哲学层面上重构日常生活。微观历史解释模式从具体的意识形式和观念形态出发，给人们揭示了人类实践的多元结构和多重动因。这三个方面所针对的，实际上正是传统史学的一个基本的预设：历史是真实存在的过去，我们的历史科学只是去再现出这个真实存在的客观事实，而在这个关于历史和历史科学的预设背后，则是传统哲学认识论的真理观和意义观。

传统认识论无论是唯物主义的还是唯心主义的，无论德国古典哲学的还是马克思主义的，似乎都告诉我们"心"外的彼岸世界有个"真理"存在着，科学的任务就是去探索和挖掘这些真理。于是，传统哲学在如何获得真理，以及对这些客观存在的所谓真理的本质和形态、存在于何处和是否能够被人们把握等方面充分发挥自己的想象力。培根信奉归纳法；笛卡儿崇尚演绎法；康德说有的真理是可以认识的，而有的真理是不能认识的,如他提出的"物自体";黑格尔指出人的认识过程,实际上就是绝对精神自我运动的过程,是从绝对理念到现实世界,再到人的主观精神。

这种认识论观念成为近代科学的基础,也主宰着人文社会科学,有多少学者在进行他们的学科研究时,都希望能够借助于自然科学的工具和方法,去建立一个像自然科学一样的人文科学,如霍布斯、大卫·李嘉图、冯特等人,也包括我们前面所提到的那些传统的历史学家。尤其是在文学和历史两个领域,似乎因为他们的叙事性而有了更多的相似之处,因而受这种认识论观念影响的情形有些相类似。比如文学研究者都认为,文学创作,是作者将他的意图或者说是思想实现在作品中,而读者就是通过对作品的阅读,来发现和挖掘作品本身所包含的意义。历史亦成为对一个真实存在的过去的一种叙事,任何一个时代都不能完完整整地保存下来,经过时代的剥蚀,只有一些零零散散的材料以及那些从地下出土的文物保存下来,历史学家就是通过对这些零散的资料以及实物加以研究整理,将之穿结起来,成为对过去曾经存在的一个时代的真实叙述。

这种认识论观念在 19 世纪末和 20 世纪初就开始遭到来自各方面的质疑。在自然科学领域最早是迈克尔逊 - 莫雷关于以太的实验,证明了以太是根本不存在的;其后是马克思·普朗克关于黑体辐射实验,证明在不同的条件下光呈现出波粒二象性。接下来是相对论和量子力学的发展,比如波尔提出的互补原理和海森堡提出的测不准关系式,揭示了自然现象中的一些非确定因素的存在。再后来有哥德尔提出的数学的不完备定理,粉碎了作为科学理性完美性体现的希尔伯特纲领,揭示了数学本身也并非人们幻想的那样是一个完美逻辑体系。人文社会科学在 20 世纪随着社会发展变化,也对这种以传统认识论为基础的研究范式和观念提出了挑战,比如弗洛伊德的心理分析学说,无意识理论的影响越来越大;尼采的意志论不仅影响到美学和文艺学,并且逐渐开始对政治学产生重大影响。再加上 20 世纪中后期以来形成了一系列具有极强的综合性质的新的学科领域,比如曾一度引起人们高度关注的新老三论:系统论、信息论、控制论和耗散结构论、协同论、突变理论等,更是把变化、多样性、非线性、不确定性等种种观念带进了科学,并且具有综合自然科学和社会科学的倾向,这些都对真理的确定性和绝对性产生重大冲击。

真理观的最终改变取决于语言学对科学产生的影响以及最终导致人文社会科学研究范式的转型,被人们称做语言学转向。这一转向源于索绪尔的语言学。索绪尔常年在日内瓦大学给学生讲授普通语言学,后来他的学生根据他的讲课记录,整理出版了《普通语言学教程》一书,带来了语言学界的一场革命,并引发了一场科学革命。简单地说,索绪尔的观点最为重要的有四条:第一,语言是一个独立的、自足的系统;第二,语言的"能指"与"所指"之间的关系是松散的、自由组合的,"能指"的意义实际上是靠其在语言系统中的差异来确定的,并不是靠它的"所指"来确定的;第三,一个"能指"有某个所指,这完全是自由的和随意的;第四,他分析和区分了语言的历时性和共时性。这种理论带来了关于语言问题的一些深刻的变化。首先是语言自成系统,并且可能是先于人存在的,人是靠后天习得的语言;其次,语言相对于人来说,从交流的工具上升到了本体地位,成为了人存在的家;再次,由于语言自成系统,并且自我封闭和完整,且"能指"和"所指"的关系是松散和自由的,于是就出现了没有"所指"的"漂浮的能指"。

索绪尔的结构主义语言学,经由维特根斯坦的语言哲学,发展到阿尔都塞的意萨斯理论和福柯的话语理论,于是形成了一种新的真理观——话语的真理观。这种真理观将所谓的外在客观现实悬置起来,也将历史真相悬置起来,不是从人的认识是否真实、是否符合外在的客观实际等方面去考虑问题,而是换了一个角度和一种思路,更多的是考虑一种话语表述的语境问题。按照现代语用学的观念,语境有两种,一是情景语境,包括说话时的具体场景、说话人的感情色彩、听话人的具体处境以及一段语言的上下文关系,等等;二是文化语境,这包含某个特定时代的文化氛围、民族心理差异、个体的文化修养,等等。我们要注意的就是一种话语在不同的语境之中的意义究竟是什么,以及同样一种话语在不同的语境中可能表达不同的意思。这样,“真理”一词被不同语境之下的意义所取代,没有了那种绝对的真理,有的只是在具体的历史情境下的话语表述,用维特根斯坦的话说,一切都变成了一种语言游戏或者是离语言游戏不远的东西。

这是一次视角的转换,也是一种工具的革新,带来的是人文社会科学基本观念的革命。这次革命使得哲学、历史、宗教、文学等各人文学科都发生了根本性的转变,形成了自己新的学科特性和新的观念基础。就历史学而言,势必要抛弃原有的关于历史真相的预设,而从语言的建构性入手,去构建一种历史话语,年鉴学派史学理论既是这一文化语境的产物,同时又对建构此种文化语境起了革命性的作用。年鉴学派史学理论以“问题史学”取代了传统的恢复真相的史学思维模式,早在费弗尔和布洛赫那里,就已经开始了以问题导向取代历史事件叙述的历史,费弗尔的《大地与人类演进》已经表现了他对历史地理学的高度关注,并引起了一些地理学家的极度不满,而他后来对文艺复兴的研究,则转向了被他自己称之为“历史心理学”的研究,把历史问题和民族的集体心理联系在一起。布洛赫也同样是以问题导向的方式开始他的区域研究,并在他的研究中广泛涉猎社会学的内容,这已经带有了跨学科研究的意味。而后来他出版《国王的触摸》一书,该书按照彼得·伯克的说法有三个特色:第一,选择与问题相适应的时段,而不是我们惯常选择的社会政治变革为时段,这也就是后来布罗代尔提出的长时段了。第二,对宗教心理学作出了贡献,其中包含了较为丰富的关于信仰和集体表象的研究。第三是他在自己的研究中较关注比较史。[①]

布洛赫说:"一件文字史料就是一个见证人,而且像大多数见证人一样,只有人们开始向他提出问题,他才会开口说话。历史研究若要顺利展开,第一个必要前提就是提出问题。"[②]这意味着年鉴学派对传统史学是一种单纯的叙述史学不满,这种史学因为要恢复曾经有的客观真相,是以描述和叙述取代了其他史学可能的表达形式,"从而使人们对历史的认识趋于表面化和平面化"[③]。单纯的这种叙述式的史学,也阻碍了历史学科学化的进程,所以他们试图"通过问题史学取代叙述史学,而将历史研究建立在一个更科学的基础上"。所以"他们强调分析、提问对史学研究的重要性",问题史学方法是年鉴学派的重要史学方法论,又表明一种历史观。这种问题史学方法,是与年鉴学派跨学科研究的特点相关联的,"史学家以明确的方式提出问题、形成假设,又围绕这一问题使用尽可能全面的手段、途径、方法来回答问题,证实或推翻假设。在这一工作过程中,史学打破了学科的局限;人口学、经济学、地理学、心理学、统计学、人种学、人类学、社会学等各学科的途径与方法,对于史学家来说均是有用的、可行的,其衡量标准就只看这些途径与方法是否为解决史学家的问题提供帮助"。[④]

这种问题史学也是反宏大叙事的,对于传统史学以政治史取代日常生活,以某些偶然的政治事件取代历史发展的长时段的做法,表现出极大的否弃与悬置。伊格尔斯在评价年鉴学派的历史著作时说:令人惊奇的是,这些著作没有一部是有着一种中心的体制可以作为历史叙述的一条

---

① 参见(英)彼得·伯克:《法国史学革命:年鉴学派,1929—1989》,刘永华译,北京大学出版社2006年版,第12~13页。

② 吴云霞:《论问题史学的产生及当代意义》,载《内蒙古农业大学学报》2010年第1期。

③ (法)费弗尔:《为史学而战斗》,转引自何兆武、陈启能主编:《当代西方史学理论》,上海社会科学院出版社2003年版,第395页。

④ (法)费弗尔:《为史学而战斗》,转引自何兆武、陈启能主编:《当代西方史学理论》,上海社会科学院出版社2003年版,第395~396页。

线索的，让人们的行动在其中起着一种决定性的作用。但这并不意味着政治的作用是受到忽视的。在布洛赫对封建社会的考察中，政治就起着一种根本性的作用，但其方式却与德国的研究方式迥然不同。后者把焦点聚在封建主义的形式方面，即政治的、教会的和司法体制的方面；而布洛赫却从人类学切入封建主义，把它当做是一个各种人际关系的复合体。我使用“复合体”一词是有意避免“体系”一词——“体系”一词极少被年鉴学派历史学家们使用，并被他们视之为过分地客观化了和物质化了的行为。出于同样的理由，我们必须非常小心地对待年鉴学派历史学家们所使用的“结构”这一概念。确实，他们强调的就是结构。凡是在 19 世纪的历史学中占有关键地位的个人，他们是极少提到的，除非这些人在他们的著作里不得不被提到。例如，在布洛赫的《封建社会》一书中，很罕见有国王，而且其出现也仅仅是在边缘上。在布罗代尔的《地中海》一书里，国王们都被下放到分别论述地区政治史的各节里面去，而与前面两节在论述几乎毫无时间性的地中海区域的地理背景及其缓慢变化着的社会经济结构，简直没有什么有机联系。只有个别人物重新出现在拉杜里笔下的 14 世纪早期那个异端村落蒙塔尤之中，这是侵入历史人类学之中的一个焦点，其中以长篇大论描绘了被嵌入一种悠久的民间文化之中的男人们和女人们的历史现象。

三、对线性历史解释模式的挑战

历史研究的最重要的维度是时间，无论我们说历史是真实地客观地存在也好，还是一种话语构建也好，它总涉及许许多多的具体事件和对这些具体事件的时空界定，尤其是时间的界定。如法国大革命究竟发生在什么时候，为什么会发生在那样的时刻？英国资产阶级革命究竟是发生在 1640 年还是 1688 年？我们阅读历史书时，会看到正是那一串具有确定时间界定的事件构成了一个序列，演绎出了一幕幕的悲欢离合，荣辱兴衰。然而时间的观念,并不是从来如此,而是在现代社会中发生了根本性变化的,并且导致了科学范式从根本上转型的一个观念。而随着时间观念的转变,与之相对应的一系列观念都随之发生了根本性的变化,比如历史的目的论、社会的进步观、事件的因果决定论,等等。年鉴学派的历史理论,即是这种时间观念改变的产物,因而在以上所述的各种观念方面发生了深刻的变革。

时间是什么?自然科学、历史、哲学等都从不同学科和角度对其进行长期探索。时间一般地被认为是衡量宇宙中各种事件之间距离的一种度量,也是界定宇宙万物的确定位置的一种物理参数。这种观念直到牛顿才为之确立了一种物理学根据,即空间化的时间——被海德格尔称为“流俗的时间”。时间作为客观事物的一种属性,是人们认识事物的一种普适性概念,是客观事物存在的一种方式,并且种种不同的时间是不能同时并存的。这意味着时间作为度量,是客观的、统一的,是不以人的意志为转移的。

这种时间观念首先受到自然科学的挑战:爱因斯坦提出了相对论理论,创造了所谓第二时空。这是一个高速运动的时空,在这个时空中时间出现了膨胀和压缩。量子力学又创立了所谓第三时空,在这里时间与空间出现了丢失的空洞现象。近年来兴起的关于反物质的理论又提出了第四时空,即提出了负时空的概念。对人文社会科学产生最重大影响的应该是自20世纪中期以来,人们对热力学第二定律的重视和重新发现,这个定律被称做“熵增”原理,即一个封闭的系统,假如没有与其他系统之间的物质、能量、信息之间的交流,那么它的“熵”必定会无限地增加,最后导致系统的崩溃。我们前面所说的所谓新老三论,几乎都是在重新发现了热力学第二定律以后形成的新的、具有综合性质和断面性质的学科。

对这种时间观的颠覆与消解,除了受以上这些自然科学成果的影响之外,在哲学上,另外一条道路则是对人的存在状况的关注,把时间与主体的生存和价值联系起来,经康德—柏格森—胡塞尔—海德格尔的路线逐步建立起主体性的时间观念——所谓“本真的时间”。康德的时间哲学具有里程碑的意义,它处于从空间化的测度时间向“本真的”时间转向的中间环节上,起着承上启下的作用。柏格森对时间问题的探讨是从他对传统的、空间化时间观的批判开始的。为什么会出现时间被空间化这种情况呢?柏格森对此作了详尽的分析。他说:“我们不知不觉地把我们所数的每一瞬间放在空间的一个点上;只有在这种条件下,抽象单位才能构成一个总和。”①这就是说,在柏格森看来,传统时间观认为时间的各个部分是相互分离的,但是,时间毕竟是一个整体,为了保证其能够成为一个整体,传统时间观认为我们要把时间中的一个瞬间对应于空间中的一个点,通过这种方式将时间中的一个瞬间保存下来,从而才能够与下一个瞬间整合起来,形成一个整体。可见,传统的时间观认为时间中的各个瞬间是无法自我保存的,因此只能借助于空间来实现保存,并在此基础上实现整体化,而这样一来,无形之中就把时间空间化了。既然指出了时间被空间化的原因,那么,相应地,柏格森就要提出解决的办法,也就是要提出他自己的时间观,而且还要保证他自己的这种时间观有力量抵制空间化。在柏格森看来,时间就是绵延。绵延是一个整体,其各个部分不是相互分离的,而是相互渗透的,是“你中有我”、“我中有你”的。因此,时间中的一个瞬间自然地就会进入下一个瞬间,不需要借助于空间的保存作用。而且,由于时间是不可分割的,而不可分割也就无法数量化,这就保证了我们无法以空间去替代时间,从而抵制了时间被空间化。

柏格森的时间观的最大的特点是:赋予时间以能动性。在传统的时间观中,时间具有流动性,因而看似具有能动性,其实不然。因为在传统的时间观中,时间的各个部分不具有互相渗透的性质,所以时间中的一个

---

① (法)柏格森:《时间与自由意志》,吴士栋译,商务印书馆1958年版,第58页。

瞬间就需要被保存起来,然后留待与下一个瞬间发生综合,而这需要借助于空间的保存作用。传统的时间观混淆了“流动”与“能动”,其实这两个概念完全是不同层次的概念,相互之间并不具有蕴涵关系,因此不能认为流动的就是能动的。所以,赋予时间以能动性,这对于使时间不被空间化来说,是至关重要的——它既保证了时间是一个整体,又保证了时间不至于被空间化。

柏格森认为人的生命就是这种作为绵延的时间。这也就是说,传统的时间观不仅将时间空间化了,而且连带着也将人的生命异化了——人的生命被空间化了。所以,柏格森的时间观的重大意义在于:将人的生命从异化中解救出来。因此,柏格森的时间观是其生命哲学的基石。

胡塞尔的时间观在现代西方哲学里可谓独树一帜。胡塞尔非常关心时间的起源问题,他的老师布伦塔诺曾经把时间的起源归因于“原初的联想”,认为一个知觉在发生之后并不是完全地、彻底地消失了,而是还继续存在着。布伦塔诺之所以有这样一种观点,是因为他认为,如果一个知觉在发生之后完全地、彻底地消失了,那么我们便无法进行什么综合,相应地,也就不会有综合统一体,即对象。

实际上,布伦塔诺是赋予了时间以自我保存的能力。正如胡塞尔所认为的那样,布伦塔诺的时间观是具有突破性的。不过,胡塞尔也指出了布伦塔诺的时间观有不足之处,他针对布伦塔诺的“原初的联想”指出:“这里所指的显然是一种根据给予的心理体验建立新的心理体验的心理学法则。这些体验是心理的,它们是客观化了的,它们本身具有自己的时间,而有待争论的关键是它们的产生和发展。”①可见,在胡塞尔看来,布伦塔诺在时间起源这一问题上的失误之处在于:布伦塔诺是从心理学层面来研究时间起源的。而胡塞尔认为,时间起源这一问题必须从现象学

---

① (德)胡塞尔:《内在时间意识现象学》,杨富斌译,华夏出版社2000年版,第18页。

层面才能廓清。胡塞尔由此论述了他自己的现象学的时间观。他首先指明了对于他的现象学时间观来说至关重要的一件事:现象学所研究的时间客体“不仅是指那种时间上统一的客体,而且还包括时间的广延性本身”①。也就是说,现象学在研究时间时,重点在于研究时间本身,而非在时间中的对象。更准确地说,现象学要研究时间本身是如何产生的。在解决这个问题时,胡塞尔运用了他的意向性概念。胡塞尔的意向性这个概念在不同的地方有不同的说法,并没有一个固定的定义。但是,无论这些说法有什么不同,其中都包含着一个共同点,那就是:意向性是意识对对象的指向性。需要注意的是,这种指向并不需要依赖对象的存在。也就是说,不论对象存在与否,意识都具有这样一种指向性,即意向性。因此,意向性实际上是一种超越性,是意识自身对自身的超越性,正是这种超越性构成了时间。胡塞尔以知觉为例来展示意向性之超越性是如何构成时间的。他认为,知觉作为一种意向活动,其具有意向性之超越性。这样一来,知觉就成了“当下”与“超越”共同组成的一种结构。具体说来,知觉包括三个组成部分,即“原初印象”、“原始记忆”及“预期”。其中,“原初印象”属于当下,而“原始记忆”和“预期”则属于对当下的超越。“原始记忆”和“预期”都具有保存作用,只不过一个是“持存”,另一个是“预存”。所以,通过意向性之超越性,使知觉本身就具有了保存作用。胡塞尔认为知觉与时间具有吻合性,也就是说,知觉离不开时间,时间也离不开知觉。因此,知觉的结构也就是时间的结构。而知觉的结构是由“原初印象”、“原始记忆”及“预期”构成的三元结构,因此,时间也必然相应地是一个三元结构,即过去、现在和未来。在胡塞尔看来,时间结构中的“现在”对应的是知觉结构中的“原初印象”,“过去”对应的是“原初记忆”,“将来”对应的是“预期”。这样一来,时间便具有了如下特征:

---

① (德)胡塞尔:《内在时间意识现象学》,杨富斌译,华夏出版社2000年版,第25页。

第一,过去与将来是对现在的超越,正是由于这种超越,才有了过去与将来。

第二,过去与将来具有保存性,正是由于过去与将来具有保存性,因此时间本身便具有了保存功能,无须像传统时间观那样借助于空间,从而也就避免了时间被空间化。

第三,由于过去与将来具有保存性,因此它们都渗入到了现在当中,因此它们和现在是无法相互分离的,因此时间是一个不可分割的、有机的整体。

由此我们可以看出,正是由于借助了意向性之超越性,胡塞尔才能够说明时间何以是三个位相的以及这三个位相何以是不可分割的。因此,我们可以说,胡塞尔的时间观是建立在他的意向性概念基础之上的。胡塞尔的一切现象学操作都是在现象学还原的基础上进行的。因此,现象学意义上的时间也是处于现象学还原之下的。还原的目的之一就是为了使我们能够对我们自己的行为活动进行反思,从而为自己的行为活动负责。因此,现象学意义上的时间实际上是人的生命的一种本真状态,是人自己为自己负责的生存状态。前面说过,柏格森也认为人的生命就是绵延的时间。不过,柏格森对此并没有作出理想主义的解释,而是将之引入了某种神秘主义。而胡塞尔则站在彻底的理想主义的立场上,通过现象学还原这一环节将"时间"与"为自己负责"联系在一起,从而将时间与人的生命的本真状态联系在一起。这样一来,尽管胡塞尔本人对历史性问题未作过多的探讨,但我们依然可以看出,从胡塞尔意义上的时间里可以发展出一种历史理论。所以对于胡塞尔来说,意向性是时间的基础,时间是历史的基础。而且,由于这种层层奠基的关系,这种历史理论必将具有如下特征:

第一,它必将认为历史具有目的性,因为意向性本身即是一种目的性。

第二,它必将认为历史是无限开放的,因为意向性是无限开放的。

第三,它必将认为历史是人的存在方式,因为人的一切存在活动都离不开意向性。

以上我们所谈到的胡塞尔的时间观是他在 1904 年至 1905 年期间所持的观点。在接下来的 1907 年的《现象学的观念》里,胡塞尔再次谈到时间问题,并且将这一问题与“想象”联系起来。在胡塞尔看来,在时间的构成过程当中,想象起到了至关重要的作用。比如像我们前面所说的“原始记忆”和“预期”,作为一种保存作用而言,其本质乃是“当下化”,因此,归根结底,它们都是一种想象作用。胡塞尔说:“在知觉以及它的保留当中,原初的时间客体构造着自身,只有在这样一种意识中时间才能被给予。”[①]这里所说的“保留”指的就是“原始记忆”和“预期”这两种活动。所以,想象在胡塞尔那里并不只是一种次级的再生的活动,即不只是一种复制活动,更是一种原创性活动——它直接参与到活生生的知觉当中去,而且知觉也只有在这种参与下才成其为知觉。相应地,想象对于时间来说也就具有了构造作用。

胡塞尔早期的时间观有一个特点,即现在是时间三个位相的核心。也就是说,过去和将来都是依赖于现在才能得到解释。后来胡塞尔的思想发生了转变,不再把现在作为核心,而是把过去和将来作为核心,也就是说,把现在与过去、将来之间的关系作了一个 180 度的大翻转,正如黑尔德所说:“在贝尔瑙手稿中,胡塞尔首次尝试把原初印象与前瞻后顾意向的关系给再颠倒过来。不是从‘现在核’-‘当下’这里出发,去解释前瞻-后顾意向,而是从前瞻意向和后顾意向的关系出发,来规定‘现在核’。”[②]这种翻转所带来的意义是深刻的。因为这一翻转突出了过去和

① (德)胡塞尔:《现象学的观念》,倪梁康译,上海译文出版社 1986 年版,第 60 页。

② (德)黑尔德:《时间现象学的基本概念》,靳西平、孙周兴、张灯、柯小刚译,上海译文出版社 2009 年版,第 54 页。

将来的视域性。视域是胡塞尔后期最重要的概念之一,它是对象得以显现的场所。所以,视域对于一切意识活动来说不仅是必要的,而且是在先的。虽然视域这一概念在胡塞尔早期的时间观里也发挥着作用,也就是说,胡塞尔在那时就已经认为过去和将来是一种视域,但是同时他却也认为这视域是由现在这个位相所决定的。因此,过去和将来虽然是视域,却反倒不具有在先性,所以它们实际上并没有真正具有视域性,自然也就没有真正起到视域的作用。通过对现在与过去、将来之间的关系的翻转,过去和将来不再由现在所决定,相反,现在要由过去和将来所决定。这样一来,便突出了过去和将来对现在的先决性,相应地,过去与将来也才真正成为了视域。既然现在要由过去和将来所决定,而过去和将来又都是视域,因此现在实际上就是过去和将来这两个视域相互融合的结果。因此,时间从本质上讲也是视域——把时间看做一种视域,这是胡塞尔后期时间观最大的特点。当然,在最后几部著作里,胡塞尔还把时间问题和交互主体性以及被动综合联系在了一起,这并非我们所讨论的主题,因此就不再赘述了。

海德格尔的时间观对胡塞尔的时间观既有继承又有超越。如前所述,把时间看做一种视域,这是胡塞尔后期时间观最大的特点,视域是对象得以显现的场所。所以,视域便具有了存在论特征。海德格尔的时间观保留了这一特征,同时又将时间与此在紧密地联系起来。在海德格尔看来,此在对其存在有所领会,即对其原本所是有所领会。所以,这种领会实际上是此在向自身的趋向。这种趋向作为向此在自身的趋向,是一种"先行"。海德格尔说:"这种先行不过是本己的此在的本真的和唯一的将来。在此先行中,此在是他的将来(Zukunft),而且是这样:他在这种将来存在中返回到它的过去(Vergangenheit)和当前(Gegenwart)。"[①]可

① 《海德尔格选集》,陈小文译,上海三联书店 1994 年版,第 19 页。

见,海德格尔的时间观与胡塞尔的时间观的不同之处首先就表现在:后者是从过去与将来来解释现在,而前者则是从将来来解释现在以及过去。这样一来,在海德格尔那里,时间的三个位相的核心就不再是过去与将来,而只是将来,过去不再与将来处于同等地位,而是与现在一样,为将来所解释。既然将来是此在的先行,那么由将来所开出的时间便不是别的什么,而就是此在。这样一来,就把此在与其他存在者区分开了:后者是在时间当中的客体,而前者则是时间本身。同时,这也确立了此在在存在层面上的优先性地位。由于海德格尔认为只有此在才能领会存在,而此在就是时间,因此,时间与存在论便联系起来了,这也正是海德格尔把他的那本书叫做《存在与时间》的原因。

不过,海德格尔与胡塞尔在时间观上也有相同之处,那就是他们都把本真的时间(海德格尔语)或者说内在的时间(胡塞尔语)看成我们通常所说的时间的源头——在他们看来,我们通常所说的时间不过是本真的时间或者说内在的时间的客观化。海德格尔认为历史是一种生存现象,因此历史的基本现象首先就在此在之中。所以,他认为历史作为一种"演历"就是此在"在世的演历"①。在此在之中,也就是在时间之中。所以,海德格尔认为时间性是历史性的基础,同时也是历史学的基础。由此可以看出,海德格尔实际上是从生存论出发来理解历史的,这样一来,历史便深深地扎根于人的生存之中,历史的传承与发展便成了人向自身的回归与超越。

总之,现象学把时间与主体的生存、价值维度、意义联系在一起,这样一来,时间就不仅仅是一种物理的度量,同样也不仅仅是一种纯粹客观的物质属性。于是时间观念,由原来作为事物的客观属性,变成了一种价值,它不再具有统一性,而是丰富多样的。传统的线性时间观被抛弃,而

① (德)海德格尔:《存在与时间》,陈嘉映、王庆节译,三联书店2006年版,第439页。

与之相关的因果决定论也就当然被颠覆了。

米歇尔·福柯认为,只有"一个历史"这一观念乃是一种近代的文明,而它现在已告终结了,这点得到大多数年鉴学派历史学家的首肯。对于他们来说,历史不再是单一的线性时间发展的事件的集合或事件的叙述,不再表现为一种单一的必然性和因果连续性。于是,他们利用一种各种时间共同存在的多元性历史观取代了那种只有一个时间维度的单一线性历史观。这种各种时间多元存在的多元性历史观不仅体现在各个不同的文明之间,而且也体现在一种文明内部。随着直线时间概念的被放弃,对进步的信心以及随之对西方文化优越性的信念也就破灭了。所以作为一篇对人类历史的宏伟叙述之基础的那种统一的历史发展概念,已经不复存在了。这点让我们想到阿根廷当代著名作家博尔赫斯,他的一篇小说的题目是《交叉小径的花园》,主题讲的就是生活和写作都是一个大迷宫,而这个迷宫的谜底是时间,这个时间就像这交叉小径的花园,其中有许多条岔道,每一条都通向一个不同的未来。时间就是这样,每一个时间都有多种未来,而不是一种未来,就像每一个路口都有许多条岔道一样。这部小说所表现的主题,在某种意义上说就是一种新的历史观念,这正与年鉴学派的史学理论吻合。

如前所述,传统史学的线性时间观有几个相关的价值维度:其一是把历史理解为事件史;其二是确定了因果决定论;其三是坚持社会进步的观念。年鉴学派历史理论抛弃了那种"线性的"、有"方向性的"和单一的历史时间观,所针对的就是传统史学的这三个预设。没有了这种线性时间观,"大写历史"也就无法生存。与以前的传统史学观念不同,从费弗尔与布洛赫等人开始,经过了三代年鉴学派史学家,他们都并不追求一种"大写的历史",以一种论说来解释所有的历史现象的做法。相反,他们提倡和探索各种研究历史的方法,把人看做是一种"复数",而不是单数。从这点上看,他们已经开始怀疑启蒙思想家所提倡的普遍人性。米歇尔·福柯在《知识考古学》中赞扬年鉴学派在历史学方面促成了认识论的转变，并认为这是完成了一种解构。他强调，不应当“以臆想的连续性来预设分析论说”。历史学必须放弃宏观综合，改为关注零碎的知识。历史学不应再描述演变，因为演变是生物学的概念，它也不应再探索进步，因为进步是个伦理概念。历史学应当分析多种变化，发掘众多不连贯的瞬间。推翻历史的连续性是废黜历史的主体所导致的必然后果。年鉴学派的历史理论，把历史解构为局部性实践，放弃了任何总体目标，从时间上实现了历史的断裂性和碎片化，为后现代史学敞开了大门。

年鉴学派消解了线性时间观也就否定了社会进步的观念，也就等于是对西方中心主义或西方优越论提出质疑，因而具有反西方中心主义的意味。在对历史进步观的质疑中，那种统一的历史发展观念不存在了，历史的目的论观念也就不复存在了，因而西方现代化社会代表着人类历史的进步也就同样不能成立了。这种观念，在某种情形下，是两次世界大战带给人们心理上的阴影造成的，它也体现着近代启蒙理性精神在现实中的破产。而且年鉴学派的历史学家的著作内容几乎不是地区性的，就是超越国家的，因而在传统史学中对可以赖以作为一种重要参照的西方国家的认同感消失了，西方国家的优越地位也就在这里被颠覆和消解了。

与这种历史观相适应，年鉴学派强调跨学科地研究历史。年鉴学派史学家强调历史学与其他学科之间的关系，强调其要与社会科学结盟，不仅和社会学、政治学结盟，而且也与语言学、符号学、文学、艺术以及精神分析学的方法相结合，不断演化对人及其历史的理解。年鉴学派史学家这种跨学科研究使得他们对历史观念有了更新的理解。所以年鉴学派特别强调跨学科的研究，这和那些历史学家对历史的理解是直接相关的：即历史不是由单一的因果决定论来制约的连续过程，而是多种因素多种层次的“叠加”。他们强调历史时间随着不同层次主题展开而变化着，因而历史的发展就不是一种合目的性的单线进步史，而是多元并存的，并具有多种可能性的。同时,他们并不是把历史完全看成一种偶然的进程,每一种历史进步也都是有着某种必然性,但这种必然性的根源却在于多种因素的综合作用的结果,而不是简单地由一个原因引起一个结果。他们认为,其中除了政治、经济的因素对历史产生影响之外(当然如前所述这种影响是微小的),还有地理因素、社会习俗、民族心理、文化传统等多种因素,即前面所说的自然环境、社会文化环境的影响的综合作用构成了一种历史的深层结构,其中年鉴学派的学者们尤其注重文化的作用,这也就是说他们的历史并不是一种线性决定论的历史。因而单一的因果决定论被非决定论取代,连续的历史被碎片化的、断裂性的历史所取代。而对如此复杂的历史现象进行研究,是任何单一学科所无法胜任的,因而要强调历史的这种跨学科性质。

当然,年鉴学派本身也在不断变化,他们以历史学的科学化为起点,在其发展过程中,则不断演化,使得历史的跨学科研究涉及了各个方面,并在第三代史学家这里开始走向了其反面,出现了"非科学化"的倾向。易言之,为了研究下层社会大众的心理,历史学家不但运用社会科学的方法,而且还运用了原来的方法对历史加以叙述。所以到 1994 年,《年鉴》杂志的名称再次有所改变,其副标题从原来的"经济、社会与文明"变成"历史和社会科学"(*Histoire*, *Sciencse Sociales*)。这一改变反映了年鉴学派重新返回历史的意图。原来的副标题表现了一种用社会科学综合历史学,甚至代替历史学的企图,而后来的副标题则又突出了历史,显示了"第四代"的年鉴学派历史学家的研究兴趣正日益多样化。

如果要总结年鉴学派在改变西方历史观念方面的作用,我们可以用从"科学化"到"非科学化"来表述。用史学史专家伊格尔斯的话来说,年鉴学派的"复杂性与多样化,让人在他们的实践中看出了严重的矛盾"。这一矛盾就是,虽然年鉴学派从一开始便以历史的科学化为目标,以引进科学方法为宗旨,但在其进一步的发展过程中却逐步扩大、包含和吸收了不少“非科学”的成分,如文学、艺术、民俗和宗教等方面。当然,年鉴学派还没有像后现代主义者那样,走到“反科学”的地步。也许是这个原因,年鉴学派的著述虽然以科学解释为出发点,但却较少带有“大写历史”的弊病,没有明显的西方文化的优越感,也不以现代化为研究主题。相反,他们多以中世纪的历史为题材,只是到了第四代,才对现代史与当代史产生了兴趣。正如伊格尔斯所说:“以《年鉴》(*Annales*)杂志为中心的法国年鉴派历史学家们,在20世纪的历史学中占有着独一无二的地位。一方面,这些历史学家们分享有其他社会科学定向的历史学家们对于科学地研究历史的可能性的信念;另一方面,他们又察觉到这种研究路数的局限性。在80多年的历程之中,他们已经深刻地改变了是什么构成历史以及是谁创造了历史的种种概念。他们提出了一种与19世纪和20世纪大多数历史学家所主张的那种历史时间的概念大为不同的另一种概念。实际上,从兰克到马克思和韦伯以及他们以后朝着社会科学定向的美国历史学家们,都是通过由过去到未来的单一维度的时间运动在观察历史的。而年鉴派的历史学家们则以强调时间的相对性和多层次的作用而彻底修改了这一概念。”①

第三节　年鉴学派史学理论与当代学术转型

事实上,从更广阔的视野看,“年鉴派 - 新史学运动”不是一个孤立的现象,不是单独的小溪,而是由以批判“宏大叙事”为主旨的众多学科汇成的一股洪流。它们共同推动了20世纪至今的以反对“宏大叙事”为主旨的微观研究范式转向,深刻影响了20世纪的哲学和社会科学。这股洪流比较重要的有如下几支:

① (美)伊格尔斯:《二十世纪的历史学》,何兆武译,山东大学出版社2006年版,第53页。

其一,“生活世界理论”和“日常生活批判范式”。20 世纪除法国史学革命外还有一个重大事件,就是在哲学界,弗莱堡学派开创的文化哲学同样实现了范式转换,即与以往的思辨哲学区别开来。它注重文化形式背后的“原生态”的日常生活。20 世纪哲学领域的重大发现之一就是理性自觉地向生活世界回归,日常生活批判范式也同年鉴学派一样不再孤立地探讨政治、经济等宏观历史要素的决定作用,而是把所有社会历史要素都放回到生活世界的文化意义结构中加以审视。日常生活批判理论范式在某种意义上也是一种微观研究范式。

其二,微观政治学对现代性分析批判的焦点是从中心化的宏观权力转向了无所不在的、多态化的微观权力。微观政治学赋予“领导权”不同于传统宏观政治的微观内涵,注重边缘、微观、多样态的政治权力的地位和作用,深入日常生活世界,分析微观权力机制。

其三,在哲学领域,由卢卡奇、葛兰西开辟的西方马克思主义方向,经赖希、萨特、法兰克福学派、列菲伏尔等哲学家逐渐从宏观的经济政治问题转向微观的社会日常生活问题。认为革命不能只限于宏观领域(所有制、国家政权),现代西方社会的统治压迫已不仅仅表现在政治经济领域而且还表现在文化、心理等领域,即文化霸权。所以,无产阶级革命策略也要相应改变——首要的是要进行意识革命、文化革命,要把焦点落在微观社会体系、日常生活范型上(当然,宏观、微观的划分不是机械的,这种划分也只是相对的),转向日常生活世界的微观分析批判;以经济政治制度为中心的宏观革命也要转向日常生活和文化领域的微观革命。

总之,20 世纪不同学科从不同侧面,自觉不自觉地实现了微观转向,它们之间相互影响、相互渗透、相互交融,不约而同、不谋而合,具有深刻的内在一致性。以反对宏大叙事为主旨的微观转向成了 20 世纪至今的主要潮流,而年鉴学派则是这一潮流最深层的底蕴。

一、回归生活世界

年鉴学派对政治军事等大事件背后的日常生活、生产方式、文化等长时段历史要素的分析,在研究范式上与20世纪的生活世界理论,特别是日常生活批判范式有着深刻的一致性。胡塞尔、维特根斯坦、许茨、海德格尔、列菲伏尔、哈贝马斯、赫勒等许多理论家从不同层面推动了这一哲学转向。日常生活批判范式的要点在于,它不再孤立地探讨和强调政治、经济等宏观社会历史因素的决定作用,而是把所有的社会历史因素都放到生活世界的文化意义结构中加以审视和评价。

(一)日常生活批判理论的兴起及内涵

胡塞尔是以反思现代科学的危机为切入点的,认为实证科学是不完善的科学,“科学观念被实证地简化为纯粹事实的科学而遇到了危机,科学的‘危机’表现为科学丧失生活意义”。“实证科学正是在原则上排斥了一个在我们的不幸的时代中,人面对命运攸关的根本变革所必须立即作出回答的问题:探问整个人生有无意义。这些问题归根到底涉及人在与人和非人的周围世界的相处中能否自由地自我决定的问题,涉及人能否自由地在他的众多的可能性中理性地塑造自己和他的周围世界的问题。科学对于什么是理性,什么不是理性,对于我们作为自由的主体的人,能够说些什么呢?单纯的关于物体的科学对此显然是无话可说的,它们完全舍弃主观方面的问题。”①他说,“实证主义扼杀哲学”。他的目的是要把哲学建构成一种严格的科学。

胡塞尔从他科学的哲学理想出发,提出了科学的危机的思想,并在这种研究之中实现了一次思想学术范式的转变:“从理想的科学世界回归前

---

① (德)胡塞尔:《欧洲科学危机和超验现象学》,张庆熊译,上海译文出版社2005年版,第7页。

科学的生活世界。"按照胡塞尔的观点,这一生活世界是一个与科学的理性的世界截然不同的世界,这是一个"直觉地被给予的",也是"前科学的、直观的"、"可经验的"人的存在领域。生活世界相比于科学世界是具有优先性的,因为在这里,人是和整个世界保持着一种统一性的。这个生活世界也是一个有人参与其中的、保持着目的、意义和价值的世界;科学的世界就是因为没有给人以适当的地位,完全被一种技术理性统治着,因而是一个没有目的、没有意义、没有价值的世界。生活世界与科学世界分裂开来必然会导致人的存在的危机。从这一分析中,胡塞尔得出结论:"生活世界是自然科学的被遗忘了的基础。"

维特根斯坦为了解决语言乃至实在的意义来源问题,提出的"生活形式"范畴和胡塞尔回归生活世界的想法相类似。对他来说,生活形式这个范畴是非常重要的,语言的意义就呈现于它的丰富多彩之中,我们使用一种语言也就意味着采用一种生活形式。虽然维特根斯坦并没有给"生活形式"下一个确切的定义,但我们通过对他的论述进行分析可以看出,他是用"生活形式",来指谓人所进行的各种活动,也就是人的现实的生活,这也就和胡塞尔提出的前科学、前逻辑的和原给定的"生活世界"具有了一致性。这种思想是维特根斯坦语言哲学的起点,也是其全部理论的最终归宿。

海德格尔并没有像胡塞尔和维特根斯坦那样,把日常生活世界当做自在的价值和意义的源泉,他是直接研究人的存在问题,并把对存在问题的研究当做他的全部哲学的起点。他认为应该回到前苏格拉底时代,那个时候主体和客体还没有分化成二元对立的状态,于是存在就有了几层不同的含义:首先是存在者,其次是存在于,最后是存在于这个世界中。而在存在于这个世界中的含义之下,就涉及了存在者与其他存在者的关系,以及他们的共在状态。而海德格尔在研究存在问题时,重点分析的是人的日常共在,试图通过这样的剖析,揭示现代日常生活世界深刻和全面的异化。

科西克则是把日常生活理解为一个自在的、未分化的、类自然的领域。与胡塞尔、海德格尔相比,科西克揭示出了传统日常生活的基本图式和本质特征:第一,日常活动是一种自在的、无意识的、不假思索的活动。他说:"在日常中,活动和生活方式被转变为本能的、下意识的、无意识的和不假思索的活动和生活的机制:事物、人、运动、工作、环境、世界——它们不是按其创造性和真实性而得以理解,它们没有被考察和被发现,而只是存在于那里,被当做存货,当做已知世界的组成部分而加以接受。日常呈现为未分化的黑夜,机械和本能的黑夜,即表现为熟知的世界。同时,日常是个体可以运用自己的才智和智谋控制其各个维度和潜在可能性的世界。在日常中,一切都处在'手边',个人可以实现其意图。正因如此,它是一个可信、熟识和惯常行为的世界。"第二,日常生活的发展变化有着鲜明的重复性,日常生活的主体不是不可替代的个体,实际上是可以被随意替换成他人的无名分的存在。日常生活是一种自然性的生活,或者说是一种非自觉状态的生活,"世世代代,芸芸众生曾经或正在过着他们的日常生活,仿佛日常是一种自然的氛围,他们从未停下来去追寻日常的含义是什么"。常常是当历史用灾难的形式(如战争及各种自然灾害)闯入日常之中,中断了人们的日常生活,人们才会意识到日常生活的存在。

赫勒在研究日常生活时,首先把社会再生产和个体再生产这两个层面区分开来。她把日常生活界定为"个体再生产要素的集合",并且认为,从存在方式或活动图式上看,以个体再生产为内涵的日常生活,表现为"自在的类本质对象化领域",因而应该引起我们的重视。她认为,日常生活具有以下几个特征:第一,日常生活具有重复性的特征,它是以重复性思维和重复性实践为基础的活动领域;第二,日常生活世界具有自在性,它是以给定的规则和归类模式而理所当然地、自然而然地展开的活动领域;第三,具有经验性和实用性;第四,具有不可或缺、不可替代的作用,它构成了社会再生产的基础;第五,具有保守性和惰性,它也常常起着阻碍个性发展、侵蚀创造性实践和创造性思维的消极作用。基于以上关于日常生活的积极性和消极性的认识,赫勒提出了日常生活人道化的设想:即扬弃日常生活的自在性质,使之真正成为一种属人的生活方式。

赫勒在最根本的意义上,把生活世界理解为文化世界。也就是说,哲学理性关注生活世界或日常生活世界的缘由不是其外在的、具体的、琐屑的日常生计和活动,而是体现在衣食住行、饮食男女、婚丧嫁娶、日常交往等活动背后的作为人类给定的知识储备、文化先见、价值取向、非课题化的规则体系、传统习惯,等等。这样一来,生活世界必然与人的生存的意义和价值问题密切相关,同时与社会历史运行的内在机理紧密相连,它作为个体再生产的领域或层面,作为主体间交往的背景、视野或境域,作为社会再生产的基础,作为社会历史运动的深层基础,影响、制约、约束、规范、驱动、左右着个人的再生产和社会的再生产以及社会历史的演变。①

从科西克到赫勒,他们在批判地继承胡塞尔等人关于生活世界、生活形式、日常共在等思想的基础上,系统地提出了他们的日常生活批判理论。

衣俊卿教授对"日常生活"世界理论总结概括为:"日常生活是以人的直接环境为基础阈限,以个体的生存和再生产为宗旨,以文化传统、道德习惯、自发的经验和天然的情感加以调节和维系,凭借各种给定的归类模式和重复性实践(思维)而自然地运行的未分化的和自在的活动领域。"②

日常生活的基本图式和重复性实践(思维)所造成的经济化效果是社会的政治经济活动和科学、艺术、哲学等自觉的类本质活动(非日常生活世界)得以进行和发展的重要条件。从个体生存的角度来看,日常生活

---

① 参见衣俊卿:《论微观政治哲学的研究范式》,载《中国社会科学》2006年第6期。

② 《衣俊卿集》,黑龙江教育出版社1995年版,第343页。

为人提供人之生存所必需的熟悉感、安全感和“在家”的感觉。日常生活是社会存在和自觉的类活动所必不可少的基础,但是迄今为止的日常生活的图式和结构又带有保守性和惰性,具有阻碍个体全面发展和社会进步的倾向。据此,我们应当确立对待日常生活的基本态度:一方面,在任何情况下,人类都不可能完全抛弃日常生活,不可能彻底超越日常生活的图式和结构;另一方面,人类不应放任日常生活的自律发展,应当对之加以自觉的引导和重建。①

(二)年鉴学派史学范式与日常生活批判范式的契合

以往的哲学理论和史学理论,在研究人类历史的发展变化中,对于社会结构的把握主要集中于物质与精神两个层面:一是生产方式的改变,以及政治、经济、军事、技术等物质层面的活动;二是科学、艺术、哲学等人类精神层面的活动。而当我们把日常生活世界引入历史理论和哲学理论的视野,使之成为学术研究的重要对象时,我们就会建构起更为丰富、更为复杂的人文学术的理论范式。一般地,人类的活动和需要可以划分为三个最为基本的层面:第一层是日常生活领域,包括每一个个体的衣食住行、婚丧嫁娶、饮食男女、言谈交往等内容,这是最基础的层面。第二层是非日常的社会活动领域,也称做“制度化领域”,包括政治、经济、技术、管理以及公共事务和社会化大生产等内容,这是中间层面。第三层是非日常的自觉的人类精神活动和知识领域,包括科学、艺术、宗教和哲学等内容。“因为这一领域所揭示的是关于人这一自觉的和对象化的类存在物的知识,因此可以称之为自觉的类本质活动领域。”②

这样,社会就不是简单地由经济基础和上层建筑的二元结构组成,而是由日常生活和非日常生活(制度层面和知识领域)世界构成。相应地,

① 参见《衣俊卿集》,黑龙江教育出版社1995年版,第345~348页。

② 《衣俊卿集》,黑龙江教育出版社1995年版,第333页。

人文学术研究不可避免地从种种宏大叙述转向了对人类日常生活与非日常生活的关注与考察,转向了微观具体的与人的衣食住行、饮食男女等紧密相关的问题意识和问题研究。日常生活批判理论这种从宏观到微观的转向,和年鉴学派史学理论具有共同的研究基础和观念取向,并在深层次上表现为一种观念的契合。

第一,悬置一切宏大叙事。无论是在日常生活批判理论还是在年鉴学派的历史研究中,过去我们在人文学术中经常看到的那些宏大叙事,几乎完全都被搁置一边。他们所涉及的话题,多半都和日常生活中的衣食住行、饮食男女联系在一起,在传统眼光看来,很难相信这也是历史和哲学。但经过了20世纪几次学术转型之后的人文学术的确就是这个样子,就像法国哲学家利奥塔在谈到后现代主义时所说的,如果用一句最简单的话来给后现代主义下一个定义,那就是对一切元叙事的怀疑。这里所说的元叙事就是指宏大叙事。利奥塔所针对的宏大叙事主要是两条,一是人的解放,这是由法国大革命所表现出来的理想,即人类会逐渐将自己从各种奴役的状态中解放出来。但早在18世纪卢梭就曾经说过,人生而自由,但无处不在枷锁之中,也就是说人的解放的理想也许只是一种梦幻而已。利奥塔反对的第二个宏大叙事是黑格尔辩证法所表现出来的思维同一性,但自从人文学术经过了语言论转向之后,一切问题都变成了语言的问题,现实是人们用语言建构起来的,思维也是必须用语言来进行的,所以也要遵循语言的规律,它已经没有了自身的独立性和自足性,还哪来的同一性可言呢?所以宏大叙事对于我们来说,是丝毫也解决不了任何问题的,反而会扰乱我们的思路,不如干脆悬置一边。当然这一悬置带来了比较重大的结果,诸如社会的进步、社会历史发展的动力等等,这些观念都受到普遍的质疑。

第二,从自然时间进入问题序列。自然时间顺序,其中带有一种简单的因果决定论的观念,事件与事件之间、时代与时代之间,都被套进了一个因果决定链,于是有了A就一定产生B这样的结果,仿佛人类历史就是这样一根机械的链条,人类自身就是一架机器,是完全可以控制和把握的。但这一点从弗洛伊德发现人的无意识活动,并把这种无意识活动作为人的生命根本动力的时候就已经被彻底解构了,社会历史的发展本身似乎也对此提出了深刻的质疑。按照启蒙思想家的现代性设计,人类社会只要在政治、经济、文化等各方面都按照一种合理性的规律去发展,就必然会进入一个理想的、合理的、可以发挥人的无限想象力去幻想的理性王国。但是20世纪两次世界大战、波及全球的精神危机、东西方的冷战(还有近年来发生的科索沃战争、伊拉克战争)等,把启蒙思想家提出的理性王国的宏伟蓝图撕得粉碎。

所以日常生活批判理论提出了回归生活世界理论,年鉴学派史学理论提出了长时段的观念,彻底抛弃了传统理论中那种带有强烈因果决定论的自然时间顺序,而进入了一种以问题引导的问题序列,去具体区分短时段、中时段、长时段,在一个更为广阔的背景上去寻找历史发展的深层根源。

第三,结构观点。传统理论所面对的对象,都是独立的历史事件,分析其原因时也多半从简单的线性关系出发,总是把其中的某种力量当做是主要根源。或者换句话说,这种方式方法把世界当做一个可以无限分化下去的机械,于是条分缕析,方方面面,就把这个世界拆散分解,并幻想能够重新组装。这点胡塞尔早在他谈到欧洲科学危机的问题时就已经批判过了,他认为当我们把这个世界拆散分解时,也就没有了人的完整的生活世界,也就没有了完整的人了。所以,转型之后的理论不再奉行分析理性的基本做法,而是从更为复杂的结构的角度来把握世界,把握人类社会。对于日常生活批判理论来说,人的日常生活就是一个完整统一的结构,这里涉及政治、经济、宗教、艺术、习俗、伦理,也涉及自然环境和气候条件等,多种因素共同铸造着人的日常生活。而对年鉴学派来说,社会历史也同样是一个结构,历史的每一步发展,都绝不是某种单一因素影响所致,而必定是多种因素综合作用的结果。我们看那些年鉴学派史学家的著作,不管是对中世纪的研究,还是对地中海区域的研究,无不体现着这样一种结构的思想。

二、走向微观政治学

年鉴学派的史学范式,在其强调结构以及多元决定论方面,在其强调文化的突出作用方面,在其把握宏观方法所无法把握的社会行为和经验及群体认同行为之形成方面,都与近年来在西方兴起的微观政治学有着较为密切的关联或类似之处。随着现代社会的持续发展,社会权力结构发生了变化,微观权力形式在现代社会中日益发挥着重要的作用。其一,与宏观政治权力同构的微观政治权力机制或文化权力机制具有重要意义;其二是阻碍宏观权力更新的微观权力机制比如日常生活经验等具有重要作用;其三是反抗宏观政治霸权的微观权力也在逐渐发挥其重要作用。[①] 随着对启蒙与现代性问题的批判反思的逐渐深入,种种新理论如新自由主义、社群主义、后现代政治理论和后马克思主义政治理论等等,在研究范式上,也愈益将其注意力转向了微观政治和微观权力。尤其是福柯的权力理论,更是为微观政治学的研究开拓了一条新路。

(一)福柯的权力理论与微观政治学研究范式

福柯在多处都曾经谈到过自己的权力理论。他在《疯癫与文明》中,通过对疯癫现象的历史考察,分析了话语权力对社会结构产生的影响;在《规训与惩罚》中,具体分析了社会权力怎样从一种宏观政治暴力转为一种规训权力;在《性史》第一卷《认知的意志》和后来在法兰西科学院演讲的《必须保卫社会》等一系列论述中,具体阐述了他的权力理论。摘其要

① 衣俊卿:《论微观政治哲学的研究范式》,载《中国社会科学》2006 年第 6 期。

点,他提出的微观权力具有以下几个方面的特点:

第一,权力不是一种可以获得或可以被占有的东西,而是一种关系。过去讲权力总要问问谁拥有权力,谁被权力支配,也就是说总有权力的施动者和受动者这种二元对立,总是一方施加于另一方的一种暴力。而在现代社会中虽然权力也有自己确定的对象,但很难区分权力的主体和客体。因为这种权力存在于整个社会结构之中,表现为某种确定的或复杂的关系,权力就内在于这个社会的种种经济的、政治的、文化的关系之中。在这种复杂的关系之中,个人有时既是权力的主体,也是权力的客体。

第二,福柯从积极的方面来讨论权力问题,认为权力具有生产性的特征。在他的《规训与惩罚》一书中,我们看到福柯论述在监狱、工厂、学校、军队、医院等地方,权力通过对众多个体的规训,将犯人改造成一个守法的人,塑造出合格的士兵和适应社会的技术工人等等。这即是说权力生产了现代主体,因而具有了生产性和创造性。

第三,现代社会权力呈现一种毛细血管状。权力是一种关系,是一个网络,作为关系的权力广泛地存在于社会的方方面面和各个领域;作为一个网络,则必定会对整个社会构成一种隐形的控制和支配。按照福柯的说法,传统社会的宏观权力,是体现在国王、国家机构之中的,但是现代社会的这种规训权力则是散布于社会生活之中,并发挥自己的作用的。

第四,权力与知识共生同谋。权力和知识是紧密联系在一起的,王治河分析了福柯知识与权力之间的六种关系,其中第二条,科学话语是完全通过排斥和命令来建构自身的;第三条,知识的生产和证明,是必须要依靠作为社会权力网络的知识团体来实现的;第六条,社会权力造就了我们的知识型,而知识型决定了我们对哪些问题产生兴趣,并从哪些角度去分析和解决问题等①都证明了知识的产生伴随着权力的运作而产生,并且

---

① 王治河:《福柯》,湖南教育出版社 1999 年版,第 201 ~ 202 页。

权力的运作要靠知识来维系。可以说,没有知识的参与,有些权力就无法运作。“比如现代权力的两种形式:监视和分类,分类就依靠对每一个人的认识,以及对他形成的完整的档案。”知识的“另一个作用是为权力提出限度”。知识本身其实也是一种权力。“按照福柯的意思,知识就是权力,掌握知识的人其实也就是掌握权力的人。在现代社会中这点表现得尤其明显。我们的专家制度,在各行各业都需要专家级的权威人物来制定规范,来管理事物,来维持权力的运行。工厂的管理要专家、生产的操作要专业工人,医院、学校要有专家来管理和运行,监狱中对犯人的改造要有专家指导,政府机构的日常工作要有专家来干,出现了各种意想不到的问题要成立专家委员会或专家组来研究处理措施,连国家领导人都要由专家来担任。”①

福柯的微观权力理论,是一种非中心化的、无主体的、多元的和散布的关系存在,这种理论彻底颠覆了传统思想中的那种本质主义的、二元对立的宏观政治权力观念,从而将政治学从宏观层面转向了微观层面。此后,德勒兹对欲望政治的分析,波德里亚对边缘与差异政治的分析,拉克劳、墨菲等人围绕着领导权展开的微观政治斗争分析等都属于微观政治学。微观政治学在研究范式上有几个特点:第一,通过拆解社会宏观政治与宏观权力来解构各种形式的宏大叙事,“把政治放到人类社会历史的多元形态中加以考察和把握,形成多视角多维度的社会历史理论”。第二,在对政治现象的研究中,“充分重视各种边缘的、微观的、多形态的、多元差异的政治权力的地位和作用,形成微观与宏观相结合的政治理解模式”。第三,通过对各种微观权力的分析,政治哲学可以深入日常生活世界,“凸显出政治和文化的关联,因此,微观政治学在某种意义上也是回归生活世界的文化哲学”。②

---

① 马汉广:《论福柯的微型权力理论》,载《学习与探索》2009 年第 6 期。

② 衣俊卿:《论微观政治哲学的研究范式》,载《中国社会科学》2006 年第 6 期。

(二)年鉴学派史学理论与微观政治学的一致性

年鉴学派虽然是一个史学流派,但其历史研究不可能避开社会政治结构与政治现象,不可能避开社会政治革命和政权更迭。在这方面,无论是早期的费弗尔和布洛赫,还是其集大成者布罗代尔以及后来的继承者,在对待历史政治的问题时,他们的研究范式和微观政治学是相通的,年鉴学派的长时段历史观本身就带有浓厚的微观政治学的意味。甚至有人会把年鉴学派也当做是微观政治学的一个分支来看待。可以说,微观政治学的理论主张在年鉴学派的史学实践中多有体现。

布洛赫倾主要精力撰写了两本历史著作,第一本是他的《法国乡村史》。从这本书的名字上我们可以知道它的具体内容,这本身就是一个边缘化的研究。他绕开了对城市、对统治集团的研究,而是选择了一个远离政治权力中心的乡村来展开他的研究。而且在这里他所研究的也不是阶级对立、政治斗争,他将乡村史定义为"对乡村技术与乡村习俗的综合研究",并提出了一个比较宽泛的概念"乡村文化",用其来揭示乡村状况及发展演变。而他的《封建社会》一书,是一部更加广为人知的著作,其题材处理了从公元900年至1300年长达4个世纪的欧洲史。但这本著作"与早期对封建制研究不同的是,它并不局限于研究土地租佃制度、社会等级、战争和国家之间的关系。它将封建制当作一个整体来处理:处理我们今日兴许可说是'封建制文化'的东西"①。

从前文我们对微观政治学的研究范式的概括中可见,这种把一种社会形态当做一个多元复杂的结构,并进而将注意力转向那些边缘的、微观的,但对整个社会形态起到了较大作用的复杂关系的做法,实际上正是微观政治学的研究范式,这就是通过拆解宏观政治权力从而对各种具有普

---

① (英)彼得·伯克:《法国史学革命:年鉴学派,1929—1989》,刘永华译,北京大学出版社2006年版,第19页。

适性的宏大叙事的解构和颠覆。

再比如布罗代尔对地中海文明进行研究的《地中海》,这部洋洋洒洒60万字的大作,按照彼得·伯克的说法,正是实践了他提出的长时段理论的范例:"首先是人与环境之间几乎静止不动的历史,然后是缓慢变化的经济、社会与政治结构史,最后是稍纵即逝的政治史。"①这正是短时段、中时段和长时段的三种不同的时间观念,在该书中得到了很好展现,而对这不同时段的历史要素,布罗代尔的态度是非常明晰的,长时段的历史要素才是最具影响力和历史作用的,而作为短时段的历史事件,其实好似"大海中的浪花",在历史上并不能起多大的作用。在该书的第三部分中他具体分析了1571年发生在西班牙和土耳其之间的那场勒班多海战,指出这只是一次海军的胜利,作为历史事件并不能对历史产生多大的作用,因为它不可能破坏土耳其深深扎入欧洲大陆的根。并不是布罗代尔对这场战争所知不多,才对这场战争重视不够,因为在传统历史著作中,这场战争以及连续的几次行动彻底改变了地中海地区的战略格局。布罗代尔是花了相当的篇幅来描述这场战争的,他之所以会对此有这样的评论,完全来自于他的思想,他认为应该把事件放到具体语境之中,否则这些事件就没有意义。他反对传统历史研究范式——事件史的做法,他认为事件史虽然"最富于人类趣味"却也是最肤浅的。他所要关注的,实际上是另一种历史,"一种其进程几乎无法被感知的历史……一种所有变迁都很缓慢的历史,一种不断重复、反复再现的周期的历史"②,这就是他提出的长时段的历史要素,其中包括自然环境、文化传统等等。在《地中海》一书中,他曾用近300页的篇幅去讨论这里的高山与平原、海岸与岛

---

① (英)彼得·伯克:《法国史学革命:年鉴学派,1929—1989》,刘永华译,北京大学出版社2006年版,第28页。

② (英)彼得·伯克:《法国史学革命:年鉴学派,1929—1989》,刘永华译,北京大学出版社2006年版,第31页。

屿、气候、陆路与海路,等等。

以上所述布洛赫和布罗代尔的例子,他们所撰写的著作,其实完全可以被看做是微观政治学的著作,它的研究对象、研究范式,都充分体现了微观政治学的基本诉求。

作为当代学术范式转型大潮中的一股小溪,年鉴学派史学理论的研究范式,和许多新理论流派都具有某种同谋关系,我们这里仅举日常生活批判理论和微观政治学两种理论派别来加以说明,因为这两种理论派别是最能体现这种学术范式转型的,并且和年鉴学派的史学理论的联系更为紧密。但任何例举都难免有疏漏的可能,我们在此不求全面系统,只求能够说明问题。

由本章所述可见:第一,年鉴学派史学范式并不是孤立的现象,实际上是当代学术范式转型的一种具体形态。从 20 世纪初开始特别是到 70 年代,学者们开始对现代性进行全面反思,面对(启蒙)科技理性蜕变为现代迷信,解构宏大叙事成为一种思潮。不仅仅是以年鉴学派为代表的史学,还有文学、艺术、哲学、政治学等诸多学科,几乎同时在不同领域从宏观向微观转向。走向“小历史”,回归“日常生活”势不可挡,形成一股带有普遍性的微观思潮。

第二,年鉴学派史学范式深化了对社会历史结构的认识。布罗代尔把历史分为不同的层次,认为地理环境、人文环境(包括文化传统、心态、日常生活等)构成历史的深层结构。日常生活批判理论也把被现代理性科学世界遗忘的日常生活突出出来,微观政治学也将目光从宏观权力转向微观权力,从宏大叙事转向散布于社会生活各个领域和各个方面的关系网络。它们的共同点如前所述,都不是简单地围绕(政治)“事件”等宏观政治现象构筑历史解释模式,而是“从时空、社会、人类、经济、文化、事件(eventmental)等多重维度探寻社会体系和整个社会整体如何发挥作用”,把事件背后深层的以日常生活为主的(还有地理环境、文化传统、经济等)结构纳入视野。把政治现象放到深层次、长时段的历史现实中加以把握 。其着眼点和重心整体下移,把研究视野从重大历史事件和关于政治、经济、军事、外交的宏大叙事,转向具体的、微观的日常生活世界和社会运动的各个领域,并揭示文化、日常生活等因素的更为深远的历史意义和历史作用。

第三,史学和哲学在各自领域都实现了范式转换。年鉴学派的史学范式和微观历史解释模式在史学理论上实现了范式革命。文化哲学和实践哲学传统区别于思辨哲学传统,日常生活批判理论和年鉴学派史学范式的哲学基础正是文化哲学而非思辨哲学。

第四,在方法上,年鉴学派主张跨学科研究,和日常生活批判理论以及微观政治学主张从历史人类学、社会学等吸取营养也如出一辙。

第四章　年鉴学派史学范式与马克思社会历史理论

马克思社会历史理论和年鉴学派有着密切的关系。马克思超越了他那个时代所流行的神学史观、思辨哲学历史观和其他形形色色的唯心主义历史观，把历史的目光从人们的观念世界转向了社会历史生活的“物质世界”。他颠覆了以往的观念、动机决定人的行为的理论学说，深入人的物质生活、生产实践活动和自身生产活动中寻找历史的根基和动力，从而确定了历史的客观物质基础。马克思并非学院派历史学家，他的理论是在19世纪中叶批判旧的观念中产生的，是针对当时社会历史文化背景而言的，因此具有时代性和针对性。从学理上看，马克思社会历史理论尽管力求做到对历史从宏观与微观两个维度进行把握，力求对人类社会历史作总体上的把握，力求在方法论上更加科学、客观，但是，受到当时的时代精神和理论倾向的影响，马克思更强调从宏观方面去解释历史，我们在当代情境下不能抱住过去的理解模式不放，而必须重新挖掘和发现马克思历史理论中包含的以往不为人所关注的丰富内容。马克思的社会历史理论是开放的理论体系,需要不断创新。“年鉴派－新史学运动”深受马克思社会历史观的影响,在其近80年的理论探索中积累了许多重要的理论资源,这些理论资源对丰富和发展马克思的社会历史理论具有重要意义。

第一节　马克思社会历史理论的主要内涵

一、对马克思社会历史理论的文本解读

马克思的思想极其广博和深刻,很难用某一个概念对其思想作出全面和毫无遗漏的高度概括。总体上看,马克思虽然受到德国古典哲学特别是黑格尔的思辨哲学影响,但他并不是学院派哲学家和思想家,他并不满足于在理论上的著述和对社会历史作出解释,而是要把自己的理论运用到变革社会的实践中去。因此,马克思的哲学始终关注着人及其社会历史活动和进程。他透过对欧洲社会(后来包括东方和其他地区在内)的生活、生产、经济、政治、法律、宗教、伦理、艺术、交往方式等的关注和解剖试图揭示人类社会发展进化的一般规律。因此,社会历史理论无疑是马克思哲学思想的最为核心的内容之一。本书用“马克思社会历史理论”来表达马克思的关于人的生存解放、社会结构和形态、历史的动力和主体、历史发展的趋势和规律等思想,并力图通过对马克思的有关论述的文本解读来把握其基本的理论内涵。

马克思的社会历史思想极为丰富地散见在他以及他与恩格斯合写的一些著作之中。《1844年经济学哲学手稿》、《德意志意识形态》、《〈黑格尔法哲学批判〉导言》、《共产党宣言》、《〈政治经济学批判〉序言》、《给维·伊·查苏利奇的信》等著作中都充分体现他的社会历史理论思想。早在1845年至1846年马克思和恩格斯合著的《德意志意识形态》中,就

有对社会历史理论较为系统的阐述。在这部巨著中,马克思和恩格斯对以费尔巴哈、鲍威尔和施蒂纳为代表的各式各样的唯心史观思想进行了深刻的分析和批判,并在此基础上,阐述了社会历史理论的基本内容,而且作了经典表述。其主要思想概述如下:

(一)关于人类社会历史的基本前提和现实基础思想

马克思的社会历史理论与以往的神学史观、思辨历史哲学、唯心史观等不同,上述历史观或社会历史理论大多把人类历史看做是神创造的历史,思想、精神、观念的历史,进而到宗教、伦理道德观念、法和国家之中去寻找历史的基础和动力。到历史之外寻找历史动因是以往社会历史理论共同的、根本的缺陷。马克思则从有生命的人的存在和人的生活出发去发掘历史的基础和动力。

第一,有生命的个人的存在是全部人类历史的第一个前提。马克思指出:“全部人类历史的第一个前提无疑是有生命的个人的存在。”①这种观点与以往思辨历史哲学观点截然不同。对思辨历史哲学而言,只有抽象的人、作为绝对精神外化的人、作为认识主体的人、作为精神和意志的表象的人,而有血有肉的、鲜活的、有生命的个人是不在他们的理论视野之中的,也不在他们探讨社会历史问题的理论视野之中。马克思没有到此为止,并没有把人的认识仅仅停留在有生命这一生物学意义上的存在,而是进一步分析了人与动物的本质区别,进而揭示出个人的本质在于其物质生产、作为种的繁衍的自身的生产和生活。他指出:“人本身就开始把自己和动物区别开来。人们生产自己的生活资料,同时间接地生产着自己的物质生活本身。”②人的存在离不开生活资料,生活资料的获取离不开生产活动,即人的有意识生产劳动,正是这种活动本身赋予了人独特

① 《马克思恩格斯选集》第1卷,人民出版社1995年版,第67页。

② 《马克思恩格斯选集》第1卷,人民出版社1995年版,第67页。

的本质,即创造性的、非自然的、文化的本质。正如马克思所指出的那样,从人是"肉体存在的再生产这方面加以考察……个人怎样表现自己的生活,他们自己就是怎样。因此,他们是什么样的,这同他们的生产是一致的——既和他们生产什么一致,又和他们怎样生产一致。因而,个人是什么样的,这取决于他们进行生产的物质条件"①。

第二,生产物质生活本身是第一个历史活动。马克思并没有抽象地谈论有生命的个人存在,而是进一步深挖人存在的基本前提,这个前提就是人的生活和生产活动,特别是获取物质生活资料的物质生产活动的前提性地位。马克思指出,"我们谈的是一些没有任何前提的德国人,因此我们首先应当确定一切人类生存的第一个前提,也就是一切历史的第一个前提,这个前提是:人们为了能够'创造历史',必须能够生活。但是为了生活,首先就需要吃喝住穿以及其他一些东西。因此第一个历史活动就是生产满足这些需要的资料,即生产物质生活本身,而且这是这样的历史活动,一切历史的一种基本条件,人们单是为了能够生活就必须每日每时去完成它,现在和几千年前都是这样"②。马克思看到了人类历史活动的前进性和无止境性。已经得到满足之后,又会产生新的需要,这种需要会推动生产工具的改进和生产活动范围的不断拓展。所以他说,"第二个事实是,已经得到满足的第一个需要本身、满足需要的活动和已经获得的为满足需要而用的工具又引起新的需要,而这种新的需要的产生是第一个历史活动"③。

第三,人类自身的生产是社会历史存在的基本前提。人类自身的存在和繁衍是社会历史的基本前提,马克思对此给予了充分重视。因为,在马克思看来,人始终进行着双重生产,即自身的繁殖生产和为满足生存的

---

① 《马克思恩格斯选集》第1卷,人民出版社1995年版,第67~68页。

② 《马克思恩格斯选集》第1卷,人民出版社1995年版,第78~79页。

③ 《马克思恩格斯选集》第1卷,人民出版社1995年版,第79页。

物质和精神生产。没有人的生产就没有社会历史,任何社会都是以一定的人口数量、人力资源为基础的,否则这个民族就会衰败、灭亡。人类自身的延续无疑是一个最重要的社会历史前提,因此,马克思指出,“一开始就进入历史发展过程的第三种关系是:每日都在重新生产自己生命的人们开始生产另外一些人,即繁殖……这样,生命的生产,无论是通过劳动而达到的自己生命的生产,还是通过生育而达到的他人生命的生产,就立即表现为双重关系:一方面是自然关系,另一方面是社会关系;社会关系的含义在这里指许多个人的共同活动,至于这种活动在什么条件下、用什么方式和为了什么目的而进行,而是无关紧要的”①。

第四,生产方式与特定的社会历史阶段密切相关。马克思特别重视分析以生产力和交往方式为内容的生产方式概念,通过分析生产方式来把握人类社会的物质生产和精神生产,从而为把握整个历史发展的不同阶段提供现实的客观依据。马克思用了“生产什么”和“怎样生产”这两个概念,一方面揭示了“物质生产”活动对人类历史的基础地位和决定作用是人类存在的基本前提;另一方面也充分说明了人的文化本质特征,即人在生产活动中创造自己的文化,进而创造了人自己的独特本质。因为,人与其他存在物的根本区别在于人的变革自然的、人化自然的、非自然化的能力和特性。人的这种本质既表现了带有一般特征的人类本质,也体现为不同历史时代、不同地理环境下不同民族的社会历史文化的相对特殊性。马克思进而指出了生产方式与社会发展阶段的内在关系。他认为:“一定的生产方式或一定的工业阶段始终是与一定的共同活动方式或一定的社会阶段联系着的,而这种共同活动方式本身就是‘生产力’;由此可见,人们所达到的生产力的总和决定着社会状况,因而,始终必须把‘人类的历史’同工业和交换的历史联系起来研究和探讨。”②

---

① 《马克思恩格斯选集》第1卷,人民出版社1995年版,第80页。

② 《马克思恩格斯选集》第1卷,人民出版社1995年版,第80页。

第五,在提出“历史四前提”思想之后,马克思揭示了精神生产及其精神产品与物质生产之间的关系。他指出,“由此可见,一开始就表明了人们之间是有物质联系的。这种联系是由需要和生产方式决定的,它和人本身有同样长久的历史;这种联系不断采取新的形式,因而就表现为‘历史’,它不需要有专门把人们联合起来的任何政治的或宗教的呓语。只有现在,在我们已经考察了原初的历史的关系的四个因素、四个方面之后,我们才发现:人还具有‘意识’……语言和意识具有同样长久的历史;语言是一种实践的、既为别人存在因而也为我自身而存在的、现实的意识。语言也和意识一样,只是由于需要,由于和他人交往的迫切需要才产生的……因而,意识,一开始就是社会的产物,而且只要人们存在着,它就仍然是这种产物”①。

总之,马克思的一贯思想,即对思辨哲学、唯心史观、神学史观的蔑视,认为对待社会现实问题必须用实证的历史科学去解决。所以他说:“在思辨终止的地方,在现实生活面前,正是描述人们实践活动和实际发展过程的真正的实证科学开始的地方。”②在马克思看来,只有面对人的现实生活,面对人的“实践活动”和“实际发展过程”,对这些实实在在的客观现象加以科学的研究和分析,才能真正把握历史和社会本身,在这个问题上依靠不变的“观念”和“流俗之见”无济于事。

(二)关于人类社会的基本结构和历史发展的一般规律思想

马克思透过纷繁复杂的社会现象,揭示了人类社会的基本结构,即生产力和生产关系、经济基础和上层建筑的相互制约关系,为人们把握社会提供了一把钥匙。在马克思看来,人类社会可以抽象地看做是以生产工具为标志的生产力作为社会的物质基础,这种基础从根本上决定着社会

---

① 《马克思恩格斯选集》第1卷,人民出版社1995年版,第81页。

② 《马克思恩格斯选集》第1卷,人民出版社1995年版,第73页。

的存在，这是社会的深层基础；第二层是由建立在生产力基础上的生产关系总和表现的社会的经济结构或经济基础，这是社会的中间层；第三层是建立在特定经济结构基础上的特定的法律、政治制度，以及与之相匹配的宗教信仰、价值观念、文学艺术、伦理道德等构成的意识形态，这是社会结构的顶层。马克思除揭示了这种结构，还阐释了三层结构之间的相互制约关系。马克思对此有过一段深刻的论述："人们在自己生活的社会生产中发生一定的、必然的、不以他们的意志为转移的关系，即他们的物质生产力的一定发展阶段相适合的生产关系。这些生产关系的总和构成社会的经济结构，即有法律的和政治的上层建筑竖立其上并有一定的社会意识形式与之相适应的现实基础。物质生活的生产方式制约着整个社会生活、政治生活和精神生活过程。不是人们的意识决定人们的存在，相反，是人们的社会存在决定人们的意识。社会的物质生产力发展到一定阶段，便同它们一直在其中运动的现存生产关系或财产关系（这只是生产关系的法律用语）发生矛盾。于是这些关系便由生产力的发展形式变成生产力的桎梏。随着经济基础的变更，全部庞大的上层建筑也或快或慢地发生变革。在考察这些变革时，必须时刻把下面两者区别开来：一种是生产的经济条件方面所发生的物质的、可以用自然科学的精确性指明的变革，一种是人们借以意识到这个冲突并力求把它克服的那些法律的、政治的、宗教的、艺术的或哲学的，简言之，意识形态的形式。"①这段经典论述早已作为"原理"写进我们的教科书。

马克思还揭示了生产力和生产关系、经济基础和上层建筑之间的矛盾运动和一般规律。他指出："我们判断一个人不能以它的意识为根据；相反，这个意识，必须从物质生活的矛盾中，从社会生产力和生产关系之间的现存冲突中去解释。无论哪一种社会形态，在它所能容纳的全部生

---

① 《马克思恩格斯选集》第2卷，人民出版社1995年版，第32～33页。

产力发挥出来以前，是决不会灭亡的；而新的更高的生产关系，在它的物质存在条件在旧社会的胎胞里成熟以前，是决不会出现的。所以人类始终只提出自己所能够解决的任务，因为只要仔细考察就可以发现，任务本身，只有在解决它的物质条件已经存在或者至少是在生成过程中的时候，才会产生。大体说来，亚细亚的、古代的、封建的和现代资产阶级的生产方式可以看作是经济的社会形态演进的几个时代。"①马克思首先阐明了决定社会历史运动的基本矛盾运动及其动力，认为生产力是最活跃的因素，生产力伴随人的无止境需要的满足而不断地提高，进而推动人类社会的进步发展。其次，马克思对人类社会历史的发展从宏观上作了描述，指出人类社会是一个由低级到高级的发展过程。马克思除了揭示了以欧洲为典型代表的西方社会的经济社会形态的演进，还探讨了包括俄国在内的东方社会历史演进的特殊性。马克思与恩格斯合著的《共产党宣言》中阐述了这种乐观的历史进步主义思想，对资本主义社会的历史贡献给予了很高的评价。总之，恩格斯对马克思的唯物史观给予了很高的评价，把它看做马克思一生两个天才发现之一。恩格斯指出，"正像达尔文发现有机界的发展规律一样，马克思发现了人类历史的发展规律，即历来为繁茂芜杂的意识形态所掩盖着的一个简单事实：人们首先必须吃、喝、住、穿，然后才能从事政治、科学、艺术、宗教等等。所以，直接的物质的生活资料的生产，因而一个民族或一个时代的一定的经济发展阶段，便构成为基础；人们的国家制度、法的观点、艺术以至宗教观念，就是从这个基础上发展起来的。因而，也必须由这个基础来解释，而不是像过去那样做得相反"②。

马克思不仅在历史观上有重要的理论建树，而且还在方法论问题上作出了重要贡献。正因为在方法论上具备了这种革命性的超越，才有上

---

① 《马克思恩格斯选集》第 2 卷，人民出版社 1995 年版，第 33 页。

② 《马克思恩格斯选集》第 3 卷，人民出版社 1995 年版，第 776 页。

述理论建树。马克思社会历史理论把握社会历史的思想轨迹是:从最初的观念决定论(法、国家)出发,力图从观念世界解决现实的社会问题。但是,在现实的社会中马克思很快遇到了令人棘手的物质利益问题,马克思不得不从观念王国回到人世间,为了寻找经济利益背后的决定因素而深入到了市民社会。在对市民社会内部的社会的经济关系和经济活动,生存活动、需要的满足、交往方式、交往原则、经济地位(占有财富的多寡)、政治地位的分析中提出了自己的社会历史理论。从总体上看,马克思重点解决的是观念决定人们的行为还是物质利益决定人们的思想观念,是到市民社会生活之中去寻找历史的动因还是在国家、政治、法等思想理念中去寻找历史动因的问题。马克思指出:“这种历史观就在于:从直接生活的物质生产出发来考察现实的生产过程,并把与该生产方式相联系的、它所产生的交往形式,即各个不同阶段上的市民社会,理解为整个历史的基础;然后必须在国家生活的范围内描述市民社会的活动,同时从市民社会出发来阐明各种不同的理论产物和意识形态,如宗教、哲学、道德等等,并在这个基础上追溯它们产生的过程。这样做当然就能够完整地描述全部过程(因而也就能够描述这个过程的各个不同方面之间的相互作用)了。这种历史观和唯心主义历史观不同,它不是在每个时代中寻找某种范畴,而是始终站在现实历史的基础上,不是从观念出发来解释实践,而是从物质实践出发来解释观念的东西。”①马克思之前的历史理论,至多是考察了人们历史活动的思想动机,而没有考究产生这些动机的原因,没有找到社会关系体系发展的客观规律性,没有看出物质生产发展程度是这种关系的根源。过去的历史理论恰恰没有说明人民群众的活动,只有马克思的社会历史理论才考察广大群众百姓——工人阶级、无产者生活的社会条件以及这些条件的变更。马克思的上述结论

① 《马克思恩格斯选集》第1卷,人民出版社1995年版,第92页。

除了取决于他对现实的关注,还取决于他在方法论上的创新和理论贡献。

马克思的社会历史理论在方法论上超越了神学历史观和思辨哲学历史观,用历史科学方法对社会历史现象进行了研究。马克思和恩格斯在其合著的《德意志意识形态》中指出:“我们仅仅知道一门唯一的科学,即历史科学。历史可以从两个方面来考察,可以把它划分为自然史和人类史,但这两个方面是不可分开的;只要有人存在,自然史和人类史就彼此相互制约。自然史,即所谓的自然科学,我们在这里不谈;我们需要深入研究的是人类史。”①马克思把唯物史观当做一个总的世界观和方法论:“我所得到的、并一经得到就用于指导我的研究工作的总的结果。”②马克思在《资本论》(第一卷)1872 年第二版的“跋”中对此作了深刻论述:“当然,在形式上,叙述方法必须与研究方法不同。研究必须充分地占有材料,分析它的各种发展形式,探寻这些形式的内在联系。只有这项工作完成以后,现实的运动才能适当地叙述出来。这点一旦做到,材料的生命一旦观念地反映出来,呈现在我们面前的就好像是一个先验的结构了。”“我的辩证方法,从根本上来说,不仅和黑格尔的辩证方法不同,而且和它截然相反。在黑格尔看来,思维过程,即他称为观念的而甚至把它转化为独立主体的思维过程,是现实事物的创造主,而现实事物只是思维过程的外部表现。我的看法则相反,观念的东西不外是移入人的头脑并在人的头脑中改造过的物质的东西而已。”③

由此可以看出,马克思所说的“历史科学方法”不能简单地归结为传统的宏观历史解释模式,它主要体现为宏观历史解释模式,但又包含了微观历史解释模式,因为人类的物质生产和日常生活本身即是一种

① 《马克思恩格斯选集》第 1 卷,人民出版社 1995 年版,第 66 页。
② 《马克思恩格斯选集》第 2 卷,人民出版社 1995 年版,第 32 页。
③ 《马克思恩格斯选集》第 2 卷,人民出版社 1995 年版,第 111 ~ 112 页。

"视角上"的微观对象。马克思在论述中对人类实践的具体的、历史的规定性的强调,也使得他越来越拒绝抽象地谈论人的解放,而是把人的解放放在具体实践活动中来谈,这就是张一兵所指出的"狭义的历史唯物主义"①。这种狭义的历史唯物主义实际上开启了马克思历史哲学中的微观维度。

二、对马克思社会历史理论的不同理解

马克思并非学院派思想家,他的理论是在批判现实中创立的。他的理论也并非教条和现成的解决问题公式,而是一种理论方法和世界观。正因为如此,对马克思的社会历史理论的理解也有所不同。总体上看,有两大阵营和两种态度。一个是马克思的战友、学生、信仰者和追随者对马克思社会理论的理解和争论;另一个是马克思的敌人、反对者和批判者对马克思社会历史理论的理解和争论。在不同阵营中,关于马克思社会历史理论争论的焦点主要围绕如下问题展开:辩证的决定论与机械的决定论,"自由选择论"与"宿命论"、"机械论","一元决定论"与"多元决定论",历史决定论是否"过时"、"贫困",庸俗经济决定论与合力论,历史发展单线论与多线论,物质利益决定论与观念决定论、历史动机论、历史目的论,宏观历史趋势与微观现实的协调,等等。

恩格斯参与创立了马克思的社会历史理论,并对马克思的社会历史理论给予很高的评价。他指出,马克思的社会历史理论"不仅对于经济学,而且对于一切历史科学(凡不是自然科学的科学都是历史科学)都是一个具有革命意义的发现"②。并且"这个原理的最初结论就给一切唯心

---

① 张一兵将马克思创立的历史唯物主义细分为广义的历史唯物主义和狭义的历史唯物主义,他对此有着非常详细的论述。参见张一兵:《回到马克思》,江苏人民出版社 1999 年版,序言第 7、357、365、461、505 ~ 506、584、599 页。

② 《马克思恩格斯选集》第 1 卷,人民出版社 1995 年版,第 38 页。

主义,甚至给最隐蔽的唯心主义当头一棒。关于一切历史的东西的全部传统的和习惯的观点都被这个原理否定了”①。他坚信,只要我们依据和进一步发挥马克思所创立的这个“新的世界观”,“并且把它应用于现时代,一个强大的、一切时代中最强大的革命远景就会立刻展现在我们面前”②。恩格斯还对以伯恩斯坦为代表的第二国际理论家们把马克思社会历史理论仅仅理解为“经济决定论”或“经济唯物论”这种庸俗决定论作了批判。对此恩格斯指出:“历史过程中的决定性因素归根到底是现实生活的生产和再生产。无论马克思和我都没有肯定过比这更多的东西。如果有人在这里加以歪曲,说经济因素是唯一决定的因素,那么他就把这个命题变成毫无内容的、抽象的、荒诞无稽的空话。经济状况是基础,但是对历史斗争的进程发生影响并且在许多情况下主要是决定着这一斗争的形式的,还有上层建筑的各种因素……这里表现出这一切因素间的交互作用……”③

俄国的马克思主义学说的传播者普列汉诺夫则把马克思所创立的这个“新的世界观”理解为社会学。在他看来,所谓的“社会学”大致有两种意义:广义指一切社会科学,即关于社会现象的诸科学;狭义指一般社会学理论,用他自己的说法叫做社会科学的“代数学”,它同经济学、历史学或其他社会科学的关系,是一般同特殊的关系。马克思主义社会学即历史唯物主义是唯一科学的社会学。他认为,唯物史观给一切想成为科学的关于人类社会的学说提供了必要的导论。它是以宇宙为出发点的唯物辩证法在社会方面的应用。凡是正确反映对象存在、发展和变化的规律性的认识都是科学,就这一点说,社会学和自然科学没有也不可能有任何差异。它们的区别只在于研究的对象以及现时所达到的成熟程度不同。

---

① 《马克思恩格斯选集》第 1 卷,人民出版社 1995 年版,第 39 页。
② 《马克思恩格斯选集》第 1 卷,人民出版社 1995 年版,第 38 页。
③ 《马克思恩格斯选集》第 4 卷,人民出版社 1995 年版,第 447 页。

辩证唯物主义从社会学中彻底清除出人性论和目的论，用社会人的需要以及满足这些需要的手段来解释人的活动。唯物史观的创立，使社会学开始变成像自然科学那种意义下的科学，它具有强大的预见功能。但任何社会学只能预见社会过程的一般的性质、方向和结果，不能预见个别事件和具体细节。随着认识的发展，社会学预见的精确性将逐步提高。

普列汉诺夫十分重视对社会结构问题的研究。1908 年，他在《马克思主义的基本问题》一书中对上述问题作出了自己独特的理论概括，这就是著名的"五项因素公式"。他写道："如果我们想简短地说明一下马克思和恩格斯关于现在很有名的'基础'对同样有名的'上层建筑'的关系的见解，那么我们就可以得到下面一些东西：(1)生产力的状况；(2)受生产力状况制约的经济关系；(3)在一定的经济'基础'上产生出来的社会政治制度；(4)部分地由经济直接决定的，部分地由经济基础上产生出来的全部社会政治制度决定的社会人的心理；(5)反映这种心理特性的各种意识形态。"①

列宁称马克思社会历史理论为"科学的社会学"，"唯一的科学的历史观"和"社会科学的唯一科学方法即唯物主义的方法"。列宁曾指出："发现唯物主义历史观，或更确切地说，彻底发挥唯物主义，即把唯物主义运用于社会现象，就消除了以往的历史理论的两个主要缺点。第一，以往的历史理论，至多是考察了人们历史活动的思想动机，而没有考究产生这些动机的原因，没有摸到社会关系体系发展的客观规律性，没有看出物质生产发展程度是这种关系的根源；第二，过去的历史理论恰恰没有说明人民群众的活动，只有历史唯物主义才第一次使我们能以自然史的精确性去考察群众生活的社会条件以及这些条件的变更。"②

西方马克思主义者卢卡奇、科尔施、葛兰西、哈贝马斯等人对马克思

① 《列宁全集》第 55 卷，人民出版社 1990 年版，第 447 页。

② 《列宁选集》第 2 卷，人民出版社 1972 年版，第 586 页。

的社会历史理论作了创造性理解,并结合时代特点作出了自己的阐释。第一,重新理解唯物史观。早期西方马克思主义者的重要贡献是对马克思主义唯物史观的重新确立,以区别于机械的、自然主义的唯物史观。卢卡奇认为要从主体的方面来理解历史,历史不是自然史而是人类社会的历史,科尔施也指出马克思超越黑格尔和费尔巴哈的地方正在于他以社会范畴去理解自然。第二,与年鉴学派的总体史观一样,卢卡奇认为“总体性”是辩证法的核心和精髓,把历史唯物主义降低为自然规律决定论,把历史辩证法曲解为自然科学实证方法以及建立在这一哲学基础上的经济决定论毒化了无产阶级的革命运动,只有强调历史辩证法才能真正把握马克思主义的实质。第三,卢卡奇的阶级意识理论。在恢复马克思主义唯物史观的基础上,卢卡奇提出了他的阶级意识理论。他的“阶级意识”即是对在生产过程中所处地位作出的理性的适当反应,无产阶级的阶级意识就是对无产阶级的历史地位感,既是无产阶级对于自己的阶级利益、阶级地位和历史作用的自觉认识,也是对社会历史总体性的科学认识,同时也包括对资本主义物化社会的改造行动即无产阶级的实践活动。卢卡奇认为客观经济条件只是社会革命的前提,并不能自动产生革命,革命的产生只能是无产阶级自觉意识到的行动。第四,葛兰西的实践哲学构想。葛兰西把马克思主义哲学称之为“实践哲学”,他认为,历史过程中首要的是人的创造性和能动性精神而不是经济基础。马克思主义的辩证法强调人的实践活动的重要性,人的意志并不是对某种必然性的依附。历史只不过是人的活动的历史,所以并不存在预先注定的、永恒不变的法则,人的主观意志是历史过程的重要组成部分。历史的必然性离开了人的主观能动性也就无从体现。第五,哈贝马斯的“历史唯物主义重建”。哈贝马斯用交往行为理论重新改造马克思的历史唯物主义,得出的结论是交往行为在社会进化中占据更为重要的位置,这在一定限度内翻转了生产力和生产关系的位置。对这种“理论重建”,学者的评价褒贬不一。

分析的马克思主义代表人物科恩对马克思的社会历史理论有独特的理解。他认为，历史唯物主义总体上正确，但是不能把唯物主义原则过分夸大，他认为历史唯物主义的缺陷在于其无限放大。因此，科恩主张一种受到限制的历史唯物主义。在他看来，受到限制的历史唯物主义在能及的范围上更适度。马克思的理论主要是一种关于物质发展过程本身的理论，而不是关于这种发展和其他发展之间关系的理论。无疑，它含有经济之外的过程的内容，但它们不是包括一切的历史唯物主义限定的广泛的内容。受到限制的历史唯物主义没有讲精神存在的主要特征是由物质或社会方面解释的。科恩认为不应该过度地用经济范畴去解释精神范畴及其决定与被决定关系，他指出："在包括一切的历史唯物主义中，用物质的和经济的发展解释其他非经济的或精神的发展的主要特征。而受到限制的历史唯物主义只讲精神现象并不支配物质发展，它使自己对精神现象作唯物主义的解释只是在这样的时候，即如果不对它们作这样的解释，它们会被视为控制物质的发展。"①科恩的理解和主张符合恩格斯的"没有肯定过比这更多的东西"的思想。

马克思社会历史理论在非马克思主义阵营也引起了强烈反响。限于篇幅仅就有代表性的沃尔什、海登·怀特等人对马克思社会历史理论的理解和争论为例。

沃尔什不把马克思社会历史理论看成单纯的历史学、社会学，认为其更不同于传统的历史哲学。他说："所谓马克思主义的历史哲学有着不止一个方面，例如，就它试图表明历史的过程是趋向于创造一个无阶级的共产主义社会来说，它接近于成为一种传统的历史哲学。"②但马克思对于

---

① （英）G. A. 科恩：《卡尔·马克思的历史理论》，段忠桥译，高等教育出版社 2008 年版，第 429 页。

② （英）沃尔什：《历史哲学导论》，何兆武、张文杰译，广西师范大学出版社 2001 年版，第 19 页。

理解历史的贡献,事实上一点也不是对本来意义上的历史哲学作出的,而是具体的实践。“他那压倒一切的兴趣乃是实践的;他需要这种理论,与其说是为了它那思辨的内容,倒远不如说是为了它那预言的性质。他想要从当代历史事件的荆棘之中寻找他的出路,不是要使历史作为一个整体,而只是要使当时正在发生的事情或者在比较近期的过去所发生过的事情能有意义。这个理论对于从资本主义兴起以来的近代欧洲的历史时期能够有用。还可以补充说,实际工作着的历史学家对马克思主义所表现出的兴趣,也是和这个理论之用来作为特殊历史局势的解说相联系在一起的。它是一剂炮制经验假说的处方。”①沃尔什对马克思历史理论的自然科学倾向提出批评②,认为马克思不可避免地受18世纪百科全书派的科学传统的影响。他指出:“像孔德一样,他希望把历史研究置于科学的基础之上,这对于他也就意味着,要从神秘和形而上学以外的角度来解释历史现象。而他之热衷于这样做,是因为他也像边沁一样,是浓厚地渲染上了一种要求实际改革的热情,这体现在他那有名的论断里(而它却轻易地遗漏了边沁):‘以往的哲学家都是力求理解世界;然而要点却在于改变它。’这些考虑就提示了另一种观察马克思的历史理论的方式。我们不是把它看成为又一种思辨类型的哲学,企图在作为一个整体的历史过程之中寻找出统一性和可理解性来;而是可以把它当做是一种历史解说的理论,只关心着对于特殊局势的阐明。根据这种看法,它就可以说是对历史学家提供了处理他们被要求加以解释的任何历史事件的一种方式。”③他还提醒人们注意马克思主义追随者们正在做的事,就是把历史唯物主义的原理鼓吹成一种“必然的真理”,从而就没有任何未来的经验

---

① (英)沃尔什:《历史哲学导论》,何兆武、张文杰译,广西师范大学出版社2001年版,第169页。

② 实际上,这一倾向恩格斯表现得更明显。

③ (英)沃尔什:《历史哲学导论》,何兆武、张文杰译,广西师范大学出版社2001年版,第168~169页。

有可能驳倒它。

怀特总体上认为马克思社会历史理论既不是一种盲目的历史乐观主义,也不是历史悲观主义和宿命论。怀特认为,首先,马克思和尼采批判了浪漫主义者的乐观主义和学院派自诩的实在论者的乐观主义,也批判了他们那些业余同行的悲观论调。马克思反叛黑格尔(根本上是一种修正而非一种革命),以及尼采反叛叔本华(本质上更多的是一种修正,而非摈弃)都有近似的目的。在马克思的思想中,历史的问题取决于用于描述历史的结构及其过程的解释模式的问题,这与他那种把历史视为科学的观念是一致的。其次,马克思的历史观把社会历史看做是对立、异化和斗争的历史。怀特指出,“马克思以转喻模式来理解历史领域,他构想的范畴是分裂、区分和异化。因而,历史过程在他看来是‘罪恶与苦难的全景’这正是在托克维尔和布克哈特结束了对历史过程的分析之后声称的历史的真正意义。马克思从他们的终点处起程”①。在怀特看来,“马克思关于历史、关于它的结构与过程的思想的精髓,与其说在于他试图结合黑格尔、费尔巴哈、英国政治经济学家和空想社会主义者的思想中有益的东西,不如说在于他努力在一种关于历史世界的可以理解的想像中,将转喻和提喻的比喻策略加以综合”②。第三,马克思的整个事业在于寻求历史发展规律,这与克罗齐的历史概念大相径庭。克罗齐的历史概念是研究以个体形式存在的实在,并将历史撰写成叙事作品。③

从上述众多的不同时期、不同思想流派的思想家对马克思社会历史理论的理解和争论中不难看出,他们或者是把马克思社会理论误读为“经济决定论”而加以简单化处理;或者是局限于马克思的原有结论并将其视为绝对真理体系,认为是可以解决一切问题的万能公式;或者是试图纠正

① (美)海登·怀特:《元史学》,陈新译,译林出版社2004年版,第382页。
② (美)海登·怀特:《元史学》,陈新译,译林出版社2004年版,第387~388页。
③ 参见(美)海登·怀特:《元史学》,陈新译,译林出版社2004年版,第554~555页。

马克思社会历史理论由于过分强调“物质因素”而忽略“阶级意识”、“文化领导权”的某些不足；或者是认为马克思超越了以往的思辨哲学对历史的假设，是一种实证的历史科学；或者是认为马克思社会历史理论是一种夸大的历史唯物主义。他们对马克思社会历史理论的理解难免有误读和曲解，但是，他们提出的许多质疑有助于我们进一步全面认识马克思社会历史理论，深入理解马克思理论内部的丰富内涵。

三、如何理解马克思社会历史理论中的一些争论

从上述我们后人对马克思社会历史理论的不同理解和争论中可以看到，之所以存在如此多的争论，既有思想家们阶级立场因素、理论视角、文化传统、现实历史情境等外在原因，也有马克思社会历史理论自身的时代情境所给予的特殊原因。毋庸置疑的是，马克思的社会历史理论是在对以往的唯心史观、思辨的历史哲学等理论和学说的批判和超越基础上建立的，是一次重要的理论创新。但是，马克思社会历史理论也未能穷尽其所有的理论可能性，由于时代的特殊情境，使得我们对马克思社会历史理论的挖掘仅仅固着在某些方面，而并未能把握其全部内涵，这使得我们有可能在新的时代情境下重新思考马克思社会历史理论的丰富意蕴。在这个问题上，笔者要指出如下四点：

第一，马克思主要展示了宏观历史解释的优势，而微观历史解释模式在马克思理论中没有得到充分展示。马克思虽然把观察人类历史的视点调整到人类具体经济行为的微观视点，但是就理论的视野、分析问题的角度、关注的重点而言，马克思的社会历史理论自身更多地偏重从宏观层面把握人类社会历史。虽然有著名的“人们首先要吃、喝、住、穿……”等论述，还有通过资本主义社会最小单元——商品来剖析揭露资本主义的本质等思想，但马克思的具体结论还有宏大叙事的特点。马克思的四组理论：哲学人类学、历史唯物主义、政治经济学和对未来社会的远见，都是为

实现“未来社会的远见”目的服务的，是革命的、行动的、实践的理论，他的“整个事业在于寻求历史发展规律”，是无产阶级解放的学说，为无产阶级提供埋葬旧世界的理论武器。在那种历史条件和时代情境下，马克思没有必要也不可能展开“小历史”的研究。马克思的贡献是为我们留下了宏观历史解释模式的遗产。马克思从宏观上揭示了人类社会从低级到高级不同经济形态的演变过程和趋势，注重发掘人类社会历史的根本动力，揭示的是人类社会历史发展演变的一般规律。马克思对以英、法、德为主体的欧洲社会的资本主义阶段或和商品经济形态作了较为详细的解剖和分析，马克思重点分析了生产力、生产关系、经济基础、上层建筑之间的结构关系和制约关系，但这只是其整个社会历史理论的一半，对于社会历史的微观结构和微观制约关系的分析未曾展开，这使得张一兵指出的“狭义历史唯物主义”仅仅限于对资本主义生产过程的分析，而没有来得及进入上层建筑内部。这就导致马克思及后继者过分强调归根结底意义上的决定和制约关系，而疏于分析宏观结构之下具体微观丰富的细致内容，这些具体的微观层面都是需要我们进一步展开微观分析的领域，同时也是马克思给后人留下的课题，但却被很多人忽视了。

第二，优势同时就意味着劣势，这是任何理论摆脱不掉的辩证法。对宏观历史解释模式的偏重，就有导致历史解释的简单化甚至以偏概全的危险。马克思社会历史理论提炼出许多概念和范畴，如生产力、生产关系、经济基础、上层建筑、商品的价值与使用价值、剩余价值与剥削、劳动时间、资本的逻辑、商品拜物教等概念，工人阶级与无产阶级、文明史与史前史等一系列重要概念和范畴。这些范畴无疑对把握资本主义社会的经济关系和透视资本主义社会的生产关系、交换关系、财富积累等十分有益。但是，每一个社会都是一个有机体，人类社会不仅仅体现在物质生产和人的自身生产的“自然”活动方面，还体现在人的“精神”、“文化”生活方面。人的情感、价值、信仰、风俗、习惯、道德、心理、情绪、习惯等构成人的道德实践生活，这些丰富多彩的生活背后是一个人类自身在劳动生活中逐步编织出来的文化世界，这个世界同样受某种实践准则、规范、禁忌所规范、调节、约束，同样有一套运行的机理，那些隐藏在人的行动背后的文化动机同样不可忽略。相比较而言，马克思在批判唯心史观的同时，由于过分地强调社会历史的“物质因素”而对“意识形态”因素的作用和细节以及其他大量的社会因素没有展开分析，使得马克思的社会历史理论的宏观的指导意义被突出了，而其内在的微观尺度却在一定程度上被遮蔽了。

第三，如何理解马克思社会历史理论中关于欧洲典型社会历史发展模式与世界其他地区和民族的社会历史发展模式的区别与联系。的确，马克思的社会历史理论是对西欧社会历史考察、分析总结出来的，带有典型的西欧社会特点。西欧社会与包括中国、俄罗斯、印度等在内的东方社会有很大的差异，因此，用一种社会发展模式去衡量整个人类社会的发展和演变会遇到许多理论难题和现实困境。相对西方欧洲社会历史进化过程而言，东方社会的经济形态、文化形态、演变过程有较大的差异，不同民族文化历史的发展轨迹也不尽相同，走的历史道路也不尽相同，历史步伐和节奏也不尽相同。因此，马克思的历史理论在指导全世界范围内的社会实践活动时，就会出现这种理论与现实的张力问题。马克思在晚年探讨俄国社会发展和审视世界社会主义——共产主义历史进程时已经注意到了这些问题，提出了俄国可以跳跃资本主义卡夫丁峡谷的可能性，形成了与西欧社会理论不同的“东方社会历史理论”思想，从而解决了人类社会发展的基本趋势和一般规律与不同民族自由选择历史道路的理论难题。

为避免马克思社会历史理论可能导致的“教条化”、“抽象化”、“宏观化”危险，最好的办法是揭示并激活马克思的社会历史理论的微观维度，使得马克思社会历史理论真正做到宏观历史解释模式与微观历史解释模式的有机结合，吸收包括年鉴学派史学理论范式的资源，实现马克思的社会历史理论的创新和完善，也是一条可行的路径。

第二节　年鉴学派史学范式对马克思社会历史理论的意义

一、马克思社会历史理论的针对性和开放性

在理论与实践的关系问题上，马克思特别重视人的实践活动、现实社会状况的重要性，强调包括哲学在内的一切理论、意识形态必须紧密联系实际，否则这种理论就是空洞的说教，于实践无补。同时，马克思对自己的理论同样持一种丰富发展的开放态度，主张在实践中不断修正自己的理论。马克思在《〈黑格尔法哲学批判〉导言》中特别强调了“尘世”与“天国”、“此岸世界”与“彼岸世界”、“原本”与“副本”之间的关系，指出德国哲学的原本就是德国的现实，德国哲学和法哲学是这种现实的副本，“德国的哲学是德国历史在观念上的延续”①。就此问题，马克思有过许多精彩的论述。他说：“法国的社会主义和共产主义的文献是在居于统治地位的资产阶级的压迫下产生的，并且是同这种统治作斗争的文字表现，这种文献被搬到德国的时候，那里的资产阶级才刚刚开始进行反封建专制制度的斗争……德国的哲学家、半哲学家和美文学家，贪婪地抓住了这种文献，不过他们忘记了：在这种著作从法国搬到德国的时候，法国的生活条件却没有同时搬过去。在德国的条件下，法国的文献完全失去了直接实践的意义，而只具有纯粹文献的形式。”②在此，马克思深刻指出了人们在对待各种“理论文本”时必须要了解文献产生的社会历史前提，而不能把那些在某一国度里产生的文献、理论当做是可以解决一切问题的灵丹妙药而简单地照抄照搬。

---

① 《马克思恩格斯选集》第2卷，人民出版社1995年版，第205页。

② 《马克思恩格斯选集》第1卷，人民出版社1995年版，第299页。

马克思关于“法国文献”与“德国现实”关系的分析对我们今天研究唯物史观具有重要启示。无论是从时间间距还是从文化、民族差异去看，在我们研究马克思唯物史观时，必须对产生这种理论的现实基础给予应有的重视，否则就难以发现马克思社会历史理论自身的西方文化特征和这种理论的时代性、针对性。

马克思社会历史理论创立所依赖的现实基础，即马克思唯物史观建立的历史背景和当时的社会现实基础，可以从以下几个方面来考察：从宏观上看是马克思所处的文化背景或文明体类型，即由“两希”（希腊文明和希伯来文明）精神和以罗马法制精神为支撑的西方历史文化；从微观上看是19世纪前后以英、法、德为代表的西欧发达的资本主义国家的社会历史情境，具体而言就是18世纪末至19世纪后半叶，法国的大革命及其留下的思想理论遗产对整个欧洲的影响，英国工业革命后的自由资本主义经济政治制度以及人的生存状况，由启蒙时代、改革时代、复辟时代、统一时代、工业化时代、英雄时代等构成的德国社会现实。马克思的理论前提是西方文化传统，批判的对象是以青年黑格尔派为代表的唯心史观，理论面对的是西欧社会历史现实问题和人类社会历史发展的一般规律。

对这个现实基础的分析，可以发掘出马克思社会历史理论的一些主要特征：“他的历史观深受历史进步论影响；他对无产阶级的同情深受西方特有的弥赛亚精神和普罗米修斯精神的感染；他所依据的历史原本是典型的西欧社会历史演变过程；他所考察的生产力与生产关系制约关系主要是当时最发达的英国17世纪之后的自由资本主义阶段；他用于审视世界历史发展进程的标尺是以欧洲为标准的，等等。”①不深入了解这个理论产生的“原本”，就难以理解马克思唯物史观创立的历史缘由，难以准确把握这种理论所针对的批判对象和理论自身的着力点，就难以体会

① 陈树林：《唯物史观研究应注意的三个“文本”》，载《哲学研究》2010年第8期。

马克思唯物史观的时代性和针对性，就难以看清跨文化比较视野下所显现出的西方文化特征与中华文明之间的显著差异。

发掘和解读马克思社会历史理论就是要充分认识这种理论产生的现实基础以及因此而具有的时代性和针对性。充分认识到这种理论并非天才头脑中的灵感和启示闪现，而是来自活生生的社会现实；充分认识到马克思唯物史观不是固定不变的绝对真理体系和教条，而是一种带有特定历史时代、特定民族文化特征的历史理论；充分认识到马克思是在为解决德国乃至人类现实问题时创立的，而非为了建构某种历史理论体系而为的；充分认识到唯物史观是马克思思想发生转变后在对青年黑格尔派的清算中创立的。

马克思的社会历史理论不是书斋中的学问，而是一种指导社会实践的世界观和方法论，只有面对它的指导对象才具有意义。同时，马克思唯物史观也不是亘古不变的教条，如果不深入生活现实，就难以创新和发展，这种理论就难以有效指导人们的现实活动。马克思的社会历史理论具有普遍的指导意义，对俄国社会、日本社会、欧洲社会、中国社会等都产生过重要的影响。但是，离开了现实生活实践，离开了发展创新，就会使理论研究变成无源之水、无本之木，变成一种纯粹的经院式的“解经学”和“诠释学”。这种研究只要在象牙塔的书斋中、少数学者的头脑中，其理论能量就难以发挥，其理论之树在中国大地上就会因“水土不服”而枯萎，就会成为无人问津的只有观赏价值的艺术花瓶。

马克思的社会历史理论的创新之处可以从两个方面进行解释。一方面是限于理论自身的发展和创新。这种发展和创新主要是从理论视野的拓展和理论资源的借鉴加以展开的，通过把相关的理论资源嫁接和补充到马克思唯物史观之中达到创新目的。面对理论自身的创新追求的是理论在逻辑上的自洽性，这种创新需要新的理论资源加以借鉴和补充。另一方面是在实践中实现理论创新。在理论运用到实践之中时，在解决具体的现实问题时对原有的理论作出修正、补充、拓展、创新。这种理论创新的核心问题是理论研究的问题意识,就是到理论应用的对象,即现实生活中存在的亟待解决的、丰富多彩的、靠聪明的头脑无法想到的、活生生的问题中去,在寻求解决问题的答案时开展理论创新。作为一种理论资源,年鉴学派史学范式在80多年的理论探索中积累了丰富的历史素材和理论成果,为丰富和发展马克思社会历史理论提供了有益的理论资源。总结其理论成果,对激活马克思的社会历史理论的微观维度,丰富和发展马克思主义有着重要的参考价值。

二、激活马克思社会历史理论的微观维度

通过回顾年鉴学派新史学以及微观史学的发展过程和探讨这种史学运动所取得的成果不难发现,我们一方面扩大了史学研究的理论视野,同时也发现了许多新的历史研究方法,这些都自觉不自觉地构成了一套新的历史解释模式。对于马克思主义,它既是年鉴学派的"敌手"又是其来源,经典年鉴学派的基本思想与马克思有暗和之处。这一点布罗代尔也认同。布罗代尔指出:"马克思主义有众多的模式。萨特强调特殊和个体,指出模式的不足,反对生硬的公式化倾向。除少数细微差别外,我赞成他的意见,但我不反对模式,而是反对滥用模式。马克思的天才,马克思的影响经久不衰的秘密,正是他首先从历史长时段出发,制造了真正的社会模式……如果把马克思主义的模式拉回到时间的可变长河中进行观察,它们的网络将显得一清二楚,因为这是编织得十分精细、十分牢固的一张网络,它不断重新出现,但每次都在其他结构的作用下,发生细微的增删变化,而其他结构本身也可能受其他的规律、其他的模式所规定。马克思主义是上个世纪中最强有力的社会分析;它只能在长时段中恢复活力和焕发青春……但必须补充,在我看来,当今的马克思主义却喜欢停留于既有的公式,为公式而公式;这难道不正好典型地反映着整个社会科学

面临的危险吗?”①

可见,尽管马克思史学理论与年鉴学派史学范式有很大的区别,但年鉴学派史学范式与马克思的社会历史理论之间在相当大的程度上又有密切联系,这种关系为利用年鉴学派史学范式丰富和发展马克思社会历史理论提供了内在的理论依据。

(一)年鉴学派史学范式与马克思社会历史理论的相同或相近之处

第一,无论是马克思的社会历史理论,还是年鉴学派史学范式,都超越了传统史学,对以往的神学史观、思辨历史哲学等史学理论进行了超越,不再满足于对历史作出宏观描绘和简单的因果解释。

第二,在历史观上,二者都倡导一种总体史思想,都注重对社会历史的深层研究,对社会的基本的、根基性的、决定性的因素给予特殊的关注。都主张从历史自身而不是历史以外去寻找历史的动力。在方法论上,二者都追求史学科学化,追求历史深层的“结构”和历史背后的内在“规律”,只是二者的未来走向不尽相同。经典年鉴学派走向新史学后更注重历史的偶然的、非连续的、个案的研究,与欧洲大陆的微观史学、美国的新文化史有异曲同工之妙,在史学实践中形成一种微观历史解释模式。而马克思恩格斯后的“正统马克思主义”则把注意力放在了对决定社会历史演进规律的发掘上。布罗代尔用“结构”,马克思用“规律”范畴说明社会历史。“马克思主义历史学家”把社会视为一个金字塔式的结构,而经济基础在其底层,为一切活动的根源,其他如艺术、文化、思想意识、政治理念与组织等都属于上层建筑,为经济基础所决定。这些“马克思主义者”的思维方式与经典年鉴学派对地理环境的重视有相似之处。从布洛赫到布

---

① (法)费尔南·布罗代尔:《资本主义论丛》,顾良、张慧君译,中央编译出版社 1997 年版,第 202~203 页。

罗代尔,他们都想在历史活动中找出比经济更为重要的东西。

第三,与时俱进的理论品格。“与时俱进”、不断开拓新领域、迎接各学科挑战和杰出的适应能力以及开放性是马克思和年鉴学派社会历史理论共同的理论品格。马克思的社会历史理论之所以能够源远流长取决于这种理论品格,“唯物主义随着科学的发展不断改变自己的形式”;年鉴学派经久不衰的秘密同样在于此。年鉴学派从创立之日起就在不断扩大史学研究领域:历史主题不断随着时代的改变而改变,沿着政治(事件)—经济—社会—文化—历史人类学的路线演进。不以创建封闭体系为目的,没有中心,虽追求总体史学,但少有宏大叙事;面对其他学科的挑战采取跨学科的开放态度,先后经历地理学、结构主义社会学……挑战,不是使历史改变,而是“收购”其他学科,一度建立起居于统治地位的史学王国。对此,多斯作了具体总结,他认为,“年鉴学派的成功全在于它杰出的适应能力,它的每次转折都发生在其他社会科学对历史学提出挑战和进行‘收买’的情况下”①。“为应对20世纪初涂尔干的挑战,年鉴学派的史学破除了唯历史史学所崇尚的传记、政治和事件三大偶像;为应对20世纪50年代列维－斯特劳斯的挑战,以费尔南·布罗代尔为代表的《年鉴》杂志提出了长时段概念,并将其作为统一社会科学的话语;在20世纪70年代,米歇尔·福柯的著作提出了知识形态的局部性、地区性和暂时性,并以此解构了历史。年鉴学派继20世纪30年代收编了维达尔的地理学派、涂尔干的社会学以及心理历史学后,在50年代又收编了统计学和人口学,而后又在60、70年代收编了人种学和人类学。这三个阶段的历史表明,具有开放特性的年鉴学派凭借其巨大的能动性获取了新

① (法)弗朗索瓦·多斯:《碎片化的历史学:从〈年鉴〉到“新史学”》,马胜利译,北京大学出版社2008年版,第234页。

的研究对象和研究领域，并生产出极其丰富的史学成果。”①

第四，跨学科研究的特点。为满足总体史的要求，迎接社会科学各学科的挑战，年鉴学派主张与其他学科对话，进行跨学科研究。年鉴学派史学家不但主张与社会科学结盟，而且也与语言学、符号学、文学、艺术以及精神分析学的方法相结合，不断演化对人及其历史的理解。年鉴学派史学家这种跨学科研究使得他们对历史观念有了更新的理解。马克思恩格斯都非常注重科学重大发现，唯物主义不断随科学改变自己的形态。马克思注重经济学、历史学、人类学研究，恩格斯高度赞扬自然科学三大发现的伟大意义，始终站在那个时代科学的最高峰。

第五，历史的视角不断下移。年鉴学派把理论视角不断聚焦于那些被以往宏大叙事所遗忘的默默无闻的他者、“不吵不闹”的小人物、小村庄，被政治、英雄人物、爆炸性事件等所遮蔽的社会心理、公民情绪等；而马克思的社会历史理论本身就是一种人民群众的历史观，以无产阶级解放为宗旨。在这点上，年鉴学派与马克思社会历史理论之间具有相似性。

（二）年鉴学派如何激活马克思社会历史理论的微观维度

1. 年鉴学派史学范式更新了历史的观念

第一，年鉴学派的时间观是对马克思的社会历史理论有重要发展的。如前所述，年鉴学派引入了“一种有关历史时间的新概念”。在年鉴学派看来，历史的时间是非线性的，因不同的历史层次而不同，历史并非是昨天、今天、明天的“线性时间”延续。线性时间观要求所有有关的历史事件都串在一起，放在一个时间框架上来叙述其先后、承继或者因果的关系。布罗代尔的“长时段”理论把历史看做长、中、短三个不同时段的重叠，不仅开阔了历史学家的视野，而且更新了西方的历史观念，几乎完全

① (法)弗朗索瓦·多斯:《碎片化的历史学:从〈年鉴〉到“新史学”》，马胜利译，北京大学出版社 2008 年版，第 235 页。

替代了19世纪的“历史进步”意识。伊格尔斯说:“在八十多年的历程之中,他们已经深刻地改变了是什么构成历史以及是谁创造了历史的种种概念,他们提出了一种与19世纪和20世纪大多数历史学家所主张的那种历史时间的概念大为不同的另一种概念。”①年鉴派的历史学家们以强调时间的相对性和多层次的作用而彻底修改了单一维度的时间概念,他们放弃了一种直线式的、有定向的历史观念。他们看到了有一个各种时间共同存在的多元性,不仅是在各个不同的文明中间,而且也在每一种文明之内。马克思晚年的思考,也是用多元的、多线的历史发展模式取代了单一的历史发展模式,这和年鉴学派的思路暗合。

第二,年鉴学派认为,历史并不是高歌猛进的一场单线的进步,鉴于此,他们对那种乐观的历史进步主义提出质疑。随着直线时间概念的被放弃,年鉴学派对进步的信心以及随之对西方文化优越性的信念也就破灭了。那种统一的历史发展观念不存在了,历史的目的论观念也就不再存在了,因而人类历史的单线进步观念同样不复存在了,它体现了近代启蒙理性精神在现实中的破产。另外年鉴学派历史学家们的著作内容几乎不是地区性的,就是超越国家的,因而在传统史学中对可以赖以作为一种重要参照的西方国家的认同感消失了,西方国家的优越地位也就不复存在了。所以作为一篇对人类历史的宏伟叙述之基础的那种统一的历史发展概念已经不复存在了。这表明,历史的发展不是一种合目的性的单线进步史。马克思主义虽然相信进步,但不再相信历史的单线进步。20世纪的历史,已经昭示着人类放弃了单线的进步观念,而对进步的幻象进行了分析的批判。马克思主义的发展也脱离了对进步的盲目乐观态度,而是更多地吸取了一种带有极限意识的有限的进步观。

第三,历史有连续也有断裂,是必然与偶然、连续与断裂的历史。布

---

① (美)格奥尔格·伊格尔斯:《二十世纪的历史学》,何兆武译,山东大学出版社2006年版,第53页。

罗代尔指出，历史的“模式”不同于数学的模式。数学模式是必然发生的、没有例外的，而历史的模式则有许多可能性，有许多不可预期、不可控制的突发事件。突发性的、转折性的历史事件导致生活结构的断裂，代表着历史模式的转折。① 这就消除了宏观历史解释模式那种按照某种理念和规则来剪裁历史的弊病。历史模式具有有限性。布罗代尔反对将历史模式到处滥用。“在制订社会科学的共同纲领前，必须先确定模式的作用和界限，以免它们被某些人肆意扩大……模式的意义和价值在很大程度上取决于它的有效时段。”②这也不同于宏观历史解释模式导致的无限夸大某种价值观或者史学方法，把它变成放之四海皆准的普遍性规律的倾向。布罗代尔实际上倡导了一种微观化视角，当历史学家明确了历史解释模式的具体适用范围时，他就不会再毫无限制地将这种模式到处套用。这种微观化视角和张一兵所揭示的马克思由一般人本主义到狭义唯物主义的思想历程也有共通之处。

2. 从日常生活视角探讨社会历史理论更具有深层意义

“日常生活”、“物质文明”在年鉴学派史学看来是历史背后的两个最重要的基本概念。年鉴学派注重被传统编年史所忽略的、经济政治事件背后的具体日常生活。他们的历史不再是英雄人物的历史，不再是神的历史或者某种至高无上的理念的历史，而是人类物质生活的历史，具体观念的历史以及小人物的历史。正如伊格尔斯所说：“历史学的主题已经从社会的结构和历程转移到广义的日常生活的文化上面来。随着新的注意力被给予了个人，历史学便再度采取了一种人情味的面貌，但这一次不

---

① （法）费尔南·布罗代尔：《资本主义论丛》，顾良、张慧君译，中央编译出版社 1997 年版，第 196 页。

② （法）费尔南·布罗代尔：《资本主义论丛》，顾良、张慧君译，中央编译出版社 1997 年版，第 190 页。

是给予上层的权势者而是给予了普通的百姓。"[①]如前所述，年鉴派新史学理论的范式意义在于，不是简单地围绕（政治）"事件"等宏观政治现象构筑历史解释模式，而是从多重维度探寻社会历史，把事件背后深层的以日常生活为主的（还有地理环境、文化传统、经济等）结构纳入视野。把政治现象放到深层次、长时段的历史现实中加以把握。其着眼点和重心整体下移，转向具体的、微观的日常生活世界和社会运动的各个领域，并揭示文化、日常生活等因素的更为深远的历史意义和历史作用。可见，它与20世纪的日常生活批判理论殊途同归，而这正是被马克思主义教科书体系所忽略的。

3. 微观历史解释模式开启了通向文化哲学历史解释模式的通道

20世纪70年代，在年鉴学派的研究中，文化领域备受重视并无所不在。"新史学"的"心态"研究，实际就是文化研究，此时，文化史取代了经济和社会史的地位。起源于法国、兴盛于美国的"新文化史学"，在理论上的突出贡献，首先是它不再把文化视为一种"被动"的因素，认为文化与经济等物质因素的关系是互动的，双方互有影响，否认文化是一种单纯的上层建筑，认为将文化视为经济生活的产物本身就是一种错误的说法。因此，根本没有一种从物质到文化的演绎关系。其次，认为社会历史的发展不是一两种起决定作用的什么力推动的结果，是各种因素交互作用的结果。真正起作用的还有经济社会结构"大写历史"背后的、被现代性所忽视的日常生活和文化。这就使得微观历史解释模式具备了走向文化哲学历史解释模式的可能性，而这个可能性，也内在于马克思主义历史观的逻辑之中。

激活马克思主义的微观历史解释维度，这仅仅是工作的一半，另外一半，是超越宏观和微观这两种历史解释模式的。因为二者各自有各自的

---

① （美）格奥尔格·伊格尔斯：《二十世纪的历史学》，何兆武译，山东大学出版社2006年版，第10～11页。

优点，也各有其不足之处，必须在一个更大的视野之下走向融汇和整合。笔者认为，文化哲学的历史解释模式，也是超越和整合这两种历史解释模式的一种方案。

第三节　文化哲学的历史解释模式与马克思的社会历史理论

如前所述，历史的解释模式可以划分为宏观和微观两种，并且，它们对历史的解释有各自的优势与合理性，但是无论哪种模式走向极端和片面都会走向误区。以前苏联教科书模式为代表的马克思主义，就是宏观历史解释模式走向极端的典型，在这种模式下必然导致机械决定论、宿命论和唯意志论的共生。[①] 对每个个体来说，是遵循“铁的必然规律”的宿命论，对领袖人物来说，却是“人有多大胆，地有多高产”的唯意志论，二者并存于政治体制内。在这种历史理论中既找不到具体的人，也找不到具体的实践，只有宏观的乌托邦历史设计，其结果是把马克思的实践哲学构想重新带回到思辨哲学的旧传统中去。因为人总是具体的、历史的人，他不能被还原为宏大的历史进程的“工具”。要回归历史唯物主义的真精神，必须由“宏观”回归“具体”。

微观历史解释模式走向极端同样会导致历史的碎片化，即缺乏宏观视野，使得历史叙事和历史理解有流于琐碎的弊端，导致历史虚无主义和相对主义，甚至消解、解构历史。多斯对此持批评和否定态度。他认为，“这种系列方法反映出两方面的无能为力，一是历史学家丧失了总体观念；二是历史中的人类被其无法掌控的系列分化瓦解。人类对现实不再

① 参见《衣俊卿集》，黑龙江教育出版社 1995 年版，第 160 ~ 167 页。

有任何效力和作用”①。伊格尔斯将对微观史学的种种批评归纳为四个主要方面:“(1)他们的方法以及他们对小规模历史的专注,就把历史学归结为对轶闻逸事的发思古之幽情,(2)他们把以往的文化浪漫化了,(3)他们着意要研究相对稳定的文化,他们就没有能研究以迅速变化为其标志的近代和当代世界,(4)他们没有能力研究政治。”②

可见,宏观和微观两种历史解释模式各自既有不可替代的价值,又有明显的片面性和局限性。如何整合超越这两种解释模式,需要进一步探索,在这里笔者在试图用文化哲学的历史解释模式整合上述两种历史解释模式上作一点探索,换言之,用年鉴学派史学范式充实马克思的社会历史理论所没有敞开的微观视域和文化视域。

一、马克思社会历史理论的宏观与微观维度以及遗留的任务

从总体上看,马克思的社会历史理论本身就包含宏观和微观两个维度,只是在当时的历史条件下微观维度没有展开。19 世纪 40 年代,马克思的主要任务是宗教批判、法哲学批判、国家批判等,以此完成对青年黑格尔派的清算。为了抵御社会历史观上的各种唯心史观,必须借助实证主义自然科学的普遍化方法,尽可能排除历史的偶然性和具体性而抽取出一些最普遍的规律性的东西,寻找历史的普遍规律是马克思社会历史理论的突出特征,这是一个宏观维度。还有另一个微观维度,即“为了防止把历史僵化为排斥人的创造性活动的自然进程,还必须在业已揭示的普遍性规律的基础上,重新回到历史本身不同于自然活动的特殊规定性,

---

① (法)弗朗索瓦·多斯:《碎片化的历史学:从〈年鉴〉到“新史学”》,马胜利译,北京大学出版社 2008 年版,第 174 ~ 179 页。

② (美)格奥尔格·伊格尔斯《二十世纪的历史学》,何兆武译,山东大学出版社 2006 年版,第 115 页。

回到社会历史运动的文化丰富性和复杂性，使唯物史观真正围绕着人的实践活动而建立和丰富起来”①。可是，在当时的历史条件下，马克思虽然在视角上进入了微观领域，关注了“吃、喝、住、穿”等经济运行领域，但暂时没有必要也不可能进入视点上的微观视域进行“小历史”的研究。这样，重新再现历史的特殊性和丰富性就成为了留给后人的任务。

如前所述，马克思恩格斯之后，学界对如何丰富马克思社会历史理论作了各式各样的尝试，主要从两条路线展开，一条是普列汉诺夫、布哈林、列宁、斯大林的“正统马克思主义”路线，直接影响到前苏联的教科书体系；另一条是涂尔干、西美尔、韦伯、波普、早期西方马克思主义者、哈贝马斯、科恩、沃尔什、海登·怀特……似乎可以称之为“西方路线”。西方路线有丰富、发展，也有明显的偏颇甚至误解。受年鉴学派和微观史学的启发，笔者认为，文化哲学历史解释模式同样也可以是一种丰富和发展马克思社会历史理论的尝试。

二、文化哲学历史解释模式对马克思社会历史理论的丰富

从西方哲学发展的历史轨迹看，我们不难发现西方哲学的演变历史中，特别是近现代哲学发展史中，始终有一种强烈的“科学主义”倾向。具体表现为用数学方法、几何学方法、力学方法等轮番占据哲学的中心位置。哲学家们往往把用于研究自然的科学方法绝对化、普遍化，并把这种研究方法运用到人类自身的研究之中。这种研究在方法论层面无异于把人降低到无机物、有机物、高级动物层面，而忽视人的自由意志、灵魂、精神、思想、情感等层面问题，把人也视为同自然存在物一样的“连续性的、同质性的”存在物，把人类的历史也视为是一个自然的历史过程。相对而

---

① 衣俊卿：《作为社会历史解释模式的文化哲学》，载《哲学研究》2010年第2期。

言,文化哲学在方法上运用历史科学方法对人及其历史作全面的把握。按照文化哲学的理解,人与人的个体差异性,民族之间、历史不同阶段的差异性等不仅要被突出,而且不可忽视,不应受“同一性”概念的“奴役”和“专政”。承认人的非连续性和异质性是对人的本性的真实把握,承认历史是连续性和非连续性的统一、不同民族历史的差异性,这是文化哲学在方法论上的一个突出理论特征。文化哲学与以往的思辨哲学、意识哲学、知识论哲学的旨趣不同,不以建构完整的科学体系和知识体系为目标,但是,这绝不是说文化哲学可以完全离开概念去思维,即便是文化符号形式,也同样离不开概念这一思维之网的纽结而存在。所不同的是,文化哲学看到了作为以概念为基础的科学体系在把握人自身时的种种弊端,力图消解这种弊端,探寻更能切合人的本性的方法。自然科学方法坚持的基本原则是把事物包括自然现象和人类现象看做具有连续性和同质性特征,而不论其真实情况如何,不考虑现象本身的“非连续性”和“异质性”,把现象看做是无所谓是否具有个性,不顾事物的特殊性和个别性。而“历史性研究方法”则与此不同,历史科学方法强调事物或现象的非连续性和异质性,而不考虑其连续性和同质性。因此,历史科学方法被应用在研究那些一次性的和个别性的事物,其中对人自身和人类历史的研究较为多见。文化哲学的独特之处在于对人及其历史的非连续性、异质性、矛盾性、非理性等特征的真实把握。

文化哲学在运用历史科学的方法时以人的异质性特征为根据,对人作个别的、一次性的研究和把握,力求真正凸显人的个性和差异性。显然,文化哲学也并非能够对每个人作出经验和实证的科学研究,而是透过文化模式,即以特定文化符号形式为载体的主体去把握人的特殊性和真实特征。现实生活中的人都是通过特定的文化符号形式而存在的,文化符号的主要表现形式如使用的语言、头脑中的神话、信仰的宗教、创造的艺术、发现的科学、独特的审美、现实的生产方式和生活方式等,它们尽管在形式上具有相同性，但是其内涵则具有特殊性，这种特殊性主要是由特定的地域、环境、人种、民族、生产、生活、历史等差别决定的，这种差别造成了文化符号形式的内涵的不同，而那些相对稳定的文化符号形式对于特定的人群而言就是独特的文化模式。任何一种文化模式总是一定历史阶段中的产物，具有历史性和阶段性。人的这种变化表现为文化模式的不断转型和变迁，文化哲学对人的历时性的把握主要是透过其文化模式的转型和变迁来实现的。不同文化模式下生活的人的形象不同，人的文化秉性也就不同，对文化模式的历史研究，能够实现对人的生成性作动态把握，从而克服人及其历史问题的宿命论。

文化哲学的基本逻辑前提是："人生活的世界是一个符号交织的文化世界，被具体的文化模式支配的生活世界，人面对的真实世界就是文化符号世界，而不是所谓的物理实在世界，或客观的自然世界，人直接改造的世界是人的文化世界。文化哲学认为，人的创造性活动如何，人的文化世界就如何，人的面貌也就如何，人的本质也就怎样。"①人，不存在一个形而上学意义上的不变的"本性"和统一的"形象"，人的本质就是人本身（马克思语），人没有抽象不变的本质，有的只是本性（奥尔特加·加塞特语）。因此，不应该按照统一的关于人的思辨逻辑去寻找人、塑造人，而要到文化模式中去寻找人和塑造人，透过分析文化模式寻求历史的内在运行机制。人的认识不是思维器官——大脑的机能或心理反应活动，而是一种依赖文化符号形式的世界图示、宇宙图示、语言概念等媒介的创造性应对活动。人的认识活动离不开文化形式，没有这些文化形式作为中介，人无法认识任何事物。从这个逻辑起点上看，对人自身世界和外在的世界的改造是一种文化批判活动。

如前所述，年鉴学派、微观史学及其范式表明，对历史的认识和解释

---

① 陈树林：《文化哲学的当代视野》，人民出版社2010年版，第14页。

绝不仅仅局限于一两种模式。在认识历史时既要有宏观历史解释模式又要有微观历史解释模式;既要有经济学解释模式又要有文化学解释模式以及其他模式。马克思的社会历史理论是一种兼具宏观与微观的历史解释模式,可以说,文化哲学的历史解释模式丰富了马克思的社会历史理论。不可否认,在马克思的经典文本里并没有明确谈及"文化哲学"范式,但是,其哲学对象、哲学主题以及哲学运思理路本身却包含着深刻的文化哲学意蕴。马克思对纯粹形式化的、思辨的、体系化的、与现实生活脱节的"独立的哲学"持明确的否定态度。他坚信,"在思辨终止的地方,在现实生活面前,正是描述人们实践活动和实际发展过程的真正的实证科学开始的地方。关于意识的空话将终止,它们一定会被真正的知识所代替……这些抽象与哲学不同,它们绝不提供可以适用于各个历史时代的药方或公式"①。马克思进而指出德国哲学特点:"哲学,尤其是德国哲学,爱好宁静孤寂,追求体系的完满,喜欢冷静的自我审视。"②马克思认为,哲学的根本在于对现实给予具有针对性和切中时弊的批判,而不是体系的完美。尽管德国的国家哲学和法哲学在黑格尔的著作中得到了最系统、最丰富和最终的表述。但黑格尔的哲学并不能够解决一切问题,这种体系化的思辨哲学充其量只能对"彼岸的事物"给予解答。可见,马克思要超越的是哲学家们构造出来的体系化的哲学、学院式的书斋哲学,把哲学变成变革现实的文化批判精神。

从对哲学功能和使命的理解上,马克思哲学已经开始转向文化哲学理解范式。在马克思看来,真理的彼岸世界消逝以后,历史的任务就是确立此岸世界的真理。但是,马克思并没有停留于德国当时的哲学水平,满足于对"国家哲学"和"法哲学"及以黑格尔为代表的"思辨哲学"的认同和接受。相反,他认为自己所创立的哲学不同于保守的"意识形态",而

---

① 《马克思恩格斯选集》第1卷,人民出版社1995年版,第73~74页。

② 《马克思恩格斯全集》第1卷,人民出版社1995年版,第219页。

是真正的哲学——为历史和现实服务的，对尘世这种“原本”批判的“实践哲学”、“历史哲学”。马克思认为自己的哲学任务是以一个特殊的哲学领域里的战斗来参加在社会一切领域里进行反对整个现存秩序的革命斗争。

马克思哲学强调哲学的时代性、民族性和现实性，这说明其哲学已经开始转向文化哲学理解范式。马克思明确指出，“任何真正的哲学都是自己时代的精神上的精华……哲学不再是同其他各特定体系相对的特定体系，而变成面对世界的一般哲学，变成当代世界的哲学”①。在他看来，只有立根于时代的现实，真正在与世界的相互作用中反映现实、批判现实、推动社会变化和进步的哲学才是有益的。所以马克思说：“哲学家并不像蘑菇那样是从地里冒出来的，他们是自己的时代、自己的人民的产物，人民的最美好、最珍贵、最隐蔽的精髓都汇集在哲学思想里。”②事实上，马克思一生的哲学发展轨迹也印证了他对哲学的追求和承诺。马克思的哲学是一种以现代资本主义世界人的现实生存作为关注的对象并对其进行批判的哲学。因此，不能简单地把马克思的社会历史理论归结为宏观历史解释模式，马克思的社会历史理论本身就包含着更加丰富的层次和内涵，既有宏观分析，又提出了微观任务，并且这种理论的实践性、开放性为其丰富和发展提供了现实可能。笔者认为，文化哲学的历史解释模式能够融合宏观微观两种历史解释模式，同时又能够避免二者的弱点；它既是马克思社会历史理论的当代形态，同时也是对新时代微观历史解释模式的一种回应。

文化哲学所理解的文化不是指具体的各种文化现象，而是人类历史地凝结成的稳定的生存方式和社会历史运行的内在机理。它以价值、规范、图式、机制等形式内化于一切社会领域中，制约着社会进步和人的发

① 《马克思恩格斯全集》第1卷，人民出版社1995年版，第220页。
② 《马克思恩格斯全集》第1卷，人民出版社1995年版，第220页。

展。在广义上,人所创造的一切都可纳入文化的范畴,而这里的文化是指文明成果中那些历经社会变迁和历史沉浮而难以泯灭的、稳定的、深层的、无形的东西,是所有文化现象的精髓。[①] 在笔者看来,文化不仅仅是和政治、经济并列的一个子系统,而更是人的行为模式和思维方式的综合体,它是人类生活的"样法",是人和自然、人和自身打交道的方式。如前所述,人类的生存,是以文化为中介的生存,人不是孤零零地存在,他必然生存在某种文化模式之中。没有文化模式,也就不可能有人的经济行为和政治活动。以往我们只注重经济基础对上层建筑的决定作用,这里的文化概念不仅仅是上层建筑的一部分,而是包含着一种与经济活动乃至一切人类活动同时就已经存在的"前理解"模式,因为人在从事一切行动的同时,就已经是在某种文化模式之中了,比如农耕文化和游牧文化这两种文化模式决定了其中的经济活动必定采取不同的模式来进行。从这个意义上,文化内在于经济、政治、宗教等一切人类活动之中,人类的一切活动都是文化活动。

文化哲学就是从这种"模式化"的文化概念入手来理解人类实践活动的。从 19 世纪后半期开始,对各种文化的研究就成为学界的一个热点问题,从原始文化出发的文化人类学研究文化的蓬勃发展,斯宾格勒和汤因比的文化形态史观以及其后的以博厄斯为代表的文化相对论、以爱德华·泰勒的文化进化论、新康德主义的文化哲学等思潮,等等,都在经验研究和哲学思考上大大推进了对文化的深层理解。20 世纪的现代西方哲学出现了向实践、文化和生活世界回归的趋势。[②] 马克思主义的文化哲学立足于马克思对人类实践的理解,关注人类文化的模式,关注文化变迁、文化转型以及人类面临的文化危机,关注对人的现代化的理解,关注人类的日常生活模式的变迁。由此,文化哲学的理论前沿深入微观视角

---

① 参见衣俊卿:《作为社会历史解释模式的文化哲学》,载《哲学研究》2010 年第 2 期。

② 赵海峰:《阿多诺"否定的辩证法"研究》, 黑龙江人民出版社 2003 年版,第 46 ~ 49 页。

之中,试图对马克思实践哲学的宏观立场和日常生活的微观视角进行深层次的理论整合。从上述理论关注点出发,笔者有理由相信,建立在文化哲学基础上的历史解释模式可以实现宏观和微观两种历史解释模式的整合。

文化哲学历史解释模式有如下特点:

第一,文化哲学历史解释模式是宏观和微观的综合。文化不再仅仅是上层建筑的一个部分,不再仅仅是一个远离经济活动的意识形态,而是成为了人类历史实践的一个重要的内核。这也与"新文化史"的思想相吻合,"新文化史"用史实证明了历史呈现出的多主体性、多主题性、多种力量博弈的丰富多彩的面貌。这种思想在恩格斯那里已经有了体现,恩格斯在晚年通信里提出了关于历史发展进程中的"合力"思想,这一思想已经揭示了历史的复杂性,如果按照这个思路进行分析的话,唯物史观应该能够出现一个非常生动而丰富的局面。微观史学方法恰恰暗合了恩格斯的思路,使得分析历史"合力"的构想变得具体而可行。文化哲学的历史解释模式,通过引入对日常生活的批判和分析,使得日常生活和文化观点进入唯物史观之中。对日常生活的分析和批判,本质上是对人类经验中体现的文化模式的分析和批判。文化哲学以日常生活批判为桥梁,将文化哲学和唯物史观的逻辑展开对接,使得二者都走入"微观化"的尺度和视角。这样一来,引入日常生活之后的社会历史理论就不再是简单的宏大叙事和干巴巴的两对概念的"决定和反作用"的关系,而是丰富多彩的、具有多重可能空间的、没有固定模式和不变渠道的发展过程。可见,文化哲学历史解释模式克服了前面两种历史解释模式的弱点,而保留了它们的长处,它可以成功地扬弃前两者。

第二,文化哲学的历史解释模式不再强调某一单一历史因素的决定作用,在传统的政治、经济理解方式之外,提倡从文化视角来理解历史。以往经济决定论之所以遭人批评,就是因为它过度地将一切人类实践都和人的经济行为联系起来,机械地用经济来解释一切人类行为,从而将经济基础和上层建筑的复杂关系简单化,而忽视历史地积淀下来的文化因素。文化哲学历史解释模式重视考察经济、政治和各种文化现象的相互作用,以此来揭示人类实践的具体的复杂的结构和过程。

第三,文化哲学视野下的人与历史的统一和新历史意识(极限意识)的生成。在文化哲学视野下,人才真正摆脱了乌托邦的历史设计,成为真实的人,人和历史才真正地达到统一。在宏观历史解释模式下,历史是人类的历史,人类按照某些必然性的路径完成自己的使命,个体必须将自己生存的意义投放在某些超人的力量之中。但在文化哲学的历史解释模式中,小人物或个体的生存有其不可替代的意义。微观对象的互动使得具体历史得以生成。只有这种方式才能解释历史的真正的生成路径。它避免了宏观历史解释模式那种简化历史的弊端,也堵死了乌托邦历史设计的道路,从而走向了新历史意识的生成。所谓新历史意识和旧的建立在乌托邦历史设计的基础上形成的历史意识截然不同。新历史意识是一种极限意识,是以人的有限性为基础的历史意识。而近代以来的历史意识是一种无限的历史意识,即将人的发展看成是无限发展的,而人的无限发展,其实就意味着人类最终将成为神。正因如此,黑格尔式的思辨哲学必然将人的实践抬高为绝对精神,必然给出一个历史终结的乌托邦设想。教条的马克思主义哲学实际上将共产主义和人的自由、解放、全面发展看做是“人成为神”的最终状态,于是,在错误的理解下,马克思主义哲学自身又变成了一种新神学。我们必须明白:人,只是各种生物中的一种,他征服自然和改造自然的能力固然是动物之中最强的,但他还是一种有死亡的生物,依然有着各种各样的缺陷。人所生存的地球,其资源也不是可以供人尽情使用的,必然有耗尽的一天。这些事实都证明人类不是一种可以无限发展的物种,从各个角度看来,人的生存和发展,都是有限的。从这一点出发,人必须持有一种有限的历史观,形成一种有限的历史意识。马克思主义在新时代的发展,也必然建立在这种有限的历史意识基础上。

从新的历史意识出发,人的历史最终离开了神的历史,成为一种有限物的历史。人的历史本身,不是按照某种神的启示发展的,也不是按照某种思辨的观念形态来演进的。观察人的历史只有一种视角是可能的,这就是人类实践的视角。文化哲学的视角,也是人类实践视角中的一个形态、一种表现。从文化哲学的观点看,历史在文化之中生成,或者说,人的历史的生成,可以用一种文化形态来把握。从人的意识形式和观念形态出发来解释人类实践,考察人类实践的具体方式,这就是文化哲学历史解释模式的核心精神之一。人是通过观念形态和意识形式来创造历史、生成自身的,人类分别通过神话、习俗、宗教、科技、理性等各种途径构建自己的历史。我们只有把握了这些观念形态,才能真正理解人的历史。这种方式恰恰是文化哲学的长处。新的历史意识的生成,不能离开文化哲学的历史解释模式。

第四,在全球化、信息化的背景下,日常生活的历史巨变可以通过文化哲学历史解释模式得到更好的理解。资本主义生产方式导致了民族国家的出现,导致了各个国家进入一个统一的世界历史进程。但随着资本主义进入成熟时期,全球化和信息化的加深又导致了一些前所未有的新现象,例如:基督教文化、伊斯兰文化、东亚文化之间的复杂而剧烈的冲突;各种亚文化形态的空前兴盛;和文化冲突相交织的经济冲突和国际政治斗争;等等。这些都使得过去那种宏观历史解释模式在相当程度上已经失效,例如过去的阶级斗争理论主张全世界工人阶级的联合,但是当代的经济全球化使得发展中国家和发达国家的工人阶级不能再联合在一起,他们的利益变得互相矛盾。这些情况都使得我们必须从一种更加微观的角度来观察历史,来理解历史中的具体主体的行为模式。

基于以上阐述,文化哲学历史解释模式可以从以下几点概括:(1)人的历史是有限的，是不断生成中的历史，人由于其自由和创造的本性不断超越自己的限度，通过扬弃自身而走向人之真实历史的生成。(2)历史是非线性决定论的，没有一个“放之四海而皆准”的“绝对真理”可以遵循，它拒绝用宏大的先验的理念来规约人类历史的发展进程。认为历史是连续与断裂、一般与个别、民族地域性与世界性相统一的历史。因而这种历史是非决定的、选择的，表现为多元的发展道路和多样的社会文明形态。(3)反对简单地将自然科学的方法运用于历史，主张一种历史科学的方法。以人及其历史的非连续性、异质性特征为根据，对人作个别的、一次性的研究和把握，力求真正凸显人的个性和差异性。(4)文化哲学用历史深层次的文化来解释人类社会运演的机理，认为历史的发展除了表现为外在的时代变迁、政治形式(朝代)更迭和生产方式的演进，更深层次上表现为一种文化模式的变迁。人类文化模式的结构扎根于具体的日常生活之中，随着日常生活的变迁而变迁，文化模式具有具体性和历史性，具体表现为不同时代、不同地域、不同人群(民族)的文化模式。

三、文化哲学历史解释模式的理论意义

第一，一方面，文化哲学的历史解释模式可能扬弃宏观的历史解释模式和微观的历史解释模式，既能克服二者的弱点，又能吸收二者的长处。从文化的观点看，人类各个国家、地区、族群的文化模式，的确有从宏观角度加以把握的必要，这种宏观角度不是出于乌托邦历史设计或思辨哲学的模式，而是基于人类既有历史和文化实践的基础上的宏观总结和把握。另一方面，文化哲学历史解释模式又能够深入文化的具体细节，观察到以往宏观历史解释模式所观察不到的东西，寻找到新的问题意识和更为贴近真实的理解历史和人类实践的角度。

第二，文化哲学的历史解释模式可以跳出决定论——非决定论的怪圈。社会历史观或史学理论的核心问题是“历史发展或历史运动的自由

和决定论问题"[①],一切争论都围绕此问题展开。以往历史观一强调历史规律、必然性就容易滑向机械决定论;一强调人类历史的自由、创造、选择就容易倒向唯心主义、相对论。历史的必然和偶然、自由和决定、主观和客观等从没很好地统一起来。由于文化有"非决定性"(这一点已被新文化史所证实)、"选择性"和"微观性"[②]亦即无所不在性,因而,从文化视角探讨历史也就无所谓谁决定谁。撇开内在的文化,只从文化现象视角研究书写历史,当然就会随时代主题不同而产生不同的历史和历史观。如人类野蛮时期,人们为了生存必然要进行争夺,于是军事力量似乎成了决定社会历史进程的最重要因素,从而,充斥历史的就是军事史、外交史、政治史。进入文明时期,经济力量又显现出来,经济史成为主流,经济决定论也就有了市场……文化哲学用作为社会历史运行的内在机理的文化探讨社会历史,就把必然和偶然、决定和选择、宏观和微观统一起来,从而就跳出了长期以来困扰人们的决定论——非决定论的怪圈。

第三,文化哲学历史解释模式丰富了唯物史观,是对马克思唯物史观的继承发展而不是否定。从马克思主义社会历史理论的特征来看,宏观和微观的统一是马克思主义历史哲学的一个特点。马克思本人的思想,就是一个从宏观走向微观的过程。按照张一兵教授的总结,就是由异化理论走向具体的、历史的狭义唯物主义。[③] 如前所述,马克思唯物史观的强项是政治经济等领域的宏观因素和阶级分析,而对文化的探讨至少在19世纪并未成为重点,因而文化哲学历史解释模式正好是一个补充。我们在前面已经区别了两种微观概念。第一种微观是视角的微观,即关注人的物质生存,关注经济基础。第二种微观是视点的微观,关注具体的微观对象,如普通的小人物、小村庄,等等。从第一种微观到第二种微观,从

---

① 衣俊卿:《作为社会历史解释模式的文化哲学》,载《哲学研究》2010年第2期。

② 衣俊卿:《作为社会历史解释模式的文化哲学》,载《哲学研究》2010年第2期。

③ 参见张一兵:《回到马克思》,江苏人民出版社1999年版,第505~507页。

视角上的微观模式到视点上的微观模式,是对象视点逐渐细化的过程。历史唯物主义内在含有这两种微观思路,根据不同的研究需要调整这两种微观思路。从具体的历史唯物主义立场出发,历史解释模式就有可能由第一种微观走向第二种微观。由对人类整体社会模式的转型、经济结构的变化、生产方式的变迁,转向对具体情境下“微小”历史对象的分析,这是非常重要的一个思路的转变。文化哲学的历史解释模式,可以实现宏观和微观历史解释模式的统一。它并不否认经济基础的决定性作用,而是呈现了历史诸因素相互作用的比较复杂细致的动力结构。呈现和揭示历史的复杂性,有助于摆脱单纯的经济决定论和政治宿命论。由此,文化哲学将唯物史观推向了全新的视野。文化哲学历史解释模式是对马克思的社会历史理论的深化,使得唯物史观在新的历史时期下走向完善,这也是在新的实践基础上发展马克思主义理论的一种尝试。

第四,文化哲学的历史解释模式,使得人们观察历史的视角进入日常生活之中,任何一种历史模式,其基底都是日常生活,日常生活必有其文化的合理性。揭示日常生活的文化合理性,既是“宏观”的,也是“微观”的。因为文化模式的一头连着宏观的历史进程,一头又建立在微观的基础之上。这样,我们才能建立起一个比较完整和全面的历史解释模式,既能防止历史观变成一种“无人身的”乌托邦设计,也能防止历史研究变成一种完全的“鸡毛蒜皮”。这样,马克思主义的历史观才能真正地站立在坚实的土壤和根基之上,既关注人的现代化,关注人有限的历史意识的生成,又不至于凌空蹈虚,变成一种完全的“神学”或者经院哲学。由此,马克思主义历史观才能够在新的时代中继续保持其鲜活的生命力。

在对马克思社会历史理论的基本内涵作了大致的梳理和提炼后,我们从总体上对马克思的社会历史理论有了基本的掌握,从学理上和文本上找到了根据。从历史上不同阵营和流派的思想家们对马克思的社会历史理论的不同理解和争论中,我们发现了马克思社会历史理论的时代规定性及其丰富性。马克思主义作为我们的世界观和方法论，既是我们的基本理论立场，也是我们识别其他理论的标准。但是，包括马克思社会历史理论在内的任何理论，都是时代的产物，必然要伴随时代的进步而发展。对于马克思的社会历史理论而言就更是如此，它本身就是实践的、开放的理论，马克思的学说并非仅仅存在于书斋之中，马克思社会历史理论始终关注我们的历史现实生活，因此，必须不断地创新，不断地用新的成果和理论资源加以丰富。

年鉴学派是20世纪西方历史学发展中的重要史学流派，这个流派的理论既深受马克思社会历史理论的影响（与马克思社会历史理论有许多相同之处），又有许多创新之处。年鉴学派史开创了不同于传统史学的新方向，实现了史学革命。特别是敞开了被现代性所遮蔽、被传统史学所忽略的日常生活世界、文化（“心态”）世界等，对马克思的社会历史理论的发展具有重要的意义。

事实上，作为与思辨哲学（意识哲学）相对的、不以寻求事物的一般性和共性，而关注事物的个别性、差异性、现实性为特征的文化哲学是一种立根于人的文化世界，透过文化符号对人的生存活动和社会历史发展特征给予关注的历史解释模式。这种历史解释模式是一种既注重从宏观角度，又特别注重从微观视角对历史加以解释的史学范式。文化哲学作为一种哲学理解范式与马克思哲学具有内在的一致性，从历史解释模式的视角看，文化哲学作为一种历史解释模式无疑极大地丰富了马克思的社会历史理论。马克思的社会历史理论只有不断地与时俱进，才不会变成僵死的教条被时代所遗忘，真正成为指导我们认识世界改造世界的世界观和方法论。

结 语

在年鉴学派产生以前，历史领域是以政治史为标志的宏观史学占主导地位。而20世纪的历史现实表明，历史既不是一场高歌猛进的进步，也不是灾难末日的轮回；似乎既不合规律性，也不合目的性。复杂的历史现实对传统的宏观史学及其解释模式提出了严重挑战。单靠传统的宏观史学和政治学无法面对和解释历史，无法应对人类社会历史的复杂性。恰逢此时，"年鉴学派"应运而生。

在法国，从20世纪20年代开始，围绕《年鉴》杂志的几代历史学家开辟了不同于以往的新的史学道路，虽然他们几代之间存在差异，但从他们的历史研究实践进行分析，仍然可以看出他们在观念上、在方法上有许多比较明显的共同之处。史学界称之为"年鉴学派"。

自年鉴学派形成之日起，其主要成员就向思辨历史哲学和政治史开战，倡导总体史，注重"长时段"，主张跨学科研究。年鉴学派的原创与贡献更重要的是在方法论上。"他们为旧历史学转向新历史学开辟了道路。他们的主要贡献不在于他们提出了总体的历史观念，而在于他们不仅成功地说明了新历史学在实践中有可能实现,而且说明了如何才能实现。简言之,他们带来的变化是在方法论上,他们不满足于采纳某个理论立场……而是撰写这类历史从而树立了实际榜样……一种新方法论在新观点鼓舞下逐渐形成了。"①从1929年到20世纪末叶的近80年中,年鉴学派开展了一场轰轰烈烈的"年鉴派-新史学运动",产生了几代历史学家。第一代(以费弗尔和马克·布洛赫为代表)和第二代(布罗代尔为主要代表)相对断裂较小,笔者称之为"经典年鉴学派"阶段。第三代(以雅克·勒高夫、勒·华·拉杜里为主要代表)"新史学"阶段,同前两代断裂较大,与欧洲"微观史学"和美国"新文化史"有暗合之势,但都没有超出年鉴学派的基本范式。年鉴学派中影响最大的是布罗代尔时代的贡献。布罗代尔认为地理环境、日常生活、文化传统等"长时段"的"结构",对人类社会发展具有长期影响,起着或支撑或阻碍历史发展的作用,即著名的"长时段"理论。在长时段理论看来,历史不是各种事件按着某种逻辑、遵循线性时间、奔向既定目标的"自然历史过程",而是不同层次的历史经历不同层次的时间段,如同"屋顶瓦片的叠加"。历史的动力也不是一两种决定的因素在起作用,而是多种因素交互作用的结果;历史不是英雄人物的"独唱",而是多声部的"合唱"。年鉴学派由此把历史的视野从政治、军事、外交等宏观领域扩展到其背后更广阔的具体微观的日常生活领域,对线性因果决定论的、用编年顺序把偶然个别事件连起来的编年史式的传统史学,进行了彻底的颠覆与解构。彼得·伯克把这场"年鉴派-新史学运动"叫做"史学革命"。

到目前为止,除马克思主义以外,还没有哪一个学派像年鉴学派一样影响深远。它存续时间之长、波及范围之广实属罕见。年鉴学派不以追求历史的宏观过程、结构和规律为目的,而是突破传统以政治史为主题的

---

① (英)杰弗里·巴勒克拉夫:《当代史学主要趋势》,杨豫译,北京大学出版社2006年版,第46页。

宏观史学局限,它所理解的历史不是一种按统一线性时间、在某种动力推动下、遵循某种历史规律奔向既定目标的一场进步史。年鉴学派根据不同的历史层次划分不同的时段,它视角向下,以被传统史学忽视的环境(自然、人文)、文化传统、日常生活等为素材,把各种历史因素放在长时段历史中加以考察。

“年鉴派－新史学运动”产生了广泛而深远的影响。20世纪50年代以后,年鉴学派的理论和方法开始渗透到欧美各国,在一定程度上导致了整个西方史学的变革。意大利的微观史学实现了史学新转向:由大历史转向“小历史”,由宏观结构转向下层小群体,由经济社会转向文化。除欧洲大陆的各种微观史学,美国“新文化史学”的主张也很有启示意义。“新文化史”的一个最重要的特征就是不再把文化视为一种“被动”的因素,它认为文化与经济等物质因素的关系是互动的,双方互有影响。在他们看来,文化本身是社会经济的一部分,无法与后者相分离,因此,根本没有一种从物质到文化的演绎关系。尽管它们都是对年鉴学派的修正、超越,但这都是历史的表面,从根本的意义上说它们都遵循着一个基本范式,所以,研究年鉴学派不能抛开微观史学和新文化史学。

年鉴学派(包括经典年鉴学派、新史学、微观史学)从“问题史”出发,倡导总体史观、新的时间观,抛弃线性时间观,质疑进步论目的论史观,重视文化的作用,采取不同于自然科学的方法研究历史……所有这一切表明,年鉴学派改变了什么是历史、如何书写历史的观念。这场轰轰烈烈的“年鉴派－新史学运动”是20世纪历史的产物,同时又为20世纪历史提供了一个新的解释模式。年鉴学派不仅带来了一场史学革命,其重要意义更在于它形成了一套新的史学范式,从根本的意义上说这种史学范式是一种微观历史解释模式。从历史观和方法论的角度看,年鉴学派的革命意义,不仅仅在史学领域,其史学理论的范式意义在于,不是简单地围绕(政治)“事件”等宏观政治现象构筑历史解释模式,而是把事件背后深层的以日常生活为主的(以及地理环境、文化传统、经济等)结构纳入视野。把政治现象放到深层次、长时段的历史现实中加以把握。其着眼点和重心整体下移,把研究视野从重大历史事件和关于政治、经济、军事、外交的宏大叙事,转向具体的和微观的日常生活世界和社会运动的各个领域,并揭示文化、日常生活等因素的更为深远的历史意义和历史作用。这样,年鉴学派就彻底颠覆了黑格尔和兰克以来的传统史学理论,也开启了微观历史解释模式。所谓微观历史解释模式不追求历史的大过程、大结构,不从历史的宏观结构中抽出几个决定的因素作为推动历史的决定力量,像自然科学那样寻求一种普遍的规律,而是深入历史的微观、具体的日常生活和文化,采取个别化的方法,再现丰富多彩的历史。这种微观领域或微观角度,一方面是指在具体历史事件背后的在长时间内变化缓慢的东西,比如地理环境、食物结构等等,是视角上的"下移",即从上层建筑下移到更基础的自然和人文环境等"不变"的要素,比如经典年鉴学派。另一方面是指日常生活领域,包括下层民众的生活史或小人物的历史,或一个村庄、一个具体的小人物的生活史,也就是视点上和对象上的"微观化"。微观模式是对宏观模式的补充,而不是对它的否定。微观历史解释模式的哲学基础是实践哲学和文化哲学,是非线性的、非决定论的,进而是生成论的。

从哲学意义上看,首先,微观历史解释模式反对乌托邦的历史设计,反对用一种放之四海而皆准的普遍模式来安排和解释人的历史,而主张还原历史的丰富性。其次,反对宏大叙事,尤其反对简单的、线性的历史演进模式。再次,微观历史解释模式强调历史发生的偶然性,它运用的微观视角和微观视点把生活世界的丰富性带进历史之中。

当然,宏观和微观两种历史解释模式各自有不同的适用领域,在功能和作用上各有优势、相互不可替代。宏观模式适用于人类历史的宏观结构和过程,而微观模式适用于被宏观历史所忽视的微观领域。仅仅强调任何一种历史解释模式,都会出现偏颇,只强调微观模式会导致否定历史的一般规律,只强调宏观模式则会忽视历史的具体性和特殊性方面。

年鉴学派的主张不是一个偶然现象,而是当代学术转型的产物,20世纪由以批判"宏大叙事"为主旨的众多学科汇成的一股洪流,它们共同推动了微观研究范式转向,深刻影响了20世纪的哲学和社会科学。在其他领域还有日常生活批判理论和文化哲学、西方马克思主义、法兰克福学派、微观政治学等共同汇成一股势不可挡的洪流。年鉴学派是整个"微观思潮"中的一支,不仅与这些学派具有深刻的内在关联,而且是这股思潮深层的底蕴。这股洪流比较重要的有如下几支:其一,"生活世界理论"和"日常生活批判范式"。20世纪哲学重大发现之一就是理性自觉地向生活世界回归,日常生活批判范式也同年鉴学派一样不再孤立地探讨政治、经济等宏观历史要素的决定作用,而是把所有社会历史要素都放回到生活世界的文化意义结构中加以审视。日常生活批判范式在某种意义上也是一种微观研究范式。其二,微观政治学对现代性分析批判的焦点是从中心化的宏观权力转向了无所不在的、多态化的微观权力。它赋予"权力"不同于传统宏观政治的微观内涵,注重边缘、微观、多样态的政治权力的地位和作用,深入日常生活世界,分析微观权力机制。其三,由卢卡奇、葛兰西开辟的西方马克思主义的理论旨趣也逐渐从宏观的经济政治问题转向微观的社会日常生活批判和文化批判,认为革命不能只限于宏观领域(所有制、国家政权),因为现代西方社会的统治压迫已不仅仅表现为政治经济领域而且还表现在文化、心理等领域,即"文化霸权"。所以,无产阶级革命策略也要相应改变——首要的要进行意识革命、文化革命,把焦点要落在微观社会体系、日常生活范型上,转向日常生活世界的微观分析批判。以经济政治制度为中心的宏观革命转向日常生活和文化领域的微观革命,主张无产阶级由政治解放转向微观的生活解放。总之,20世纪不同学科从不同侧面,自觉不自觉地实现了微观转向,它们之间相互影响、相互渗透、相互交融,以反对宏大叙事为主旨的微观转向成了20世纪至今的主流。而年鉴学派则是这一潮流最深层的底蕴。从其基本主张看,年鉴学派史学范式与日常生活世界理论、微观政治学等有深刻的内在一致性。

马克思的社会历史理论既是年鉴学派的敌手又是其重要的思想来源。但从年鉴学派的史学实践可以看得出来,它是以消解马克思主义为出发点的。具有反讽意义的是,年鉴学派的基本主张和史学实践恰恰丰富了马克思的历史理论,对敞开马克思社会历史理论的微观视域具有启示意义。

马克思完成了“两大发现”,揭示了社会历史运动的基本规律,创立了唯物史观,第一次使社会历史理论建立在科学基础之上,实现了社会历史理论的根本变革。这一理论对年鉴学派史学理论有很多影响,体现在诸如总体史思想、与时俱进的理论品格、跨学科方法、群众史观等方面。但在20世纪新的历史形势下,年鉴学派没有沿着“追寻历史发展规律”的道路发展下去,而是剖开历史的断层,捡起被忽视了的太多的偶然,掀开被现代科技理性遮蔽了的日常生活和文化,直至发展到把历史打碎(微观史学),再现活生生的历史。所以,所谓后现代历史学家们反对一切宏大叙事和马克思主义而不反对年鉴学派。从这种意义上说,年鉴学派开了后现代史学的先河(虽然年鉴学派史学家包括微观史学家反对后现代历史观,并且不承认自己是后现代史学家)。所有这些正是马克思对后人提出而当时没有也没有必要展开的历史任务。马克思时代的任务主要是从繁茂芜杂的历史中理出历史的规律,批判各种唯心史观创建唯物史观,这也符合人类认识的规律。年鉴学派虽然是以消解马克思主义的影响为出发点的,但其史学理论恰恰为敞开马克思社会历史理论的微观维度提供了重要启示。比如,多层次的时间观和历史观,注重历史连续与断裂、必然与偶然相统一,透过历史表层宏观结构深入背后的日常生活,注重文化的作用,不把文化看做经济物质因素的附庸等。

今天,我们丰富和发展马克思的社会历史理论不能忽视年鉴学派,实践性和开放性本身也是马克思社会历史理论所固有的品格。

文化哲学的历史解释模式以渗透社会一切领域、历史地凝结成的人类生存方式的文化来理解历史,这种历史解释模式也是丰富马克思社会历史理论的一种尝试,或者说马克思社会历史理论的一种当代表达。当然,这一理论还需要很长的建构和完善过程。文化哲学历史解释模式可以从以下几点概括:(1)人的历史是有限的、不断生成中的历史,人由于其自由和创造的本性不断超越自己的限度,通过扬弃自身而走向人之真实历史的生成。(2)历史是非线性决定论的,没有一个"放之四海而皆准"的"绝对真理"可以遵循,它拒绝用宏大的先验的理念来规约人类历史的发展进程。认为历史是连续与断裂、一般与个别、民族地域性与世界性相统一的历史。因而这种历史是非决定的、选择的,表现为多元的发展道路和多样的社会文明形态。(3)反对简单地将自然科学的方法运用于历史,主张一种历史科学的方法。以人及其历史的非连续性、异质性特征为根据,对人作个别的、一次性的研究和把握,力求真正凸显人的个性和差异性。(4)它用历史深层次的文化来解释人类社会运演的机理,认为历史的发展除了表现为外在的时代变迁、政治形式(朝代)更迭和生产方式的演进,更深层次上表现为一种文化模式的变迁;人类文化模式的结构扎根于具体的日常生活之中,随着日常生活的变迁而变迁;文化模式具有具体性和历史性,具体表现为不同时代、不同地域、不同人群(民族)的文化模式。

参考文献

一、中文参考文献

[1]（法）马克·布洛赫:《法国农村史》,余中先等译,商务印书馆1991年版。

[2]（法）马克·布洛赫:《封建社会》(上),张绪山译,商务印书馆2004年版。

[3]（法）马克·布洛赫:《封建社会》(下),李增洪等译,商务印书馆2004年版。

[4]（法）马克·布洛赫:《为历史学辩护》,张和声、程郁译,中国人民大学出版社2006年版。

[5]（法）费尔南·布罗代尔:《菲利普二世时代的地中海和地中海世界》第1卷,唐家龙、曾培耿译,商务印书馆1996年版。

[6]（法）费尔南·布罗代尔:《菲利普二世时代的地中海和地中海世界》第2卷,吴模信译,商务印书馆1996年版。

[7]（法）费尔南·布罗代尔:《15至18世纪的物质文明、经济和资

本主义》第 1 卷,顾良、施康强译,三联书店 1992 年版。
[8] (法)费尔南·布罗代尔:《15 至 18 世纪的物质文明、经济和资本主义》第 2 卷,顾良译,三联书店 1993 年版。
[9] (法)费尔南·布罗代尔:《15 至 18 世纪的物质文明、经济和资本主义》第 3 卷,施康强、顾良译,三联书店 1993 年版。
[10] (法)费尔南·布罗代尔:《资本主义论丛》,顾良、张慧君译,中央编译出版社 1997 年版。
[11] (法)费尔南·布罗代尔:《资本主义的动力》,杨起译,三联书店 1997 年版。
[12] (法)费尔南·布罗代尔:《地中海考古》,蒋明炜等译,社会科学文献出版社 2005 年版。
[13] (法)费尔南·布罗代尔:《法兰西的特征》(1),顾良、张泽乾译,商务印书馆 1994 年版。
[14] (法)费尔南·布罗代尔:《法兰西的特征》(2),顾良、张泽乾译,商务印书馆 1995 年版。
[15] (法)费尔南·布罗代尔:《法兰西的特征》(3),顾良、张泽乾译,商务印书馆 1997 年版。
[16] (法)J. 勒高夫等主编:《新史学》,姚蒙编译,上海译文出版社 1989 年版。
[17] (法)埃马钮埃尔·勒华拉杜里:《蒙塔尤》,许明龙、马胜利译,商务印书馆 1997 年版。
[18] (德)马克思:《1844 年经济学哲学手稿》,人民出版社 2000 年版。
[19] (德)康德:《实践理性批判》,邓晓芒译,人民出版社 2003 年版。
[20] (德)黑格尔:《宗教哲学》(上、下),魏庆征译,中国社会出版社 2005 年版。
[21] (德)李凯尔特:《文化科学和自然科学》,涂纪亮译,商务印书馆 1986 年版。

[22]（意）维柯:《新科学》，朱光潜译，人民文学出版社 1986 年版。
[23]（德）狄尔泰:《人文科学导论》，赵稀方译，华夏出版社 2004 年版。
[24]（德）威廉·狄尔泰:《历史中的意义》，艾彦、逸飞译，中国城市出版社 2002 年版。
[25]（德）卡西尔:《人论》，甘阳译，上海译文出版社 1985 年版。
[26]（德）卡西尔:《人文科学的逻辑》，关子尹译，上海译文出版社 2004 年版。
[27]（德）卡西尔:《语言与神话》，于晓等译，上海三联书店 1988 年版。
[28]（德）雅斯贝尔斯:《生存哲学》，王玖兴译，上海译文出版社 2005 年版。
[29]（德）雅斯贝尔斯:《时代的精神状况》，王德峰译，上海译文出版社 2003 年版。
[30]（德）雅斯贝尔斯:《历史的起源与目标》，魏楚雄、俞新天译，华夏出版社 1989 年版。
[31]（德）胡塞尔:《欧洲科学危机和超验现象学》，王炳文译，商务印书馆 2001 年版。
[32]（美）罗蒂:《后哲学文化》，黄勇译，上海译文出版社 2004 年版。
[33]（美）罗蒂:《哲学和自然之镜》，李幼蒸译，商务印书馆 2003 年版。
[34]（美）马尔库塞:《单向度的人》，李小兵译，重庆出版社 1988 年版。
[35]（德）哈贝马斯:《作为"意识形态"的技术与科学》，李黎、郭官义译，学林出版社 1999 年版。
[36]（匈）赫勒:《日常生活》，衣俊卿译，重庆出版社 1990 年版。
[37]（美）詹姆逊:《文化转向》，胡亚敏等译，中国社会科学出版社 2000 年版。

[38]（美）怀特:《文化的科学——人类与文明研究》，沈原译，山东人民出版社 1988 年版。

[39]（美）海登·怀特:《元史学》，陈新译，译林出版社 2004 年版。

[40]（美）格尔茨:《文化的解释》，韩莉译，译林出版社 1999 年版。

[41]（德）米夏埃尔·兰德曼:《哲学人类学》，张乐天译，上海译文出版社 1988 年版 。

[42]（美）萨义德:《文化与帝国主义》，李琨译，三联书店 2003 年版。

[43]（英）马林诺夫斯基:《文化论》，费孝通译，华夏出版社 2001 年版。

[44]（美）宾克莱:《理想的冲突——西方社会中变化着的价值观念》，马元德等译，商务印书馆 1983 年版。

[45]（美）斯特龙伯格:《西方现代思想史》，刘北成等译，中央编译出版社 2005 年版。

[46]（俄）泽齐娜等:《俄罗斯文化史》，刘文飞等译，上海译文出版社 1999 年版。

[47]（美）汤普逊:《理解俄国:俄国文化中的圣愚》，杨德友译，上海三联书店 1998 年版。

[48]（德）阿尔弗雷德·许茨:《社会实在问题》，霍桂桓译，华夏出版社 2001 年版。

[49]（美）蒂利希:《文化神学》，陈新权、王平译，工人出版社 1988 年版。

[50]（英）彼得·伯克:《法国史学革命:年鉴学派，1929—1989》，刘永华译，北京大学出版社 2006 年版。

[51]（英）彼得·伯克 :《什么是文化史》，蔡玉辉译，杨豫校，北京大学出版社 2009 年版。

[52]（法）弗朗索瓦·多斯:《碎片化的历史学:从〈年鉴〉到“新史学”》，马胜利译，北京大学出版社 2008 年版。

[53]（法）弗朗索瓦·多斯:《从结构到解构——法国 20 世纪思想主

潮》(上、下),季广茂译,中央编译出版社 2005 年版。
[54](美)伊格尔斯:《二十世纪的历史学》,何兆武译,山东大学出版社 2006 年版。
[55](美)詹姆斯·鲁滨逊:《新史学》,齐思和译,商务印书馆 1964 年版。
[56](英)卡尔·波普:《历史决定论的贫困》,杜汝楫、邱仁宗译,华夏出版社 1987 年版。
[57](英)卡尔·波普尔:《客观知识:一个进化论的研究》,舒伟光等译,上海译文出版社 2001 年版。
[58](德)奥斯瓦尔德·斯宾格勒:《西方的没落》,齐世英等译,商务印书馆 1963 年版。
[59](英)汤因比:《历史研究》(插图本),刘北成、郭小凌译,上海世纪出版集团 2005 年版。
[60](英)汤因比等:《历史的话语:现代西方历史哲学译文集》,张文杰译,广西师范大学出版社 2002 年版。
[61](德)马克斯·舍勒:《人在宇宙中的地位》,李伯杰译,贵州人民出版社 1989 年版。
[62](德)舍勒:《哲学与世界观》,曹卫东译,上海人民出版社 2003 年版。
[63](德)海德格尔:《形而上学导论》,熊伟、王庆节译,商务印书馆 1996 年版。
[64](德)伽达默尔:《哲学解释学》,夏镇平、宋建平译,上海译文出版社 2004 年版。
[65](法)里克尔:《解释学与人文科学》,陶远华等译,河北人民出版社 1987 年版。
[66](法)马利坦:《科学与智慧》,尹今黎、王平译,上海社会科学院出版社 1996 年版。
[67](德)霍克海默:《批判理论》,李小兵等译,重庆出版社 1989

年版。

[68](意)葛兰西:《狱中札记》,曹雷雨、姜丽、张跣译,中国社会科学出版社 2000 年版。

[69](英)伊格尔顿:《历史中的政治、哲学与爱欲》,马海良译,中国社会科学出版社 1999 年版。

[70](英)伊格尔顿:《后现代主义的幻象》,华明译,商务印书馆 2000 年版。

[71](法)米歇尔・福柯:《知识考古学》,谢强、马月译,三联书店 1998 年版。

[72](法)米歇尔・福柯:《词与物——人文科学考古学》,莫伟民译,上海三联书店 2001 年版。

[73](匈)拉卡托斯:《科学研究纲领方法论》,欧阳绛、范建年译,商务印书馆 1992 年版。

[74](英)贝尔纳:《科学的社会功能》,陈体芳译,广西师范大学出版社 2003 年版。

[75](德)波塞尔:《科学:什么是科学》,李文潮译,上海三联书店 2002 年版。

[76](英)罗素:《宗教与科学》,徐奕春、林国夫译,商务印书馆 1982 年版。

[77](德)尼采:《历史的用途与滥用》,陈涛、周辉荣译,上海世纪出版集团 2005 年版。

[78](德)亨利希・库诺:《马克思的历史、社会和国家说:马克思的社会学的基本要点》,袁志英译,上海人民出版社 2006 年版。

[79](法)基佐:《欧洲文明史》,程洪逵、沅芷译,商务印书馆 2005 年版。

[80](英)格鲁内尔:《历史哲学:批判的论文》,隗仁达译,广西师范大学出版社 2003 年版。

[81](美)沃尔什:《历史哲学导论》,何兆武、张文达译,广西师范大

学出版社 2001 年版。

[82](俄)别尔嘉耶夫:《历史的意义》,张雅平译,学林出版社 2002 年版。

[83](英)柯林武德:《历史的观念》,何兆武、张文杰译,商务印书馆 1997 年版。

[84](意)克罗齐:《作为思想和行动的历史》,田时纲译,中国社会科学出版社 2005 年版。

[85](西)奥尔特加·加塞特:《大众的反叛》,刘训练、佟佳杰译,吉林人民出版社 2004 年版。

[86](英)杰弗里·巴勒克拉夫:《当代史学主要趋势》,杨豫译,北京大学出版社 2006 年版。

[87](德)约恩·吕森:《历史思考的新途径》,綦甲福、朱炯译,上海世纪集团 2005 年版。

[88](法)孔多塞:《人类精神进步史表纲要》,何兆武、何冰译,江苏教育出版社 2006 年版。

[89](英)安东尼·吉登斯:《资本主义与现代社会理论:对马克思迪尔凯姆和韦伯著作的分析》,郭忠华、潘华凌译,北京大学出版社 2006 年版。

[90]《马克思恩格斯选集》第 1 卷,人民出版社 1995 年版。

[91]《马克思恩格斯选集》第 2 卷,人民出版社 1995 年版。

[92]《马克思恩格斯选集》第 3 卷,人民出版社 1995 年版。

[93]《马克思恩格斯选集》第 4 卷,人民出版社 1995 年版。

[94]《马克思恩格斯全集》第 1 卷,人民出版社 1995 年版。

[95]《列宁选集》第 2 卷,人民出版社 1972 年版。

[96]《衣俊卿集》,黑龙江教育出版社 1995 年版。

[97]衣俊卿:《历史与乌托邦》,黑龙江教育出版社 1995 年版。

[98]衣俊卿:《文化哲学》,云南人民出版社 2001 年版。

[99]衣俊卿:《20 世纪的文化批判》,中央编译出版社 2003 年版。

[100]衣俊卿:《回归生活世界的文化哲学》,黑龙江人民出版社 2000 年版。
[101]衣俊卿:《现代化与文化阻滞力》,人民出版社 2005 年版。
[102]衣俊卿:《现代化与日常生活批判——人自身现代化的文化透视》,黑龙江教育出版社 1994 年版。
[103]衣俊卿:《现代化与日常生活批判》,人民出版社 2005 年版。
[104]邬昆如:《文化哲学讲录》,台湾东大图书有限公司 1982 年版。
[105]冯沪祥:《中国文化哲学》,台湾学生书局 1993 年版。
[106]梁漱溟:《东西文化及其哲学》,商务印书馆 1999 年版。
[107]朱谦之:《文化哲学》,商务印书馆 1990 年版。
[108]许苏民:《文化哲学》,上海人民出版社 1990 年版。
[109]刘进田:《文化哲学导论》,法律出版社 1999 年版。
[110]李鹏程:《当代文化哲学沉思》,人民出版社 1994 年版。
[111]何萍:《马克思主义哲学与文化哲学》,武汉大学出版社 2002 年版。
[112]邹广文:《文化哲学的当代视野》,山东大学出版社 1994 年版。
[113]陈树林:《文化哲学的当代视野》,人民出版社 2010 年版。
[114]洪晓楠:《科学文化哲学研究》,上海文化出版社 2005 年版。
[115]胡潇:《文化的形上之思》,湖南美术出版社 2002 年版。
[116]尹树广等编:《生活世界理论》,黑龙江人民出版社 2004 年版。
[117]李小娟主编:《文化的反思与重建——跨世纪的文化哲学思考》,黑龙江人民出版社 2002 年版。
[118]李小娟主编:《走向中国的日常生活批判》,人民出版社 2005 年版。
[119]王晴佳:《西方历史的观念——从古希腊到现代》,华东师范大学出版社 2002 年版。
[120]王晴佳、古伟瀛:《后现代与历史学——中西比较》,山东大学出版社 2003 年版。

[121]陈启能主编:《西方历史学名著提要》,江西人民出版社 2001 年版。
[122]张奎良:《马克思的哲学历程》,上海人民出版社 1993 年版。
[123]张奎良:《马克思的哲学思想及其当代意义》,黑龙江教育出版社 2001 年版。
[124]王东:《马克思学新奠基》,北京大学出版社 2006 年版。
[125]张广智:《西方史学史》,复旦大学出版社 2000 年版。
[126]章士嵘:《西方历史理论的进化》,山西教育出版社 2004 年版。
[127]韩震、孟鸣岐:《历史哲学》,云南人民出版社 2002 年版。
[128]韩震主编:《20 世纪西方历史哲学》,北京师范大学出版社 2003 年版。
[129]张一兵:《回到马克思》,江苏人民出版社 1999 年版。
[130]丁立群:《哲学·实践与终极关怀》,黑龙江人民出版社 2000 年版。
[131]赵家祥主编:《马克思主义历史哲学》(5 卷本),吉林人民出版社 2006 年版。
[132]赵海峰:《阿多诺"否定的辩证法"研究》,黑龙江人民出版社 2003 年版。

二、英文参考文献

[1] *The Structures of Everyday Life*: *Civilization and Capitalism*, 15*th* - 18*th Century*, Volume 1, Harper & Row, 1982.
[2] *The Wheels of Commerce*: *Civilization and Capitalism*, 15*th* - 18*th Century*, Volume 2, HarperCollins, 1983.
[3] *The Perspective of the World*: *Civilization and Capitalism* 15*th* - 18*th Century*, Volume 3, University of California Press, 1992.
[4] *The Mediterranean and the Mediterranean World in the Age of Philip* Ⅱ. Berkeley, CA: University of California Press, 1995.

[5] *Feudal Society*; *The Historian's Craft*. Chicago: University of Chicago Press, 1968.

[6]Peter Burke. *The French Historical Revolution*: *The Annales School*, *1929 – 1989*. Stanford University Press, 1991.

[7] François Dosse. *The New History in France*: *The Triumph of the Annales*. University of Illinois Press, 1994.

[8] Lynn Hunt and Jacques Revel (eds). *Histories*: *French Constructions of the Past*. The New Press, 1994.

[9] Stoianovitch, Traian. *French Historical Method*: *The Annales Paradigm*. Ithaca, NY: Cornell University Press, 1976.

[10] Febvre, Lucien. *A New Kind of History*. New York: Harper and Row, 1973.

[11] Ladurie, Emmanuel Le Roy. *Montaillou*. New York: George Braziller, 1978.

[12] Bintliff and Stearns. *The Annales School and Archaeology*, New York university press, 1991.

[13] Stuart Clark. *The Annales School*: *The Critical Assessments in History*, Routledge Ltd, 1999.

[14] Anchory Giddens. *Capitalism and Modern Scial Theory*: *Analysis of the writings of Mart*, *Purkheim and Max Weber*, First Published in 1971. Cambridge University Press, 1971.

[15] Jacques Kevel and Lynn Hunt (eds). *Histories*: *French Constructions of the Past*, New York: The New Press, 1995.

[16] Stuart Clark (ed). *The Annales School*, New York: Koutledge, 1999.

后　记

本书是在我的博士论文基础上修改而成的。年鉴学派对史学乃至20世纪其他人文学科产生了广泛而深远的影响，对其深入研究有重要的理论意义和实践意义。在当代中国学术语境中，研究这样一个重要的史学流派必然要涉及一些前沿问题，如生活世界理论、微观政治学、后现代史学理论、文化哲学、马克思社会历史理论、马克思主义当代形态……并且，很多问题争议很大，理论界没有达成共识，所有这些都增加了该选题把握的难度。可以说，导师在我身上花费的心血最多，在此对我的导师衣俊卿教授表示深深的敬意和谢意！

本书得以完成与张奎良教授、张政文教授、何颖教授、李楠明教授、马天俊教授的指导是分不开的，在此深表感谢！在论文写作过程中，陈树林、李小娟、隽鸿飞、马汉广、赵海峰、于文秀、郭艳君都给了我极大的鼓励和帮助。可以说，没有他们的支持与相助，该选题是难以完成的，在此一并表示感谢！纵使如此，还是有不尽如人意的地方，更达不到导师的严格要求。有些观点只是摆在那儿了，但论述并不充分，仅仅算是提出了问题，好在将来还可以再继续探讨下去。

张正明

2011 年 3 月